Walter Töpner

Wunderbares Wachtberg
Anleitungen zum Verlieben in das „Drachenfelser Ländchen"

Kleine Liebeserklärung an Wachtberg

Stromauf und -ab liegt mancher Schatz
Im Tal und auf den Höhen,
doch einen gleichen Sonnenplatz
Wirst nimmermehr du sehen;
Denn fern von lautem Weltgebraus
Ist hier das stille Glück zu Haus.

O Ländchen klein, so schmuck und fein,
du bist des Herrgotts Segen,
In deiner Flur will ich einst nur
Zur letzten Ruh mich legen.

Auszug aus dem Liedertext „O Ländchen klein,
so schmuck und fein“ von Hans Schneider

Walter Töpner

Wunderbares Wachtberg

Anleitungen zum Verlieben in das „Drachenfelser Ländchen“

Paulinus

Meiner Frau Dr. Ilona Möntmann, Herrn Prof. Paul Giersberg und Herrn Prof. Dr. Dr. Uhl danke ich für zahlreiche Anregungen und Hinweise.

Deutsche Bibliothek - CIP-Einheitsaufnahme
Bibliografische Information der Deutschen Bibliothek

Die Deutsche Bibliothek verzeichnet diese Publikation in der Deutschen Nationalbibliografie; detaillierte bibliografische Daten sind im Internet über http://dnb.ddb.de abrufbar.

2. Auflage 2008
Gestaltung: Adriana Walther
Lektorat: Markus Schüppen
Satz: Hans Werner Fischer
Druck: Grosch Druckzentrum, Eppelheim
ISBN 978-3-7902-1318-8
www.paulinus.de

Inhalt

Vorwort

Warum den in die Ferne schweifen …

Viele Menschen unserer heutigen Zeit verspüren den Wunsch in weiter entfernte Gegenden zu reisen so sehr, dass sie ganz vergessen, wie viel Raum und Ruhe ihre unmittelbare Umgebung zu bieten hat. Nach dem Motto „Nix wie weg“ brausen sie mit ihren Autos in viel zu schnellem Tempo los, sodass der Ertrag ihrer Reise oft oberflächlich bleibt. Denn das menschliche Auge vergisst das im Vorbeiflug Gesehene schnell wieder. Eindrücke, die man im Gehen sammelt, sind hingegen ein bleibendes Erlebnis.
Jede Landschaft hat ihre eigene Geschichte und ihren unverwechselbaren Charakter. Wer sich in Wachtberg zu Fuß aufmacht, auf den wartet ein Stück unbekanntes Rheinland. Stätten der Urzeit, geheimnisvolle Orte, Burgen und Schlösser des Mittelalters sowie Wallfahrtskirchen und Kapellen wollen entdeckt werden. An vielen Stellen beschenkt uns das Ländchen mit grandiosen Fernblicken zu Siebengebirge, Rheintal, Eifel und Ahrtal. Auf seinen Höhenzügen kann man an klaren Tagen von der Erpeler Ley bis zum Kölner Dom blicken. Und die landschaftliche Vielfalt mit Wäldern, Wiesen und Feldern, der stillen Anmut der Bachtäler und sanft geschwungener Hügel erobern schnell das Herz eines jeden Besuchers. All dies macht den besonderen, noch vielfach unentdeckten Reiz des Ländchens aus.
Als 1914 ein vom Verkehrsverein für die Bürgermeisterei Villip herausgegebener Führer mit Empfehlungen für Wanderungen im „Drachenfelser Ländchen“ und der näheren Umgebung erschien, wurde das heutige Wachtberger Gebiet einem breiterem Publikum erschlossen. Erholungssuchende, Wanderer und Kunstinteressierte begannen „das Ländchen“ mit all seinen Schönheiten und Besonderheiten zu entdecken. An diese Tradition will der vorliegende Führer anknüpfen und die kulturellen und landschaftlichen Schönheiten Wachtbergs und seiner Freizeitmöglichkeiten wieder stärker ins Bewusstsein rücken.
In unserer heutigen Zeit wird der Entdeckung einer Landschaft zu Fuß erfreulicherweise wieder ein besonderer Wert zugemessen. Aus dieser Perspektive werden Natur, Kunstwerke und Heimatgeschichte einer Region zu einem ganz besonderen Genuss. Ihnen hierfür einige Anregungen zu geben, war der Zweck dieses Kultur- und Wanderführers. Versuchen Sie es doch einmal, das Ländchen zu erkunden, es lohnt sich wirklich.

Wachtberg, im Juli 2006
Dr. Walter Töpner

Blick auf Wachtberg und das Siebengebirge vom Berkumer Stumpeberg

Geleitworte

Liebe Leserin, lieber Leser,
wir empfehlen Ihnen diesen Wanderführer durch unser schönes Ländchen zu Ihrer Lektüre.
Nicht ohne Grund hat die Gemeinde Wachtberg in der Region den Ruf einer guten Wohnqualität, weil sich Wohnen und Erholen hier wunderbar koordinieren lassen. Das wird auch der auswärtige Besucher schnell feststellen, dem ich anraten kann, sich diesem Wanderführer anzuvertrauen. Denn hier verbindet sich eine heitere Landschaft mit herrlichen Ausblicken auf das benachbarte Siebengebirge oder auch weit in die Eifel hinein mit geologischen und historischen Besonderheiten. Mit seinen bewaldeten Kuppen, in denen sich Basalte und Trachyt verbergen, ist unsere Landschaft nicht nur vulkanisch geprägt, sie ist im wahrsten Sinne rheinisch. In zwei Terrassen hat der einstmals breit mäandernde Rhein Sand und Kies abgelagert; seit Jahrtausenden siedeln hier Menschen. Die meisten der 13 Dörfer im Gemeindegebiet sind heute über 1.000 Jahre alt, nicht selten gründen Kirchenbauten auf römischen Fundamenten, herrliche Wasserburgen und Jahrhunderte alte Fachwerkbauten runden den sympathischen Gesamteindruck ab.
Der Autor hat es verstanden, mit seinen Routenvorschlägen die Besonderheiten des Drachenfelser Ländchens miteinander zu verbinden und sie so zu erläutern, dass sie neugierig machen, sie persönlich zu erwandern. Gaststätten und Restaurants laden zur Mittagsrast ein oder dazu, sich nach einem Wandertag qualitätvoll zu belohnen.
Und wer von hier aus die äußerst attraktive Umgebung (Rheintal, Bundesstadt Bonn, Ahrtal oder Eifel) erkunden und einige Tage bleiben will: Für Übernachtungen gibt es ebenfalls sehr gute Angebote.
Wir wünschen Ihnen viel Freude beim Lesen dieses Wanderführers, mehr aber noch viel Vergnügen beim aktiven Nutzen der vorgeschlagenen Routen.

Theo Hüffel
Bürgermeister
der Gemeinde Wachtberg

Hans-Jürgen Döring
Vorsitzender des Fördervereins
„Kunst und Kultur“ in Wachtberg

Liebe Leserin, lieber Leser,
es ist zweifellos eine glückliche Fügung, dass zur gleichen Zeit, in der die Wachtberger Ortsgruppe des Eifelvereins in Zusammenarbeit mit den Wachtberger Heimat- und Bürgervereinen ein flächendeckendes örtliches Wanderwegenetz im Gemeindegebiet aufbaut, Dr. Walter Töpner diesen Wander- und Kulturführer über Wachtberg herausbringt. Damit können die wanderfreudigen Bürgerinnen und Bürger, aber auch die von auswärts kommenden Besucher, nicht nur auf gut markierten Wanderwegen die reizvolle Landschaft des Drachenfelser Ländchens und seiner näheren Umgebung genießen, ihnen wird auch die Geschichte und die Kultur dieses Gebietes näher gebracht.
Man kann sich sicherlich auf eigene Faust auf den Weg machen, um eine Landschaft zu erkunden und zu entdecken. Erlebnisreicher wird eine solche Wanderung aber auf jeden Fall dann, wenn man über die Sehenswürdigkeiten rechts und links des Weges informiert ist. Wir sind bei unseren Wanderungen in der engeren Heimat immer wieder gefragt worden, welche Bewandtnis es mit diesem Wegekreuz oder jenem am Weg gelegenen Hof hat, woher der Domsteinbruch oder die Grube Laura ihren Namen haben oder was es mit dem Villiper Gerichtsbogen auf sich hat. Auf all diese Fragen gibt dieser Wander- und Kulturführer in höchst kompetenter und anschaulicher Weise Antwort.
Dr. Töpner hat sein umfangreiches Wissen um geschichtliche und kulturelle Hintergründe in einen konkreten Bezug zu den Objekten, die uns bei den Wanderungen durch die Wachtberger Ortschaften begegnen, gebracht. Dabei kommt ihm zugute, dass er die empfohlenen Wege selbst in zahlreichen Wanderungen zu Fuß erkundet und die Geschichte vor Ort studiert und fotografiert hat. Er bietet gewissermaßen Geschichte „zum anfassen“. Und dass das Gemeindegebiet geschichtsträchtiger Boden ist, davon geben die vielen beschriebenen Bau- und Bodendenkmäler lebhaftes Zeugnis.
Der Führer geleitet den Wanderer natürlich nicht nur zu historischen oder kulturellen Kleinoden der Gemeinde. Er erschließt ihm auch die landschaftlichen Reize Wachtbergs und seiner Umgebung. Dies geschieht mit den Augen eines Menschen, der in der Gegend zuhause ist und der sich den Blick für die Schönheiten der Natur und der Landschaft bewahrt hat. Dabei versteht es der Autor in hervorragender Weise, die Leser des Buches neugierig zu machen und sie somit zu animieren und zu motivieren, die engere Heimat mal wieder auf eigenen Füßen wandernd in Augenschein zu nehmen.
Mit seinem Wander- und Kulturführer schlägt Dr. Walter Töpner einen Bogen zu dem vor 90 Jahren erschienenen „Führer zu empfehlenswerten Wanderungen im Bezirke der Bürgermeisterei Villip und deren näheren

Umgegend". Ich bin überzeugt, dass der neue Führer bei den Menschen, die sich das Interesse an der Geschichte und Kultur ihrer Heimat bewahrt und Spaß am Wandern haben, viele Freunde finden wird.

Ernst Picard
Vorsitzender der Ortsgruppe Wachtberg e.V. des Eifelvereins

I. Romantisches Wachtberg

Hoch schaut ein Fels am Rheinesstrand
Hinab auf Wog und Welle,
Und auf das kleine Hügelland,
Das just an dieser Stelle,
Mit tausendfacher Erdenpracht
Hinauf zum blauen Himmel lacht.

Auszug aus dem Liedertext „O Ländchen klein, so schmuck und fein“ von Hans Schneider

In alten Beschreibungen wird das Drachenfelser Ländchen mal als gottgesegnet, ein anderes Mal wieder als einfach und schlicht oder sauber und gut beschrieben. Und ein Wanderführer von 1924 besingt das Wachtberger Ländchen gar als eine liebliche Landschaft mit Ackerfluren, Wiesen, Obstanlagen, Nieder- und Hochwaldungen mit sanften Höhenrücken und schroffen Gesteinsbildungen der Basalt- und Trachytbrüche. Die aufsteigende Hochfläche zwischen Rhein und Ahr hat seither ihr Aussehen nicht wesentlich verändert. Noch heute ist es ein besonderes Erlebnis, wenn man zu Fuß aus den langen Bachtälern aufwärts steigt, um von einem der berühmten Aussichtspunkte die viel gerühmten Fernsichten Wachtbergs zu bewundern. Zwar ist ruhige Beschaulichkeit mancherorts einem lebendigen und geschäftigen Leben gewichen, eine Landschaft der Gegensätze mit vielen touristischen Anziehungspunkten ist das Ländchen aber noch immer. In den Orten gibt es sportliche Freizeitangebote, gepflegte Einkehr- und Unterkunftsmöglichkeiten. Am attraktivsten ist aber immer noch die Landschaft des Wachtberger Ländchens mit ihren unzähligen Möglichkeiten der Freizeitbetätigung wie Wandern, Reiten, Radfahren und Golfen, die darauf warten, von einem überregionalen Publikum entdeckt zu werden.
Die landschaftliche Vielfalt Wachtbergs erschließt sich am besten bei einem Besuch auf der höchsten Erhebung, dem Wachtberg selbst. Auf einen Blick sieht man hier, was den besonderen Reiz des Drachenfelser Ländchen aus macht: Felder mit eingestreuten Dörfern, Bachtäler und kleine Wälder und Wiesenlandschaften wechseln sich harmonisch ab. Nördlich des Tales, durch das der Godesberger Bach zum Rhein eilt breitet sich das flache und ausgedehnte Waldgebiet des Kottenforstes aus, dessen Grenzen auch bei gutem Wetter mit den Augen nicht zu erkennen sind, denn es ist schließlich mehr als 50 Quadratkilometer

groß. Das Alter der landschaftsprägenden Vulkane Wachtberg, Stumpeberg, Dächelsberg und Hoheberg wird auf 25 Millionen Jahre geschätzt, nur der Vulkankessel des Rodderbergs ist mit 300 000 Jahren sehr viel jünger. Hart am Rande des Hügellandes zum Rhein hin gelegen ist er der nördlichste Vorposten der Vulkangruppe von Maria Laach, die jünger als 1 Million Jahre ist und damit zu den jüngeren Vulkanen der Osteifel zählt. Der Explosionskrater mit einem Durchmesser von 800 m zeigt interessante Lavagänge und die schichtförmig abgelagerten lockeren Auswurfmassen. Der Trockenrasen des 1924 unter Naturschutz gestellten Rodderbergs und das Feuchtgebiet unterhalb des Dächelsbergs sind Heimstatt von vielen seltenen Tieren und Pflanzen geworden. Am Domsteinbruch in Berkum wurde einst ein Großteil der Bausteine für den Kölner Dom gebrochen. Man schätzte den hier gewonnen dekorativen Trachytstein wegen seiner leichten bläulichen Färbung.

Das „Drachenfelser Ländchen einst und jetzt"

Die im Süden des Kottenforstes liegende kuppige Wald- und Feldlandschaft des heutigen Wachtbergs erhielt ihren volkstümlichen Namen „Drachenfelser Ländchen" von den *Burggrafen von Drachenfels,* zu deren Herrschaft das Gebiet einst gehörte. Sagenumwoben erhebt sich der Drachenfels mit seiner Burgruine hoch über dem Rhein und blickt weit hinüber in das Wachtberger Land auf der anderen Seite. Es geht die Sage, dass hier einst ein übermächtiger Drache gehaust habe, dem Siegfried den Garaus gemacht hat. Die Geschichte der Gemeinde Wachtberg ist mit dieser Burg und seinem Grafengeschlecht auf das Engste verbunden, was sich schon daran zeigt, dass ihr Wappen ein feuerspeiender weißer Lindwurm auf blauem Grund ziert (s. S. 23).

Mit dem Bau der Burg Drachenfels, die man in Wachtberg vielerorts vor Augen hat und die nahezu allgegenwärtig ist, wird um 1145 unter *Erzbischof Arnold I.* begonnen. Sie ist neben der Wolkenburg und der auf der anderen Rheinseite errichteten *Burg Rolandseck* die dritte Kölner Befestigungsanlage zur Sicherung der südlichen Grenzen des Erzbistums. Zuerst übergab man die Burg den Grafen von Bonn, die aber als Raubritter so sehr ihr Unwesen trieben, dass die Burg vier Jahre später unter den Einfluss des *Bonner Cassius Stiftes* kommt, das die Kosten für die Fertigstellung übernimmt und dafür die Burg zum Lehen erhält. Als erster Vertreter des Grafengeschlechts von Drachenfels taucht im Jahre 1176 ein *Ritter Godhart* auf. Zuerst standen die Grafen noch als Vasallen im Dienst des Bonner Cassius Stiftes; wegen der hohen Kosten für Personal und Instandhaltung geht die Burg schließlich ganz an sie

über. Zu ihrem Unterhalt überlässt man ihnen noch drei rechtsrheinische Dörfer, darunter Königswinter. Ab 1248 ziehen die Ritter von Drachenfels mit dem Verkauf von Trachytgestein, das zum Bau des Kölner Domes diente, erhebliche Gewinne ein. Aber das war ihnen nicht genug. Gierig schielten sie Tag für Tag von ihrer Burg hinüber in das anmutige Land auf der anderen Rheinseite, das ihnen praktisch zu Füßen lag und doch unerreichbar für sie war. Da das am Flussufer liegende Mehlem schon an die Rolandsecker Grafen vergeben war, richteten sie ihre Begehrlichkeiten weiter landeinwärts. 1301 kam es in Bachheim zu langjährigen kriegerischen Auseinandersetzungen zwischen *Heinrich von Drachenfels* und dem *Grafen Gerhard IV. von Blankenheim* um die Vorherrschaft im Klosterland des Kölner Erzbischofs. Den Drachenfelsern gelang es, den Blankenheimer gefangen zu nehmen und so lange in den Kerker zu werfen, bis man sich auf einen Kompromiss einigte, der die alten Einkünfte dem Blankenheimer Grafengeschlechte zwar weiterhin sicherte, aber das Klosterland von Ober- und Niederbachem und die beiden übrigen Gerichtsbezirke „Up deme geuwe“ (heute Gimmersdorf) und „Pissenheim“ (heute Werthhoven) in die Obhut der Drachenfelser Grafen stellte. Dies war die Keimzelle des heutigen Wachtberger Ländchens.
Die wirkliche Geburtsstunde des Drachenfelser Ländchens und damit auch der heutigen Gemeinde Wachtberg schlägt vor rund 600 Jahren, genau genommen am 14. Mai 1402, als der mächtige Burggraf Gott-

Die Burgruine Drachenfels

Das Wasserschloss Gudenau in Villip

fried von Drachenfels auf der Burg Gudenau die ziemlich heruntergekommene Burg und die dazu gehörenden Ländereien von seiner verwitweten Schwiegertochter Elisabeth Scherffgin erwirbt, die in zweiter Ehe einen Ehrhard von Bell geheiratet hatte. Der Verkauf wird in Anwesenheit von drei eigens angereisten Abgesandten des Lehnsherren, des Erzbischofs von Köln Friedrich von Saarwerden, beurkundet. Als Vorwand für den Verkauf diente die angebliche Geldnot der Verkäuferin für die dringend notwendige Instandsetzung der Burg, in Wirklichkeit aber waren machtpolitische Gründe für den Verkauf ausschlaggebend, denn mit dem Erwerb der Burg kann Graf Gottfried seinen Einfluss auf die linksrheinischen Territorien endlich entscheidend ausbauen (s. S. 200). Nunmehr kamen die Ritter von Drachenfels erstmals zu eigenem Besitz auf der anderen Rheinseite, während sie im nahe angrenzenden Drachenfelser Ländchen nur vom Erzbischof eingesetzte „Aufsichtsbeamte“ waren. Schon einhundert Jahre zuvor hatte sein Vorfahr Heinrich

Barockfigur im Park des Wasserschlosses Gudenau

Ein Ort der Besinnung: Das Ehrenmal auf dem Wachtberg

1301 damit begonnen, eine Gebietskörperschaft mit der Bezeichnung „Ländchen Drachenfels" zu bilden, die aus den Orten Berkum, Gimmersdorf, Ließem, Kürrighoven, Züllighoven, Pissenheim (Werthhoven) und Bachheim (Nieder- und Oberbachem) bestand. Nunmehr stand der um die Orte Villip, Villiprott, Holzem und Pech erweiterten Herrschaft derer von Drachenfels links des Rheins nichts mehr im Wege. Die durch den Handel mit Trachyt steinreich gewordenen Ritter bauten die baufällig gewordene Burg Gudenau zielstrebig aus und erwarben Besitz im „Ländchen Drachenfels" wie z. B. Mühlen und Höfe. Gegen Ende des 14. Jahrhunderts ist das „Ländchen" fast ganz in den Händen des Drachenfelser Grafengeschlechts. Als Landesherren hatten sie das Recht, Steuern und Abgaben zu erheben und von der Bevölkerung Hand- und Spanndienste zu fordern. Ferner übten sie die hohe und niedrige Gerichtsbarkeit im Ländchen aus.

Die Herrschaft der Grafen von Drachenfels währt bis gegen Ende des 15. Jahrhunderts. Wegen eines Erbschaftsstreites bricht dann 1530 eine langjährige Rivalität zwischen den Nachfahren der Grafen von Drachenfels und den Gudenauer Rittern an. Angezettelt wird die Auseinandersetzung durch den machthungrigen *Otto Waldbott von Bassenheim,* Ehemann der Haupterbin und Schwester des im inneren Machtkampf des Grafengeschlechtes ermordeten *Klaus von Drachenfels.* Die Bevölkerung des Ländchens wusste lange Zeit nicht, woran sie war, da es kein Gericht gab, wo die Streitigkeiten geschlichtet werden konnten. Schließlich fanden die Menschen eine pragmatische Lösung und bestätigen sich durch Gerichtsbeschluss im Jahre 1562, dass sie beiden Herren zu dienen hatten. Erst im Jahre 1634 wird der Streit friedlich durch glückliche Umstände in der Erbfolge zu Gunsten der Gudenauer Ritter endgültig beigelegt.

Kinderlosigkeit der Nachfahren auf Burg Drachenfels und die Trotzheirat einer Erbtochter mit dem protestantischen Graf Phillip von Croy aus dem Münsterland führten schließlich dazu, dass das Kölner Erzstift den ungeliebten Gudenauern das Ländchen Drachenfels zum Lehen gab. Damit wurde die lang angestrebte lehensrechtliche Vereinigung der Teile Gudenauer Besitzes und des Drachenfelser Ländchens erreicht. Der eigentliche Grund für den Gesinnungswandel des Kölner Erzbischofs aber war, dass er einem katholischen, wenn auch ungeliebten Vasallen mehr traute als einem protestantischen. Der Rest wurde mit Geld erledigt und die Grafen von Croy ließen sich ihre Erbansprüche reichlich versilbern.

Die Geschichte des „Ländchens" reicht allerdings viel weiter zurück, wie der *Goldbecher aus Fritzdorf* beweist. Bereits in der Bronzezeit war es besiedelt. Zahlreiche Funde wie Ziegel und *Matronenaltäre* deuten auch auf eine dichte Besiedlung in römischer Zeit in den ersten Jahrhunderten nach der Zeitwende hin. Als die Bauten, Siedlungen und Straßen der Römer verfielen, wurden sie wie zum Beispiel im heutigen Niederbachemer Gebiet von dichtem Wald überwuchert.

Dann übernahmen die Franken die Herrschaft. Die zu der Gemeinde Wachtberg gehörenden Orte gehen zumeist auf fränkische Höfe zurück, die durch Rodung des Waldes entstanden waren. Neue Gründungen erfolgten, manche davon an alter gallo-römischer Stelle wie in Villip, dessen Name von *Vilapa* (Haus am Bach) abgeleitet wurde, andere wiederum an neuen Siedlungsplätzen. Viele der mit der Silbe -heim oder -dorf endenden Ortsnamen deuten auf frühe fränkische Gründungen im 5. Jahrhundert hin. So leiten sich die Ortsnamen Nieder- und Oberbachem von „Bachheim" (Siedlung am Bach) ab. Im Zuge dieser neuen Siedlungsgründungen wurden neue Böden urbar gemacht, allerdings ist der Wald im Ländchen nie gänzlich verschwunden. Noch heute schieben sich mehrere Waldzungen vom Kottenforst nach Süden vor und auch die höchsten Erhebungen wie der Wachtberg (258 m) und der Hohenberg (263 m) tragen noch Wald.

In enger Nachbarschaft zeigen sich in der hügeligen Landschaft imponierende Wasserburgen des Mittelalters wie *Odenhausen, Adendorf, Münchhausen* und *Gudenau.* Am Anfang dieser Bauten steht meist eine

Wachtberg: Landschaft der Horizonte

verteidigungsfähige Hügelform (sog. Motte), auf der zuerst nur Holzbauten errichtet wurden. Später entstanden, zumeist in geringem Abstand, Steinbauten, die oft durch Wassergräben geschützt waren. Die Gräben wurden durch das Wasser der vielen hier vorhandenen Quellen gespeist, was eine der Voraussetzung für die Haltbarkeit der Bauten war. Diese Burgen waren als befestigte Wohnsitze über viele Jahrhunderte in dieser Gegend unverzichtbar, denn oft genug gab es kriegerische Auseinandersetzungen zwischen den Grundherren. Unter den wichtigsten Burgen Wachtbergs und wohl auch des ganzen Bonner Umlandes sind *Burg Gudenau* bei Villip und *Burg Adendorf* besonders zu nennen. Die romantischen Gemäuer dieser Wasserburgen waren Machtzentrem des Drachenfelser Ländchens und somit auch Schauplätze der Geschichte. Die hier residierenden Burgherren aus den Geschlechtern der *von der Leyen* und der *Waldbotts* waren bedeutende Funktionsträger an Rhein, Ahr und Mosel, die in die Geschicke des Ländchens und weit darüber hinaus tatkräftig eingriffen haben.

Die heutige Gemeinde Wachtberg wurde 1969 als Flächengemeinde neu gebildet und besteht aus 16 Dörfern und Weilern mit ca. 19 500 Einwohnern. Kerngebiet des heutigen Wachtberg ist das ehemalige Drachenfelser Ländchen. Nicht zuletzt wegen ihres hohen Freizeitwertes ist die Gemeinde zu einer der beliebtesten Wohngemeinden in

Weg oberhalb von Niederbachem

der Region geworden. Dies beweist die Tatsache, dass sich der Zuzug nach 1949 um das Dreifache erhöht hat. Ein reiches Kulturprogramm und zahlreiche infrastrukturelle Verbesserungen erhöhen die Attraktivität Wachtbergs als Wohn- und Gewerbestandort. Das im Jahre 1921 erbaute Ehrenmal auf dem Wachtberg mit den Namen der in den Kriegen Gefallenen ist in weitem Umkreis bekannt.

Karten

Eine *Übersichtskarte (Ortsplan)* mit allen Gemeinden Wachtbergs, ihren Verbindungsstraßen und Wanderwegen ist im Rathaus Berkum erhältlich. Vom Landesvermessungsamt Nordrhein-Westfalen ist die *Wanderkarte Nr. 22 „Bonn und das Siebengebirge"* (1:25 000) herausgegeben worden mit Wanderwegen, Sehenswürdigkeiten des Wachtberger Gebietes, die im Buchhandel erhältlich ist und in Verbindung mit diesem Führer empfohlen wird.

Wappen der Gemeinde Wachtberg

Ortsverzeichnis

In der folgenden Übersicht sind die in diesem Führer erwähnten Gemeindeteile Wachtbergs und die an seinen Rändern* liegenden Orte, die Zielpunkte von Wanderungen sind, aufgeführt:

Oberbachem	101
Oedingen*	207
Pech	171
Rodderberg	112
Villip	69
Villiprott	157
Werthhoven	58
Züllighoven	207

Burgen und Schlösser

Wie nur wenige Landschaften in Europa kann Wachtberg und der linksrheinische Siegkreis auf verhältnismäßig engem Raum viele prächtige Burgen, Herrenhäuser und Schlösser aufweisen. Erbaut wurden sie von den Kölner Erzbischöfen, den Grafen und späteren Herzögen von Jülich und den Adelsgeschlechtern der Eifel. Kaum 10 Minuten mit dem Auto von Bad Godesberg entfernt liegt das Wachtberger Burgenland mit seinen zahlreichen Spuren von Wehrsitzen und Ritterbauten. Besondere Schmuckstücke des „Ländchens" sind seine Wasserburgen *Münchhausen, Adendorf, Gudenau* und *Odenhausen.* Die älteste von ihnen ist die *Burg Münchhausen* in Adendorf, deren Fundamente im 9. Jh. aus Abbruchmaterial der von der Eifel nach Köln führenden römischen Wasserleitung errichtet wurden. Die *Burg Gudenau* wurde im Kern um 1200 erbaut; in idyllischer Tallage bei Villip gelegen zählt sie zu den eindrucksvollsten Wasserburgen im Rheinland. Dorthin verlegten 1402 die Burggrafen von Drachenfels ihren Herrschaftssitz von der gleichnamigen Höhenburg über dem Rhein und gaben so dem Drachenfelser Ländchen seinen Namen. 1552 erwarb die politisch einflussreiche Familie von der Leyen *Burg Adendorf,* die 1659 in einen herrschaftlichen und repräsentativen Adelssitz umgewandelt wurde. Die *Burg Odenhausen* in Berkum schließlich ist insofern eine Besonderheit, weil sie eine Wasserburg in Höhenlage ist.

Einige der noch heute in Privatbesitz befindlichen Burgen in Wachtberg und der umliegenden Region können besichtigt werden, wie z. B. die Wasserburg in Wachtberg-Adendorf. Seit 2003 finden dort in der zweiten Maihälfte die sog. *Landpartien* statt, wo man in den Pagodenzelten auf den Obstwiesen vor der Burg schöne und ausgefallene Dinge für Haus und Garten, exquisite Mode aus handgemachten Stoffen, Schmuck und sogar klassische Automobile erwerben kann. Über 100 Aussteller präsentieren hier an vier Tagen Erzeugnisse alter Handwerkskünste und neue Trends. Die Veranstaltungen zählen zu den Höhe-

punkten in der Region und sind eingebettet in ein kulturelles und künstlerisches Rahmenprogramm und Fachvorträge. Musikalische Aufführungen von Chören im Burghof sind wegen des schönen Ambientes im Sommer ein besonderer Genuss. Im Wachtberger Umland sind noch die *Burgen von Morenhoven* und *Heimerzheim* und das *Schloss Miel* in der Gemeinde Swisttal für die Öffentlichkeit zugänglich.
Wegen seines Burgenreichtums ist Wachtberg an das Radwegenetz der Wasserburgenroute angeschlossen worden, die es erlaubt, die Burgen auch mit dem Rad anzusteuern. Nachfolgend werden Burgen und Schlösser aufgeführt, die bei den in diesem Führer beschriebenen Wanderungen berührt werden oder die in der näheren Umgebung von Wachtberg zu finden sind:

Name	**Ort**	**Seite**
Burg Adendorf	Adendorf	162, 182 ff.
Burg Münchhausen	Adendorf	190
Gut Broichhof	Niederbachem	118
Burg Gudenau	Villip	18, 199, 200
Burg Odenhausen	Berkum	71
In der Umgebung von Wachtberg:		
Godesburg	Bad Godesberg	
Redoute	Bad Godesberg	137
Schloss Clemensruhe	Bonn-Poppelsdorf	
Stadtschloss	Bonn	
Deutschherrenkommende	Muffendorf (Bad Godesberg)	151
Burgruine Rolandseck mit Rolandsbogen*	Niederbachem / Rolandseck	115
Wasserschloss Lüftelberg	Lüftelberg	
Burg Medinghoven	Bonn-Medinghoven	
Burg Alfter	Bonn-Alfter	
Burgruine Drachenfels	Königswinter	16
Burgruine Löwenburg	Rhöndorf	
Burgruine Tomburg	Rheinbach	
Burgruine Landskron	Heppingen	
Wasserburg Gelsdorf	Gelsdorf	
Burg Morenhoven	Swisttal	
Wasserschloss Miel	Swisttal	
Rheinbacher Burg	Rheinbach	
Herrenhaus	Altendorf	
Poppelsdorfer Schloss	Bonn	

Das Wasserschloss in Adendorf

Einzelheiten über Öffnungszeiten, Eintrittspreise und Dauer der Führungen können einem Faltblatt entnommen werden, das im Rathaus der Gemeinde Wachtberg erhältlich ist oder im Internet unter **www.rhein-voreifel-touristik.de** abgerufen werden kann.

Unmittelbar am äußersten Rande von Wachtberg, schon auf rheinland-pfälzischem Gebiet, erhebt sich auf einem Felssporn über dem Rhein die kurkölnische *Burgruine Rolandseck* mit dem berühmten Rolandsbogen in aussichts- und sonnenreicher Lage über dem Rheintal. Zu ihren Füßen liegt auf der Insel Nonnenwerth das gleichnamige Kloster (s. S. 115).

Hofanlagen und Fachwerkhäuser

Zu den besonderen Sehenswürdigkeiten in Wachtberg zählen hier der *Schäfereihof in Adendorf* (12. Jh.), der fränkische *Köllenhof* in Ließem, der *Jesuitenhof* in Berkum, der *Broichhof* auf dem Rodderberg und das Fachensemble um den *Henseler Hof* in Niederbachem. Fast jede Ortschaft besitzt ganze Straßenzüge mit einer Fülle von liebevoll restaurierten Fachwerkhäusern wie z.B. in Pech, Villip, Fritzdorf, Arzdorf, Niederbachem, Gimmersdorf und Kürrighoven.

Fachwerkhöfe in Niederbachem

Mühlen

In Wachtberg haben sich in drei Orten Mühlen erhalten, die als Antriebskräfte entweder den Wind oder das Wasser nutzten. Von diesen

Mühlen ist noch die Villiper Bruchmühle funktionstüchtig und kann besichtigt werden.

Ort	Name	Seite
Niederbachem	Ölmühle (Wassermühle)	88, 173 ff.
Niederbachem	Mahlmühle (Wassermühle)	88, 173 ff.
Villip	Bruchmühle (Wassermühle)	71, 173 ff.
Villip	Windmühle	66, 70, 173 ff., 198
Fritzdorf	Windmühle	173 ff., 188

Wege- und Grabkreuze

Wegekreuze

80 Wegekreuze der Gemeinde Wachtberg stehen unter Denkmalschutz, viele von ihnen haben ihre ganz eigenen Geschichten, von denen einige in diesem Führer erzählt werden. Sie berichten von Not und Verzweiflung, Tod und Hoffnung. So wurden viele Kreuze nach Unglücken, kriegerischen Ereignissen, überstandenen Krankheiten, aufgrund eines Gelübdes oder bei Kinderlosigkeit gestiftet. Man unterscheidet Gedenk-, Andachts-, Missions- und Pilgerkreuze. Andere Kreuze sind wiederum der Passion Christi gewidmet, wobei Christus nicht als Sterbender sondern als Toter abgebildet wird. Häufig findet man auch wie im Bonner Raum die Fünf-Wunden-Kreuze, die auf die Darstellung des Körpers Christi gänzlich verzichten und nur Hände, Füße, Dornenhaupt und Herz zeigen zur Erinnerung an das Martyrium und den Sieg über den Tod. Früher haben die Menschen vor diesen Kreuzen innegehalten und ein Gebet gesprochen, denn Kreuze waren für sie ein Zeichen der Gegenwart Gottes in dieser Welt, während heute der christliche Glaube immer mehr aus der Öffentlichkeit verdrängt wird. Die meisten Wegekreuze der Region stammen aus Werkstätten in Königswinter und Berkum, die unter dem Einfluss des Zisterzien-

Das Auenkreuz in Niederbachem

serklosters Heisterbach standen. Als Steinmaterial wurde Trachyt oder Andresit von der anderen Rheinseite verwendet.
Niederbachem und Fritzdorf verfügen über einen besonders reichen Bestand an *Wegekreuzen* aus verschiedenen Jahrhunderten. Unter Ihnen gelten das sog. *Auenkreuz* in Niederbachem und das *Georgskreuz* in Fritzdorf als die schönsten Wegkreuze in der Umgebung. Die Wegkreuze wurden an landschaftlich exponierten Stellen errichtet, sie waren häufig auf Fernwirkung berechnet und von markanten Baumgruppen oder Einzelbäumen umgeben. Im Kottenforst wurden Wegkreuze von dem Kurfürst Clemens-August und seinem Hof gestiftet, die zur Orientierung bei der Parforcejagd dienten.

Grabkreuze

In der Gemeinde Wachtberg gibt noch rund 165 *Grabkreuze* aus dem 16.–18. Jh. Man findet sie z.B. in Adendorf, Berkum, Fritzdorf, Niederbachem, Oberbachem und Villip. Die ältesten Grabkreuze in einfacher Balkenform und mit verbreitertem Fußschaft stehen in Fritzdorf (1571) und in Villip (1600). Im Oberbachemer Kirchhof hat man einen besonders reichen Bestand von 35 Grabkreuzen aus dem 17. und 18. Jh. registriert. In der Barockzeit schmückten die Steinmetze manchmal die Kreuze mit bildlichen Darstellungen (z. B. Kruzifix, Marterinstrumente, Engels- oder Totenköpfe, Herzen mit Schwertern usw.). Auch das Anbringen von sog. Hauszeichen, die auch als vererbbare Marken auf Türstürzen und Torbalken zur Eigentumsbezeichnung angebracht wurden, war üblich. Auf einigen Kreuzen werden auch Angaben zu den Berufen (Schmied) oder Ämtern gemacht wie auf dem Kreuz von 1674, das auf dem Adendorfer Friedhof steht und auf dem folgende Inschrift steht „HEINRICH ISENBERG SCHULTHEIS ZU ADENDORF“. Ein besonders reich ver-

Detail mit der hl. Barbara vom Georgskreuz in Fritzdorf

ziertes Kreuz von 1730 steht in Oberbachem an der Kirche. Das auf vielen Kreuzen zu findende Buchstabenkürzel GSDSG steht für „Gott sei deiner Seele gnädig“. Frauen behielten auch nach der Heirat bis zu ihrem Tode ihre Mädchennamen. Manchmal wurde der Name des Ehepartners hinzugefügt wie auf einem Kreuz in Oberbachen „MARIA HANSEN GENANT HULLEN“.

Steinsterben: Leider drohen einige Grabkreuze durch Schadstoffeinflüsse aus der Luft und durch Witterungsschäden endgültig verloren zu gehen. Da die meisten Kreuze aus Trachyt hergestellt wurden, sind sie einer erhöhten Gefährdung durch Luftschadstoffe ausgesetzt, die den Steinzerfall beschleunigen. Die Gemeinde Wachtberg hat sich daher als untere Denkmalbehörde mit besonderem Aufwand der Pflege alter Grabkreuze angenommen und diese fachkundig restauriert, wiederbefestigt und gesichert (vgl. S. 57).

Grabkreuze an der Kirche in Oberbachem

Kirchen

In fast allen Ortsteilen Wachtbergs befinden sich sakrale Bauwerke aus verschiedenen Epochen. Bemerkenswerte Kirchen und reizvolle Kapellen bestimmen die dörflichen Erscheinungsbilder maßgeblich mit; die Ursprünge der meisten von ihnen reichen in das erste Jahrtausend zurück.

Das frühe Mittelalter

Der älteste Kirchenbau in Wachtberg ist die *St. Jakobus-Kapelle in Werthhoven,* die im 8./9. Jh. als Kapelle eines karolingischen Hofgutes errichtet wurde. Auf ein hohes Alter blickt auch die kirchliche Tradition in *Niederbachem* zurück. Mit dem Bau einer Holzkirche um das Jahr 780 fing hier alles an. 1965 fand man bei Ausgrabungen des Rheinischen Landesmuseums im Mauerwerk römische Ziegelplatten und Teile einer römischen Fußbodenheizung. Die Kirchen von *Berkum* und *Villip* gehen ebenfalls auf das frühe Mittelalter zurück. Auf eine lange Geschichte blickt auch die Kirche in *Fritzdorf* zurück, die sicher älter ist als ihre erste urkundliche Erwähnung im Jahre 1293.

Barockaltäre

Die Ausstattung der meisten Wachtberger Kirchen ist zum Glück nicht dem Modewandel zum Opfer gefallen, wie dies andernorts der Fall war. Zwar hielt man hier auch nicht unbedingt freiwillig an den althergebrachten Einrichtungsgegenständen fest, weil das notwendige Geld für Neuanschaffungen nicht zur Verfügung stand und man sich mit Renovierungsarbeiten begnügen musste, aber heute darf die Gemeinde stolz auf die wertvollen Einrichtungen ihrer Kirchen sein. So hat uns die frühere Armut heute viele unbekannte Kleinode in Wachtberger Kirchen beschert. Besonders schöne barocke Innenausstattungen haben die *Kirchen St. Gereon* in *Niederbachem, Hl. Drei Könige* in *Oberbachem, St. Simon und Thaddäus* in *Villip* und *St. Margaretha* in *Adendorf* vorzuweisen. Interessante *Barockkapellen* sind in den Ortsteilen Holzem (1744), Gimmersdorf (1714) und Arzdorf (1732) finden.

In der folgenden Übersicht sind die in diesem Führer erwähnten Kirchen Wachtbergs und angrenzender Orte* aufgeführt:

Name	**Ort**	**Seite**
St. Margareta	Adendorf	164, 179
St. Gereon	Niederbachem	88, 93
Hl. Drei König	Oberbachem	101
Scholastika-Kapelle	Kürrighoven	212, 213
St. Gereon	Berkum	56, 59
St. Simon und Thaddäus	Villip	70
St. Gerdrud	Oedingen*	204, 208
St. Marien	Bad Godesberg*	140
Oberdorferkapelle	Mehlem*	34, 111
Herz Jesu	Lannesdorf*	80
St. Martin	Muffendorf (Bad Godesberg)*	149, 150

St. Maria	Ließem	131
St. Josef	Gimmersdorf	82
St. Nepomuk	Holzem	219
St. Antonius	Arzdorf	218
St. Georg	Fritzdorf	185
St. Jakobus	Werthhoven	31, 58, 60, 61
Hl. Erzengelkirche	Pech	172
St. Michael	Pech	169, 172
Gnadenkirche	Pech	172
Ruine des Birgittinnenklosters	Marienthal (Bad Godesberg)*	140
Evangel. Gemeindezentrum	Niederbachem	89, 94

Wanderwege in Wachtberg

Die Ortsgruppe Wachtberg e.V. des Eifelvereins hat ein örtliches Wanderwegenetz in der Gemeinde Wachtberg entwickelt, das dem Wanderer die reizvolle Landschaft sowie die Sehenswürdigkeiten des „Drachenfelser Ländchens" und seiner Umgebung erschließt und dabei historische und traditionelle Wegeführungen berücksichtigt. Die Wanderwege dieses Wegenetzes erfassen – unter Berücksichtigung der das Gemeindegebiet berührenden überörtlichen Wanderwege des Eifelvereins („Rheinhöhenweg" und „Jakobsweg") – flächendeckend die gesamte Gemeinde Wachtberg und haben verbindenden Charakter zwischen den einzelnen Ortschaften. Wichtige Gesichtspunkte bei der Gestaltung des örtlichen Wanderwegenetzes waren eine gute Anbindung an die unmittelbar angrenzenden Wandergebiete und ein möglichst störungsfreier Wegeverlauf. Das neue Netz von Wachtberger Wanderwegen besteht im Wesentlichen aus folgenden Komponenten:

1. Rundwanderweg „Rund um Wachtberg"
Dieser Wanderweg wird als Rundweg um das gesamte Gebiet der Gemeinde Wachtberg ausgewiesen und verläuft in mehr oder weniger großer Entfernung zur Gemeindegrenze. Der Weg trägt die Bezeichnung „Rund um Wachtberg" und ist mit einem schwarzen W im schwarzen Kreis markiert. Seine Länge beträgt rd. 40 km.

2. Ortswanderwege
Weitere acht Ortswanderwege führen von einem zentralen Punkt der Gemeinde aus strahlenförmig zu den einzelnen Ortschaften mit einer jeweiligen Verbindung zu dem vorgenannten Rundwanderweg. Als zen-

traler Punkt wurde aufgrund seiner besonderen geographischen Lage, seiner engen Verknüpfung mit dem HWW 1 (Jakobsweg) sowie der guten Anbindung an den ÖPNV (ZOB in Berkum) der zwischen Berkum und Villip gelegene „Wachtberg“ gewählt. Diese Ortswanderwege haben neben ihrer Nummerierung (1 bis 8) noch eine ortstypische Bezeichnung. Die Wege nehmen vom „Wachtberg“ aus folgende Richtungen:

1. **Siebengebirgsweg** (Gimmersdorf – Ließem)
2. **Römerweg** (Berkum – Kürrighoven – Oberbachem – Niederbachem)
3. **Kaolinweg** („Hohenberg“ – Züllighoven)
4. **Kapellenweg** („Erlenmaar“ – Werthhoven)
5. **Treppenbauerweg** („Fritzdorfer Wald“ – Fritzdorf – Arzdorf)
6. **Töpferweg** (Holzem – Klein Villip – Adendorf)
7. **Gerichtsweg** (Villip – Villiprott)
8. **Kottenforstweg** (Pech)

Alle Wanderwege in der Gemeinde Wachtberg sind mit schwarzen Ziffern bzw. Buchstaben auf weißem Spiegel markiert.

Zwischen diese Ortswanderwegen ergeben sich Verknüpfungen zu den entsprechenden Wanderwegen der Nachbargemeinden sowie Verbindungswege, um kürzere Rundwanderungen zu ermöglichen. Diese Verbindungswege sind mit den Zahlen 10 bis 19 nummeriert. Durch die Kombination der verschiedenen Wege kann man auch individuell seine Wanderungen nach Verlauf, Länge und Schwierigkeit gestalten. Eine Orientierungstafel mit dem neuen Wanderwegenetz steht am „Wachtberg“; die Aufstellung weiterer Tafeln ist geplant. Siehe vorne unter Karten.

Wanderweg bei Oberbachem

Die Gemeinde Wachtberg wird auch von zwei überörtlichen Wanderwegen des Eifelvereins, dem Rheinhöhenweg und dem Hauptwanderweg Nr. 1 (Jakobsweg) durchquert.

Rheinhöhenweg (linke Rheinseite)

Am nördlichen Rand der Gemeinde verläuft im Bereich der Ortschaften Ließem und Niederbachem der Weitwanderweg „Rheinhöhenweg", der mit einem R markiert ist und von Bonn über Koblenz nach Oppenheim führt. Er ist Teil des Europäischen Fernwanderweges E8 mit der Streckenführung Nordsee – Rhein – Main – Donau – Karpaten – Rila.

Hauptwanderweg Nr. 1 des Eifelvereins (Jakobsweg)

Quer durch Wachtberg verläuft auch der *Hauptwanderweg Nr. 1 des Eifelvereins (Jakobsweg),* der mehrfach auf den in diesem Führer beschriebenen Wanderungen begangen wird. Er führt von Bonn durch den Kottenforst nach Moselkern über folgende Etappenpunkte: Bonn – Villiprott (Forsthaus) – Holzem – Werthhoven – Landskron – Bad Neuenahr – Schalkenbach – Oberdürenbach – Hain – Ruine Ohlbrück – Moselkern (siehe S. 35 und S. 44).

Der Weg der Matthiaspilger von Mehlem nach Trier

Die Wallfahrten zum Grabe des hl. Matthias in der gleichnamigen Abtei in Trier, dem einzigen Apostelgrab nördlich der Alpen, haben im Rheinland eine lange Tradition. Viele Wegrouten der Pilger dorthin haben sich im Laufe der Jahrhunderte verfestigt. Wesentlich dazu beigetragen haben auch die in Bruderschaften organisierten *Pilger der St. Matthias-Wallfahrt,* die mit großer Zähigkeit an ihren althergebrachten Wegen aus dem Rheinland durch die Eifel festgehalten haben. So sind Wallfahrten der Mehlemer Bruderschaft seit 1678 bezeugt. Einer alten Tradition folgend beginnt die Wallfahrt um 5 Uhr morgens an Christi Himmelfahrt an der sog. *Oberdorfer Kapelle in Mehlem.* Während die Mehlemer Bruderschaft den Talweg über Niederbachem nach Berkum nimmt, folgt die Lannesdorfer Matthiasbruderschaft dem Weg über die Höhen, einem von vielen uralten Kreuzen gesäumten Pilgerweg, der durch Wachtberg in die Eifel führt und bei den nachstehend beschriebenen Wanderungen berührt wird.

Am Rande von Wachtberg, zwischen Mehlem und Niederbachem kommen die Pilger an einem alten Wegekreuz *(Rotes Kreuz oder Franzosenkreuz)* vorbei, das an eine mittelalterliche Bluttat erinnert (Sühnekreuz). Hier zweigt der Weg der Lannesdorfer Bruderschaft rechts ab und führt durch einen Hohlweg hinauf auf die Höhen oberhalb von Niederbachem zum sog. *Matthiaskreuz bei Ließem.* Von hier geht es am *Heiligenhäuschen bei Ließem* zum *Höhenfriedhof* und weiter am *Kreuz vor Gimmersdorf* durch den Ort an der *Josefskapelle* vorbei bis das Wege-

kreuz erreicht wird und der Weg links nach *Berkum* abbiegt. In Berkum passieren die Pilger weitere Wegkreuze an der Kreuzung Stumpebergerweg/Oberdorfstraße und bei der zentralen Bushaltestelle (ZOB). Nach Überquerung der L 123 beim Einkaufszentrum, vereinen sich die Mehlemer und Lannesdorfer Pilgerzüge wieder, und ihr Weg führt durch ein Wäldchen nach Fritzdorf. Wenn man bei einer Hütte aus dem Wald heraustritt sieht man den *Wanderstein der Matthiaspilgerschaft* (s. S. 215). Über Vettelhoven geht es weiter in die Eifel hinein zur Kalenborner Höhe nach *Nürburg* und *Kelberg*. Am zweiten Tag führt der Weg über *Darscheid, Mehren* an der Mosel bis nach *Plein,* am dritten Tag an der Mosel entlang über *Klüsserath* nach *Trier.*
Ein weiterer Wallfahrtsweg führt von Oberbachem oder Adendorf/ Fritzdorf in die Eifel zum Jodokusheiligtum im Nitzbachtal bei Langenfeld.

Fahrradrouten

Wasserburgenroute
In kaum einer anderen Region sind so viele Wasserburgen auf engem Raum zu finden wie am Rande der Eifel. Allein in dem als „Kölner Bucht" bezeichneten reizvollen Landschaftsabschnitt zwischen Köln und Aachen liegen mehr als 100 ehemalige Adelssitze, die meist als Wasserburgen angelegt wurden und zumeist in gutem baulichen Zustand erhalten sind. Die Geschichte dieser Wasserburgen, von denen die meisten noch heute in privater Hand sind, reicht über 1000 Jahre bis in die Zeit der Turmhügelburgen, auch „Motten" genannt zurück. Diese Kleinode rheinischer Burgengeschichte wurden durch das Radwegenetz der sog. Wasserburgenroute verbunden und erschlossen. Im Schnitt stößt man alle vier Kilometer auf eine Burg. Die von Aachen bis an den Rhein führende ausgeschilderte Fahrradroute führt mitten durch Wachtberg an seinen schönsten Wasserschlössern und Burgen vorbei. Die insgesamt 350 km lange Fahrradroute ist mit Schildern, die einen Burgturm und ein Fahrrad auf blauem

Wegzeichen der Wasserburgenroute und des Jakobsweges

Grund zeigen, gekennzeichnet und berührt auch die interessantesten landschaftlichen und kulturellen Sehenswürdigkeiten Wachtbergs, vor allem seine Wasserburgen wie die Burg Gudenau in Villip und Burg Odenhausen. Die Strecke führt im Süden bis Bad Münstereifel, im Osten bis Aachen und im Westen in Schlängellinien durch das Wachtberger Ländchen zum Rhein bis nach Bad Godesberg.
Informationen: Rhein-Voreifel Touristik, Telefon: (02 28) 95 44 100; www.rhein-voreifel-touristik.de.

Erlebnisroute südlicher Naturpark Kottenforst
Eine „Erlebnisroute südlicher Naturpark Kottenforst" führt auch durch die buckelige Welt des Ländchens. Vier landwirtschaftliche Betriebe in Wachtberg laden dabei die Radler zu Besichtigungen ein (Bedorf Mühle in Villip, Obsthof Auen in Niederbachem, Milchviehbetrieb in Fritzdorf, Reiterhof in Arzdorf). Auch im benachbarten *Gelsdorf* schließen sich alljährlich im Oktober 19 Betriebe zusammen und veranstalten die „Tage der offenen Höfe", um den Besuchern einen Einblick in die heimische Landwirtschaft und den Obst- und Gemüsebau zu gewähren. Neben Kunsthandwerk werden alte Gewerke wie Spinnen und Korbflechten gezeigt und an Probierständen kann man köstliche Produkte aus eigener Herstellung verkosten.

Lausbubenbrunnen in Villiprott

Erlebnis-Radroute „Tanz auf dem Vulkan“
Der mit einem eigenen Wegzeichen (Vulkan, aus dem Lava fließt) ausgeschilderte 25 km lange Rad-Entdeckungsweg führt durch geologisch interessante Landschaften Wachtbergs, die von Wind und Vulkanismus geformt worden sind. An 20 Standorten wird dem Radler Gelegenheit gegeben, Erdgeschichte und die frühere Nutzung von Bodenschätzen (Gruben, Steinbrüche) hautnah zu erleben. Über die Wegstrecke informiert die Radwanderkarte „Tanz auf dem Vulkan“ im Maßstab 1:20 000 (ISBN Nr. 3-938 624-00-0; 1 € Schutzgebühr). Mehr Informationen dazu: www.naturpark-kottenforst-ville.de oder im Wachtberger Rathaus.

Radtourenprogramm der ADFC-Ortsgruppe Wachtberg
Im Zusammenhang mit der Einrichtung und Beschilderung des Wachtberger Fahrradnetzes hat sich die Ortsgruppe Wachtberg des Allgemeinen Deutschen Fahrrad Clubs (ADFC) ein erweitertes Angebot ausgedacht. Neben den Feierabendtouren, die schon seit Jahren im Sommerhalbjahr wöchentlich angeboten werden, und gelegentlichen Tagestouren am Wochenende veranstaltet die Ortsgruppe des ADFC unter dem Motto „16 Dörfer – 16 Touren“ kleine Radtouren in und um Wachtberg zur Einstimmung in das Wochenende. Die Tourenleiter betreuen schon lange Touren in Wachtberg und Bonn und kennen fast jedes mit dem Rad befahrbare Wegstück. Dabei werden ruhige und sichere Wege, besonders wenn sie von schöner Landschaft eingerahmt sind, bevorzugt.
Informationen: Rhein-Voreifel Touristik, Telefon: (02 28) 95 44 100; www.rhein-voreifel-touristik.de.

Naturerlebnisse

Naturschutzgebiete
Naturschutzgebiete beruhen auf gesetzlichen Maßnahmen, die dem Schutz, der Pflege und der Erhaltung von Naturlandschaften dienen; ihre Ausweisung soll insbesondere Lebensgemeinschaften und Lebensstätten (Biotope) bestimmter wildwachsender Pflanzen und wildlebender Tierarten erhalten und fördern. Naturschutzgebiete werden mit wissenschaftlichen, natur- und landeskundlichen sowie erdgeschichtlichen Besonderheiten begründet. In Wachtberg sind die Gebiete um den *Dächelsberg* und den *Rodderberg* bei Niederbachem unter Naturschutz gestellt worden. In der ganzen Gegend des Drachenfelser Ländchens stammen die Lesesteine auf den Feldern aus dem Basalt der

umliegenden früheren Vulkane. Darin finden sich oft kleine Magnetitkörnchen, manchmal auch weiße Zeolithe.

Naturschutzgebiet Rodderberg oberhalb von Niederbachem:
Mit einer Gesamtgröße von 73,24 ha sind seit 1927 der Krater des Rodderbergs und die Kraterhänge zum Naturschutzgebiet erklärt worden, weil sie Lebensstätten für seltene Tiere und Pflanzen und deren Lebensgemeinschaften sind. Geologisch interessant sind Tuffflächen und -formationen vulkanischen Ursprungs mit ihren typischen Trockenrasen und Nährstoffarmut. Die wärmespeichernden Tuffböden sind ein Rückzugsgebiet für wärmeliebende Pflanzen. Über zweihundert Arten hat man gezählt (u. a. Nelke, Weinrose, Golddistel, Vergissmeinnicht). Im Gelände brüten wieder Wachteln, die in Gebieten mit intensiver Landwirtschaft fast ausgestorben sind. Die übrige Vogelwelt ist darüber hinaus mit zahlreichen Arten vertreten (Goldammer, Gartengrasmücke, Heckenbraunelle).

Naturschutzgebiet Dächelsberg zwischen Oberbachem und Niederbachem:
In dem 16 ha großen Naturschutzgebiet sind insbesondere die Basalt-Trichterkuppe und der in den Taschen der Basalt-Formationen vorkommende, verwitterte Trachyt-Tuff erhalten; auch das Umfeld oberhalb des ehemaligen Steinbruches ist unter Schutz gestellt worden.

Johanniskraut im Heltenbachtal

Sehenswert ist der erstarrte Basalt mit fünf/sechseckigen Säulen, Einschlüsse und die seltene Dachscholle, die dem Basalt aufliegt.

Kaolingrube bei Oedingen:
Lebensraum für Amphibien, rheinische Gelbbauchunken.

Naturpark Kottenforst-Ville zwischen Bonn und Wachtberg:
Fauna: In dem 2436 ha großen Waldgebiet leben viel seltene Vogelarten wie Eisvogel, Rotmilan, Schwarzspecht, Wespenbussard, Nachtigall und Pirol. Auch Kammolch und Hirschkäfer sind hier zu Hause.
Flora: Linden-, Eichen- und Buchenwälder, Waldmeister-Buchenwald, Stieleichen-Hainbuchenwald, Wiesenknopf-Silgenwiesen.

Landschaftsschutz
Man versteht darunter die Gesamtheit der Maßnahmen zur Pflege und zur Erhaltung einer Landschaft, ihrer besonderen Eigentümlichkeiten und natürlichen Werte. Zu diesem Zweck wurden besondere Landschaftsschutzgebiete wie z. B. das Zülligovener Tal ausgewiesen.

Naturdenkmäler
Naturdenkmäler sind Erscheinungen der Natur, die eine auffällige typische Eigenart haben. Der *Lavaklotz* auf dem Rodderberg, die *„Schnacke Eiche“*, die *„Mammut Eiche“* oder die *„Dicke Eiche“* im Kottenforst sind Beispiele hierfür.

Naturpark
Unter einem Naturpark versteht man einen größeren, in sich geschlossenen Landschaftsbereich, der sich durch seine natürliche Eigenart und Schönheit auszeichnet und in seinem Zustand unverändert erhalten bleiben soll. Als Beispiel sind hier der Naturpark Kottenforst-Ville oder der Naturpark Siebengebirge zu nennen, die als Naherholungsgebiete dienen.

Artenvielfalt
In einer 1999 veröffentlichten wissenschaftlichen Untersuchung des Bundesamtes für Naturschutz in Bonn wurde bei zwanzig ausgewählten Probeflächen in Wachtberg (landwirtschaftlich genutzte Flächen, Brachen und gehölzgeprägten Bachufer, Waldflächen) das Vorkommen von *Bodenkäfern* untersucht, die wegen ihrer Artenvielfalt und spezifischen Lebensansprüche als Bioindikatoren für den Naturschutz gelten. Insgesamt konnten auf den untersuchten Flächen 97 Arten festgestellt

werden, das sind rund 1/5 der in Deutschland typischen Laufkäfer. Das Drachenfelser Ländchen weist damit eine für Agrarlandschaften durchaus *bemerkenswerte biologische Vielfalt* auf, die allerdings auf die einzelnen Lebensräume unterschiedlich verteilt ist; am höchsten ist sie in den nicht genutzten Gebieten ohne Chemieeinsatz (Bachufer, Brachen und Grünland).

Der als gefährdet geltende und nur in wenigen, nicht miteinander in Kontakt stehenden Verbreitungsinseln lebende *Springfrosch,* ein Braunfrosch, hat in Wachtberg einen seiner seltenen Lebensräume. Seit 1989 werden hier im Rahmen des vom Bundesamtes für Naturschutz geförderten Erprobungs- und Entwicklungsvorhabens „Amphibienlebensräume in der Zivilisationslandschaft“ Kleingewässer untersucht und in den künstlich angelegten Folienteichen ökologische Studien durchgeführt.

Naturgarten

In Berkum hinter dem Rathaus hat im Rahmen der Agenda 21 der Arbeitskreis „Naturnahe Gärten in Wachtberg“ einen Naturgarten angelegt. Gestaltungselemente dieses Schaugartens sind Trockenmauern aus Grauwacke, Kieshügel, Blumenwiesen, sonnige und schattige Wildstaudenbeete, Wildstäucher- und Wildrosenbeete, eine Wildbienennistwand sowie eine Kräuterspirale. Die Baumbepflanzungen mit Gottesahorn und Zeder sorgen für Lebensraum schattenliebender Pflanzen.

Bauerngärten

Wer mit offenen Augen durch die Orte geht, wird einen großen Reichtum an seltenen Pflanzen in Wachtberg finden. Die Geschichte der Bauerngärten reicht bis in die Zeit Karls des Großen zurück, der um 800 eine Landgüterordnung erließ, die auch eine Liste von Heil- und Küchenkräutern, Nutzpflanzen und Bäumen enthielt. Sie sollten nicht nur der Volksgesundheit dienen, sondern der Bevölkerung auch helfen, Krisenzeiten zu überstehen. Eine wissenschaftliche Untersuchung des Bundesamtes für Naturschutz hat ergeben, dass Wachtberg mit rund 60 Bauerngärten einen große Vielfalt dieser Blumenoasen besitzt. 60–80 % aller wissenschaftlich verzeichneten genetischen Resourcen kommen hier vor, die wertvolle Biotope und Kulturgüter zugleich sind. Die meisten Bauerngärten findet man in Fritzdorf (13), Niederbachem (9) und Ließem (9), aber auch in Pech sind solche kleinflächigen Anlagen von 250–500 qm zu finden, in denen Zier- und Nutzpflanzen angebaut werden. Man hat in diesen Gärten eine große biologische

Wandern in der „Rheinischen Toscana" von Wachtberg

Vielfalt ermittelt: 145 krautige Zierpflanzenarten, 41 Heil- und Gewürzpflanzen sowie 32 Salat- und andere Gemüsepflanzen wurden gezählt.

Hohlwege

Die Enge, Tiefe und Steilheit von Hohlwegen sowie die dort herrschende Dunkelheit rufen in manchen Menschen Gefühle von Mühsal und Beklemmung hervor. Dieses Unbehagen bei der Benutzung von Hohlwegen in früheren Zeiten rührte daher, dass im Mittelalter häufig räuberische Überfälle in Hohlwegen stattfanden. So ist es kein Wunder, dass es viele Spukgeschichten, Sagen und Legenden gab, in denen diese Ängste verarbeitet wurden. Zum Beispiel in Erzählungen vom Reiter ohne Kopf, von der Weißen Frau („De Wirte Frau") oder von Werwölfen. In Kürrighoven („Alte Höhle") oder in Villip wurde der sog. Sandweg, der früher stärker als Hohlweg ausgebildet war, im Volksmund auch als „A(h)le Hell" bezeichnet (Ale = lang), ein gestreckter, muldenartig vertiefter Weg, in dem etwas Unheimliches verborgen sein sollte (Helle = Höhle oder Hölle). Am Ausgangspunkt eines Hohlweges zwischen Mehlem und Niederbachem steht ein altes Sühnekreuz, das an einen dort verübten Mord erinnert.

Aussichtspunkte

Heinrichsblick, Ostseite des Rodderbergs oberhalb von Niederbachem: Man sieht die bewaldeten Höhen des Siebengebirges, die ansteigenden Hänge des Kottenforstes und blickt in das sich nach Norden öffnende Rheintal mit der dichten Besiedelung der Bonner Rheinebene.

Wachtberg, zwischen Berkum und Holzem:
Südwestlich der Vulkankuppe liegt ein schöner Aussichtspunkt. Man erkennt das südliche Ende der niederrheinischen Bucht mit den Obstbaumkulturen von Meckenheim und den Feldfluren der Grafschaft, am Horizont sieht man die Eifelhöhen sich aus der Ebene erheben.

Stumpeberg bei der Schule in Berkum:
Von der Ostseite der Vulkankuppe geht ein weiter Blick in die Runde über die Täler des Ländchens bis zu den zahlreichen Kuppen des Siebengebirges.

Rheinhöhenfriedhof Oberbachem oberhalb von Oberbachem:
Am Rande des Parkplatzes beim Rheinhöhenfriedhof blickt man hinunter auf das Tal von Oberbachem, im Süden taucht Oedingen auf, auf der Höhe sieht man Berkum mit seiner „Kugel" liegen.

Fritzdorfer Mühle auf einer Anhöhe südlich des Ortes Fritzdorf:
Malerisches Panorama mit herrlichen Ausblicken auf die weiten Felder der Grafschaft, das Siebengebirge, die Eifelhöhen und die Ahrberge; gute Picknickstation.

Bachtäler
Das Drachenfelser Ländchen zwischen Rheintal und Voreifel ist von zahlreichen Bachläufen durchzogen, die, obwohl inmitten einer intensiv genutzten Acker- und Weidenwirtschaft liegend, ihre Naturnähe bewahren konnten. Die Wasserläufe begleiten durchgehende *Galerien von Auenwäldern* mit Bruchweiden oder Schwarzerlen, die diesen Bachtälern wie z. B. im *Zülllighovener Tal* ein eigenes Gepräge geben. Solche kleinen Biotope mit ihren feuchten Staudensäumen und Waldrändern sind eine wichtige Voraussetzung dafür, dass sich hier eine große Artenvielfalt von Pflanzen und Insekten halten konnte. Hier liegen Lebensräume von 176 verschiedenen Schwebfliegenarten, das sind 70 % aller in Nordrhein-Westfalen nachgewiesenen Arten und 40 % der deutschen Arten dieser Insekten, die neben den Bienen u. a. für die Bestäu-

bung der Obstbäume und Erdbeeren und als natürliche Gegenspieler von Blattläusen wichtig sind.

Heltenbachtal bei Pech: Durchgängige Schwarzerlengalerie im Tal zwischen den bewaldeten ansteigenden Hängen des Kottenforstes.

Zülllighover Tälchen südlich der Grube Laura bei Oberbachem: Idyllisch gelegenes waldgesäumtes Tal mit Schwarzerlenbestand und Pferdeweiden. Reiches Vorkommen von Schwebfliegen.

Swistbach bei Adendorf:
Von Süden aus der Grafschaft kommend durchfließt der Bach die Felder und streift bei Adendorf das Wachtberger Gebiet.

Goldbach zwischen Berkum und Oberbachem:
Das tiefe Bachtal hat sich entlang einer geologischen Verwerfung ausgebildet und weist eine schluchtwaldartige Vegetation auf.

Godesberger Bach bei Klein Villip, Burg Gudenau und Kloster Marienforst: Im oberen Lauf ungestörter Verlauf durch Felder, Wiesen und Wald, im unteren Lauf bei Godesberg durch neuere Baumaßnahmen beeinträchtigt.

Zeugnisse der Kurfürstlichen Jagd im Kottenforst

In dem 50 Quadratkilometer großen Waldgebiet am nördlichen Rande von Wachtberg stehen bei Villiprott noch Zeugen der kurfürstlichen Jägerei wie das 1730 erbaute *Schönwaldhaus* und das als Relaisstation für frische Pferde mitten im Wald genutzte pittoreske sog. *Jägerhäuschen.* Einmalig ist das zu kurfürstlichen Parforce-Jagden angelegte *Alleensystem mit seinem Wegekreuzen,* das den Kottenforst geradlinig durchzieht (siehe Wanderung Nr. 10).

Freizeit

Wandern
Wachtberg verfügt über ein gut ausgebautes Wegenetz von Wander- und Wirtschaftwegen. Siehe vorne unter Karten sowie Wanderwege in Wachtberg.

Tennisanlage in Berkum
Gegenüber der Burg Odenhausen liegt ein Tennisplatz, der auch für Gäste von April bis Oktober bespielbar ist. Telefon: (02 28) 34 41 44.

Hallenbad in Berkum
Familien- und seniorenfreundliches sowie sportorientiertes Schwimmbad mit hohem Freizeitwert. Telefon: (02 28) 34 30 24.

Wanderzeichen auf dem Jakobsweg in Wachtberg

Reitanlagen
Wachtberg verfügt über eine Vielzahl von Reiterhöfen (siehe auch S. 208):

Reitschule Gut Broichhof im Rodderbergpark
In herrlicher Umgebung des Vulkankraters gelegen mit allen Möglichkeiten für Reiter vom Freizeitreiten bis zur Turnierausbildung. Besonderes Markenzeichen sind die Meisterschaften in der Vielseitigkeitsreiterei und weitere Turniere mit internationalem Charakter.
Telefon: (02 28) 34 50 36, www.rodderberg.de

Reitverein in der „Grube Laura“ in Oberbachem
Die jährlich hier stattfindendenden Turniere haben auch überregionale Bedeutung erlangt. Telefon: (02 28) 34 42 92.

Weide bei Niederbachem

Reit- und Zuchtbetrieb auf der Burg Münchhausen in Adendorf
Neben allen Angeboten eines Reit- und Pensionsstalles stehen Zucht und Turnierveranstaltungen im Vordergrund. Eine neu angelegte 1000 Meter lange Trabrennbahn steht auch Gästen zur Verfügung.
Telefon: (0 22 25) 94 78 75.

Reitsportzentrum Villiprott
Reitschulbetrieb bis zur Turnierausbildung (speziell für Kids) mit Pensionsstall und Zucht. Schöne Ausritte von hier in den Kottenforst.
Telefon: (02 28) 32 71 37.

„Haus Dahl", Reitverein Niederbachem
Eingebettet in der herrlichen Kraterlandschaft des Rodderbergs ist dieser Reitverein neben seinem großen Angebot für Leistungssport und Freizeit für Pferd und Reiter vor allem mit seiner Zucht über die Landesgrenzen hinaus bekannt. Telefon: (02 28) 85 74 95, ab 15.00 Uhr.

Reitanlage Gut „Haus Holzem" bei Berkum
Die 1999 neu errichtete Anlage hat zwei großzügige Reithallen und einen Außenreitplatz von 20 x 60 m. Austragungsort des Internationalen Reitclubs. Telefon: (02 28) 34 24 92.

Reitanlage Wiesenau in Pech
Reitschulbetrieb. Telefon: (02 28) 9 32 38 89.

Golf
Der „*Golfclub Bonn-Bad Godesberg in Wachtberg*" liegt oberhalb von Niederbachem. Telefon (02 28) 34 40 03; Fax (02 28) 34 08 20 (siehe auch S. 213).

Brauchtum

St. Martinsumzüge
Es ist eine alte Tradition im Rheinland, dass am oder um den St. Martinstag (11. November) die Schulklassen ihren Umzug durch ihren Ort mit selbstgebastelten Laternen durchführen, der mit einem großen Martinsfeuer und dem Verteilen von sog. *Weckmännern* und Süßteiggebäck endet. Anschließend ziehen die Kinder von Haus zu Haus, klingeln an den Haustüren und singen die Lieder von dem guten Mann, der als römischer Soldat am Stadttor einem frierenden Bettler die Hälfte seines Mantels schenkte und der im November des Jahres 397 starb. Sie erhalten dafür Süßigkeiten und Gebäck. Zur seiner Erinnerung reitet St. Martin als römischer Soldat bei den Kinderumzügen hoch zu Ross mit und verschenkt zum Zeichen der Nächstenliebe *Weckmänner* an die Kinder. Im Rheinland backen die Bäcker bereits im Monat Oktober und vor allem in der Adventszeit lustige Weckmänner aus Hefeteig für die Kinder. Die Augen und Knöpfe werden aus Rosinen gemacht, manchmal trägt der Weckmann auch einen Mantel aus Mandeln. Wichtigstes Attribut ist eine Tonpfeife, die früher ein Bischofstab war, denn ursprünglich stellte der Weckmann den hl. Martin als Bischof dar.
Die *Martinsfeuer,* wie sie zum Beispiel alljährlich im November oberhalb von Niederbachem entzündet werden, haben eine symbolische Bedeutung: Sie bringen Licht in das Dunkel, so wie die gute Tat Martins das Erbarmen Gottes in die Dunkelheit der Gottesferne brachte. Man nimmt an, dass die Martinsfeuer auf die Riten der germanischen Wintersonnwendfeier und des germanischen Erntedankfestes zurück gehen. Zu anderen Anlässen angezündete Freudenfeuer waren zugleich auch reinigende Feuer, in denen das vergangene Jahr, der Winter oder der Sommer verbrannt wurde. Das „Sommerverbrennen" sollte daran erinnern, dass ein Zeitabschnitt unwiederbringlich vergangen war.
Die *Martinsgänse,* die man am Martinstag schlachtete und verzehrte, gehen noch auf keltische Bräuche zurück. Die feinfühligen und misstrauischen Tiere wurden auch von den Kelten als Haustiere gehalten,

weil sie wachsam waren und das Wetter vorhersagen konnten. Das auch im Kalender der Druiden wichtige Datum markierte den Winteranfang und fand am nächtlichen Sternenhimmel durch dic Rückkehr der Plejaden seinen sichtbaren Ausdruck. Bei den Martinsumzügen im Rheinland wurde früher in Niederbachem ein Gänsewagen mit drei lebenden Gänsen mitgeführt. In Niederbachem zogen die Mädchen am Martinstag nach dem Mittagessen von Haus zu Haus, sangen ihre Lieder und sammelten Geld *(schnörzen),* mit dem die den Kindermartinszug begleitende Musikkapelle und die *Stuten* (ein Gebäck aus süßem Weckmannteig) bezahlt wurden.
In folgenden Gemeindeteilen finden traditionell Anfang November St. Martinsumzüge statt: Adendorf, Arzdorf, Berkum, Fritzdorf, Gimmersdorf, Ließem, Niederbachem, Oberbachem, Pech, Villip, Werthhoven, Zülllighoven (Termine werden vorher bekannt gegeben). Die dem hl. Martin, dem Nationalheiligen der Franken geweihte Kirche im angrenzenden Muffendorf ist eine der ältesten Kirchen in der Umgebung (s. a. Villip).

Fastnacht und Karneval

Als Fastnacht galt ursprünglich die letzte Nacht vor der Fastenzeit, die mit dem Aschermittwoch begann und in der die Christen auf den Verzehr von Fleisch, Milchprodukten und Eiern verzichteten. Das Wort „Karneval" wird deshalb auf die lateinische Bezeichnung „carne vale" (Lebe wohl Fleisch) zurückgeführt. Im Gegensatz zu heute waren in früherer Zeit die Karnevalstage auf dem Lande wesentlich bescheidener. Mit der Zeit ahmte man aber auch hier die Karnevalssitten in den größeren Städten nach.
Ein altes Brauchtum im Ländchen war es, dass die Kinder Umzüge von Haus zu Haus veranstalteten und mit Kesseldeckeln viel Lärm erzeugten. Ihnen voran ging tanzend und auf allen Vieren hüpfend der sog. „Aezebäer" voran, ein in Erbsenstroh eingehüllter Junge. In Niederbachem wurde das Ende des Karnevals am Karnevalsdienstag damit begangen, dass man eine Strohpuppe des Aezebäers auf den Rodderberg trug und dort verbrannte. Vermutlich hat dieser Brauch heidnische Wurzeln (Frühlingsfest, Verbrennen des Winters, Feuer- und Fruchtbarkeitsfest). Auch das Brauchtum um die Oster- und Frühjahrsfeste sowie die „Maikönigin" gehen auf die Feste zu Ehren alter heidnischer Gottheiten zurück. Die alljährliche periodische Erlösung von Dunkelheit und Frost durch Wiedergeburt des Frühlings wurde in christlicher Zeit zum mit der Auferstehung des Gottessohnes und der Erlösung von der Erbsünde in Verbindung gebracht.

Karneval in Wachtberg

Glocken und Beiern

In früheren Zeiten dienten die Glocken nicht nur zu kirchlichen Zwekken, sondern warnten auch bei Feuer und Gefahr. Im Mittelalter glaubte man an noch die Schutz- und Abwehrkraft des Klanges geweihter Glocken. So steht auf der Villiper Donatusglocke von 1727 folgender Satz: „Simon Donatus bin genant / Auf meinen Klang treib Gottes Hand / All Bos und Schat von Leuth und Landt.“ Auch gegen Blitz und Unwetter sollte der Glockenklang (Wetterläuten) helfen. Wie wichtig das Amt des Glöckners damals genommen wurde zeigen die Statuten der Niederbachemer Kirche von 1691. Dort wird das verspätete oder versäumte Glockenläuten mit einen halbem bzw. ganzen Pfund Wachs unter Strafe gestellt. Die ältesten erhaltenen Glocken des Drachenfelser Ländchens befinden sich in Berkum (um 1300), Werthhoven (15. Jh.) und Niederbachem (1472). Mit Zierfriesen, Reliefs und Münzen besonders reich verziert ist die 1562 von Dederich von Coellen gegossene Marienglocke in Oberbachem.
Eine im Rheinland weit verbreitete festliche Form des Glockenläutens war das sog. Beiern oder Bemmschlagen, bei dem die Glocken vielfach auch mit Hämmern angeschlagen wurden. Hierzu wurden die Glocken in ihren Achsen arretiert und die Klöppel am Glockenrand mit einem Seil festgebunden. Durch Ziehen bzw. Schlagen auf die Seile wur-

den die Glocken in schnellem Wechsel angeschlagen oder einfache Melodien gespielt. Da in jedem Ort Anzahl, Größe und Stimmung der Glocken unterschiedlich waren, ergab sich jeweils eine besondere Melodie. Vielfach dauert das Beiern in drei Abständen eine Stunde lang, allerdings wurden die Glocken dabei öfters beschädigt, wie aus einem Niederbachemer Visitationsprotokoll aus dem Jahr 1715 hervorgeht.
In Mehlem wird noch heute jedes Jahr am Fastnachtsdienstag um 12.00 Uhr nach einem alten Brauch gebeiert, um an das Liebespaar Heinrich und Kunigunde zu erinnern. Heinrich, der unschuldig am Heinrichsblick gehängt wurde, vermachte zuvor seiner Gemeinde einen Weinberg, mit dessen Erträgen das Läuten an seinem Todestag bezahlt werden sollte (siehe Wanderung Nr. 6).

Kunst und Kultur
Kulturelle Veranstaltungen finden zu allen Jahreszeiten in den Ortsteilen der Gemeinde Wachtberg statt.

Berkumer Aula (Schulzentrum)
Konzerte, Theateraufführungen, Tel.: 02 28 - 9 54 41 90.

Kellertheater Chateau Pech
Laienbühne, zwei Stücke pro Jahr, Tel.: 02 28 - 32 59 51.

Studiobühne Wachtberg in Berkum
Laienbühne seit zwei Jahrzehnten Komödien, Tel.: 02 28 - 32 70 15.

Laienspielkreis Oberbachem
Mundartgruppe im Dorfsaal Gasthof „Höllen", Tel.: 02 28 - 34 96 90.

Wachtberger Sommer
Konzerte in der Remise der Burg Gudenau, in Wachtberger Kirchen und Hofkonzert in Kürrighoven (s. u.).
Wachtberger Kinderchor, Wachtberger Jugendorchester, Tel. 02 28 - 45 33 69.

Turm-Galerie in Berkum
In der alten Schule mit Exponaten namhafter Künstler aus der Malerei, Graphik und Skulptur, Tel.: 02 28 - 3 34 08 11.

Kulturwoche in Wachtberg
Die Gemeinde Wachtberg präsentiert Anfang September in einer Reihe

Fachwerkidyll in Wachtberg

von Veranstaltungen unterschiedliche Facetten der Kulturarbeit in den Bereichen Musik, Kunst, Theater, Wanderungen, Führungen etc.

Kirchenmusik in Wachtberger Barockkirchen
Kantaten, Chorkonzerte, Kammermusik in der eigenen Atmosphäre der Barockkirchen in Nieder- und Oberbachem, Berkum und Villip zu allen Jahreszeiten. Orgelkonzerte auf den historischen Orgeln in Oberbachem und Villip.

Adendorf
Im Innenhof der Burg finden im Sommer Musikaufführungen statt.
Drehwerk 17/19: Programmkino mit Bistro, Tel.: 02 25 – 7 08 17 19

Kürrighovener Hofkonzerte
Im August finden bei gutem Wetter im Freien im Hof oder bei schlechtem Wetter in der Scheune des Gudenauer Hofes von Alfred Schneider Konzertaufführungen statt.

Ließem Köllenhof
„Jazz im Ländchen" gibt es hier jeden ersten Dienstag im Monat.

Museen
Wenn es mal regnet ist das kein Problem, denn im nahen Bonn und in Rolandswerth befinden sich in Bonn einige interessante Museen von Weltruf, die viele Besucher von außerhalb anziehen.

Beethoven-Haus in Bonn mit Geburtszimmer und Erinnerungsstücken an den großen Komponisten aus der Bonner und Wiener Zeit.

Rheinisches Landesmuseum
Das Museum bezog kürzlich einen interessanten Neubau in der Nähe des Bonner Bahnhofs und beherbergt Glanzstücke der Rheinischen Kunst und Kultur aus verschiedenen Epochen. Besonders wertvolle Funde aus der Vorgeschichte, keltischen und römischen Zeit.

Zur sog. *„Bonner Museumsmeile“* (Adenauerallee/Friedrich-Ebert-Allee) gehören:

Kunst- und Ausstellungshalle der Bundesrepublik Deutschland
Jährlich mehrmals wechselnde große Ausstellungen aus den Bereichen Kunst, Archäologie, Technik, Wissenschaft z. B. Die Mongolen, Das Gold der Thraker, Krone oder Schleier (Frauenklöster des Mittelalters).

Kunstmuseum Bonn
In unmittelbarer Nachbarschaft befindet sich eine international bedeutende städtische Kunstsammlung mit Werken des 20. Jh. insbesondere des in Bonn lebenden August Macke sowie der Rheinischen Expressionisten, Schmidt-Rottluf und Kirchner.

Haus der Geschichte (Eintritt frei)
Dargestellt wird die Geschichte der Bundesrepublik Deutschland von ihren Anfängen bis heute in eindrucksvollen Zeitzeugnissen.

Museum Alexander König
Das bedeutende zoologische Museum und wissenschaftliche Forschungsinstitut mit 30 000 Säugetier- und 80 000 Vögelexponaten sowie zahlreichen Fischen, Reptilien und Schmetterlingen besitzt internationalen Rang.

Deutsches Museum
Das Museum ist eine Zweigstelle des Deutschen Museums in München und zeigt zeitgenössische Forschung und Technik in Deutschland (z. B.

Tafel der Partnerstadt von Wachtberg „La Villedieu du Clain"

MP3-Technik, Transrapid, Farbfernsehen) und liegt im sog. Bonner Wissenschaftszentrum. Mit ca. 150 Veranstaltungen pro Jahr werden komplizierte Themen anschaulich dem Besucher nahe gebracht.

Hans-Arp-Museum
In Rolandswerth hinter dem Bahnhof befindet sich das neu erbaute Museum mit Werken des Künstlers und Bildhauers Hans (Jean) Arp (1886–1966), der Mitbegründer der avantgardistischen Künstlervereinigung „Moderner Bund" und an bedeutenden Ausstellungen abstrakter Kunst beteiligt war.

Informationen
Gemeinde Wachtberg – Rathausstraße 34 – 53343 Wachtberg;
Telefon: (02 28) 95 44-0 ; Telefax: (02 28) 95 44-123/-172;
Rhein-Voreifel Touristik, Tel: (02 28) 9 54 41 00;
www: rhein-voreifel-touristik.de

Tipps für Übernachtung und Einkehrmöglichkeiten
Die vom Autor empfohlenen Hotels, Restaurants und Gaststätten sind bei den einzelnen Wanderungen unter „kurz und bündig" erwähnt und werden in einem gesonderten Anhang ausführlicher vorgestellt.

Anfahrt

Von Norden: Von der A 555 bis Bonn-Nord, dann auf die A 565 bis Ausfahrt Meckenheim-Merl und Wachtberg.

Von Süden: Von der A 565 bis Ausfahrt Meckenheim-Merl und Wachtberg. Auf der B 9 am Rhein bis Mehlem, hier Schild Wachtberg folgend auf der L 123 Richtung Niederbachem.

Von Westen: Auf der A 4 bis zum Kreuz Kerpen, dann auf die A 61 Richtung Koblenz bis Kreuz Meckenheim; hier auf die A 565 bis Ausfahrt Meckenheim-Merl und Wachtberg.

Von Osten: Auf der A 4 über Kreuz Köln-Ost und Kreuz Köln-Süd, dann auf der A 656 bis Bonn und weiter bis Ausfahrt Meckenheim-Merl und Wachtberg.

Wachtberg ist mit dem öffentlichen Nahverkehr durch folgende Buslinen des Bonner Verkehrsverbundes SWB zu erreichen: RVK-Linie 855 (Bad Godesberg, Villip, Villiprott, Meckenheim), die RVK-Linie 856 (Bad Godesberg, Mehlem, Ließem, Gimmersdorf, Berkum, Oedingen) und die RVK-Linie 857 (Bad Godesberg, Mehlem, Niederbachem, Oberbachem, Kürrighoven, Berkum, Meckenheim). Vom Bonner Hauptbahnhof gibt es eine Verbindung mit der RVK Linie 843 nach Meckenheim, dort besteht Anschluss zur Linie 857 nach Wachtberg.

II. WEGBESCHREIBUNGEN UND INFORMATIONEN

1. Im Bannkreis der Kugel

Von Berkum nach Werthhoven

Diese Rundwanderung spannt einen weiten Bogen, der von der Neuzeit über die frühmittelalterliche bis zur römischen Geschichte Wachtbergs zurück reicht. Dazu gibt es viel Landschaft zu bewundern. Von dem Wahrzeichen Wachtbergs, der Wachtberger Kugel, drehen wir eine lockere Runde, die uns auf ebenen Wegen immer wieder unerwartete Fernblicke bis ins Rheintal und in die Eifel hinein beschert. In Werthhoven, einer der ältesten Siedlungen Wachtbergs, treffen wir auf die uralte St. Jakobuskapelle, die schon in karolingischer Zeit entstand und zu einem königlichen Hofgut gehörte. An ihr führt heute der Hauptwanderweg Nr. 1 des Eifelvereins (Jakobsweg) vorbei. Durch Apfelplantagen geht es hinter Werthhoven locker den Berg hinunter, bis uns Berkum mit seiner St. Gereon-Kirche in Empfang nimmt.

Blick auf die „Wachtberg Kugel" der FGAN

Wegbeschreibung

Wir erreichen unseren Ausgangspunkt, den zentralen Busbahnhof in Berkum (ZOB) mit den Bussen der Linien 856 oder 857 und steigen auf der Höhe an der Haltestelle des Berkumer Busbahnhofes aus. Autofahrer können ihren Wagen beim nahen Parkplatz abstellen. Nachdem wir vorsichtig die Kreuzung überquert haben gehen wir auf der linken Seite der L 123 auf dem Radweg noch etwa 100 m bergauf, bis wir dann in die erste Straße *(Erlenmaarweg)* links einbiegen können. Auf einem kleinen Feldweg geht es immer geradeaus, bis wir die Asphaltstraße erreichen, der wir nach rechts folgen. Bald stoßen wir auf den Wanderweg (Nr. 4) dem wir bis kurz vor Werthhoven folgen. Beim Aussiedlerhof knickt die Straße nach links ab. Immer geradeaus geht es weiter, die **weiße Kugel der FGAN*** lassen wir links liegen, dann senkt sich die Straße ein wenig abwärts bis wir an die Stelle kommen, wo wir unterhalb die ersten Häuser von Werthhoven erkennen können.

Wenn wir die *Königstraße* erreicht haben biegen wir nach rechts ab und sehen geradeaus vor uns ein Bauerngehöft liegen. Hier geht es mit prächtigen Landschaftsblicken auf die Siebengebirgskette geradeaus weiter bis zu einem Teerweg, dem wir nach links bergab folgen. Vor uns

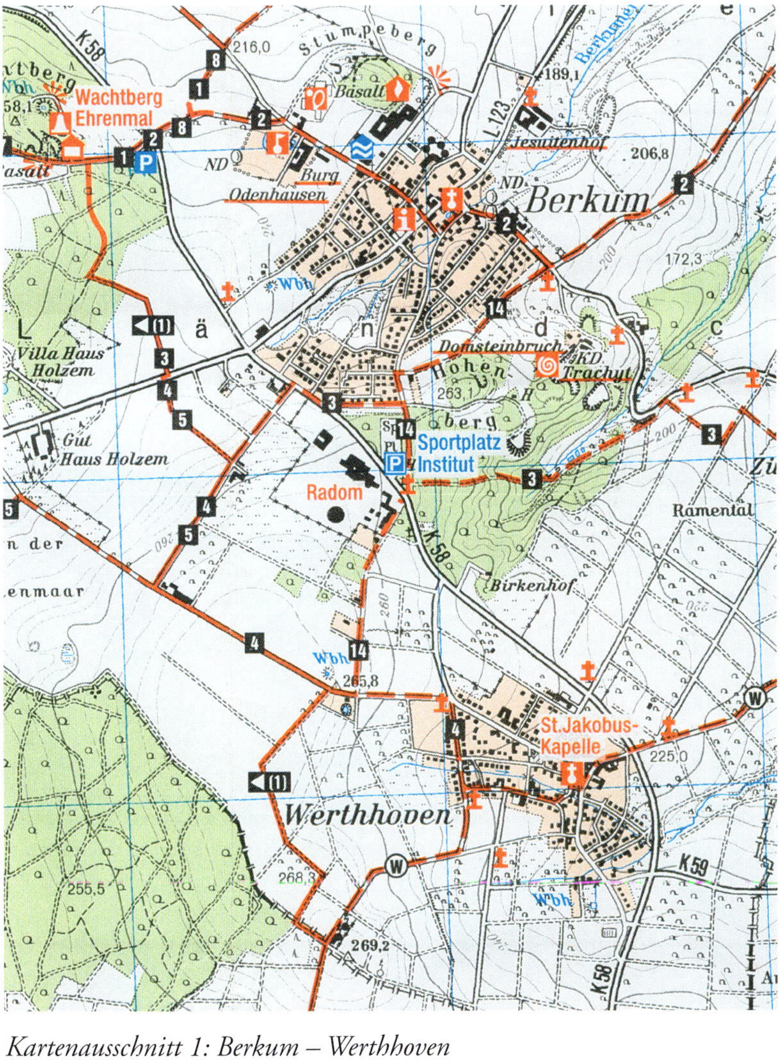

Kartenausschnitt 1: Berkum – Werthhoven

Alte Kirche St. Gereon in Berkum

tut sich ein idyllischer Blick auf Werthhoven auf. Dann geht es die erste Straße links ab zum **Heiligenhäuschen***, wo man auf der Bank eine kleine Rast einlegen kann. Von hier gehen wir noch ein kleines Stück auf der schnurgeraden Straße weiter und biegen dann bald links bergab in einen Feldweg ein, bis wir den Ortsrand von *Werthhoven* erreichen. Im Ort geht es links die *Ahrtalstraße* bergauf bis zur **Werthhovener St. Jakobuskapelle***. Dann geradeaus weiter bergauf, oben beim **Werthhovener Hof*** halten wir uns rechts und gehen den *Züllighovener Weg* zur K 58, die wir vorsichtig überqueren. Vom **Wegekreuz*** von 1888 mit Bank hat man einen schönen *Blick auf Oedingen* und die ganze Umgegend.

Bei der Weggabelung am Kreuz halten wir uns links und laufen den schnurgerade verlaufenden *Züllighovener Weg* durch *Apfelplantagen* allmählich ins Tal hinab, das herrliche *Panorama* des Wachtberger Ländchens und des Rheintals mit Siebengebirge ständig vor Augen. Dann kreuzt ein asphaltierter Feldweg unseren Weg, dem wir nach links folgen. Wir stoßen auf den sog. *Werthhovener Weg,* auf dem wir rechts bergab gehen. Vor unseren Augen taucht *Oberbachem* mit seiner roten Kirche auf. Etwa 100 m vor Erreichen der Landstraße biegen wir wieder links in einen Feldweg (Nr. 3) ein und gehen ein Stück parallel zur Straße, auf die wir dann bei einer Kurve stoßen. Auf der Landstraße gehen wir weiter bis Berkum. Linkerhand liegt im Wald versteckt der ehemalige **Domsteinbruch***. Wir erreichen die **Kirche St. Gereon***, die uns eine Besichtigung wert sein sollte. Beim Rathaus in Berkum überqueren wir die L 123 und gehen die *Oberdorfstraße* ein kurzes Stück aufwärts. An der zweiten Kreuzung, wo das historische **Wegekreuz*** steht, biegen wir links in die *Alte Gasse* ein, die uns aufwärts zum Busbahnhof ZOB zurückbringt.

Grabkreuze an der Alten Kirche St. Gereon in Berkum

Kurz und bündig

Anfahrt: Von Godesberg mit den Bussen der Linien 856 und 857 oder von Meckenheim mit der Linie 857 nach Berkum (Haltstelle Zentraler Busbahnhof, ZOB).
Parkmöglichkeiten: Bei Anfahrt mit dem Bus in Godesberg auf dem Parkplatz der Rigalschen Wiese bei der Stadthalle; bei Anfahrt mit dem PKW in Berkum beim ZOB-Busbahnhof.
Weglänge: 6 km
Wanderzeit: Reine Gehzeit 2 Stunden. Die Wanderung sollte man wegen der besseren Lichtverhältnisse auf das Siebengebirge und das Oberbachemer Tal am frühen Nachmittag beginnen.
Höhenunterschiede: Bis Werthhoven eben bzw. leicht abwärts, kurze Steigung in Werthhoven und am Schluss vor und in Berkum.
Wanderkarte: „Bonn und das Siebengebirge“ Nr. 22 des Landesvermessungsamtes Nordrhein-Westfalen (1:25 000). Siehe Kartenausschnitt S. 55.
Sehenswürdigkeiten: Rundwanderung mit prächtigen Tal- und Fernblicken vom höchsten Punkt Wachtbergs oberhalb von Berkum und Werthhoven auf das Ländchen, Rheintal und Siebengebirge. Im Text fettgedruckte Orte werden nachstehend ausführlicher beschrieben.
Hinweis: In der *Wachtberg-Apotheke* kann man sich fachkundig beraten lassen (siehe Anhang).
Einkehrmöglichkeiten: In Berkum: *Hotel Gasthof „Zu den Linden“,* familiengeführtes Haus mit Fremdenzimmern (25 Betten), verkehrsgünstig gelegen, guter Ausgangspunkt für Wanderungen. Gute regionale Küche, Gesellschaftsraum für bis zu 50 Personen, Rathausstraße 24–26, Tel: 02 28 - 34 30 63. (siehe Anhang).

Sehenswürdigkeiten

Werthhoven:
770 wird der Ort, damals „Pisineimo“ genannt, erstmals erwähnt. 898 wird der Königshof mit seiner Kapelle von König Zwentibold an das Stift Essen geschenkt. Damit ging ein weiterer machtstrategisch bedeutender Ort des Klosterlandes in die Hände der Kirche über. 1027 fielen alle linksrheinischen Besitzungen des Essener Stiftes und damit auch *Pisseneim,* wie der Ort jetzt hieß, an das Kölner Erzstift. Über ihren Namen waren die Einwohner allerdings nicht sehr erfreut, weshalb sie ihren Ort 1934 in Werthhoven umbenennen ließen. Auf dem alten Wegekreuz ist jedoch der alte Name noch eingraviert (siehe unten). Im Ort gibt es einige schöne Fachwerkgehöfte wie z. B. den *Werthhovener Hof.*

Kirche St. Jakobus: Die Kapelle war wohl von einem fränkischen König gestiftet worden und gehörte zu einem königlichen Hofgut. Diese frühe Kirchengründung zeigt die Bedeutung der Siedlung Pissenheim/ Werthhoven, die Remagen und Villip verband. Im 15. Jh. hatten die *Ritter von Pissenheim*, die später ausstarben das Patronatsrecht. Ein reich geschnitzter Barockaltar aus dem 17. Jh. und eine *Statue des hl. Jakobus als Pilger* sowie eine *kölnische spätgotische Pietà* aus dem 15. Jh. zählen zu den wertvollen Ausstattungsstücken.
Wegekreuz: Das Kreuz nahe der K 58 trägt die Aufschrift: ERRICHTET VON DEN EINWOHNERN PISSENHEIMS 1888.
Heiligenhäuschen „Im Tal": Die Flurkapelle ist nach Berichten von Zeitzeugen vom Landwirt Cosmas Velten in Erfüllung eines Gelöbnisses und zum Dank für die Geburt eines Sohnes am 1. 7. 1901 erbaut worden. Die Backsteinkapelle steht möglicherweise an der Stelle eines älteren Bauwerks.
Brauchtum: Der Überlieferung nach sollen Mädchen des Ortes früher am Heiligenhäuschen Gebete für Frauen in Kindsnöten oder Sterbende verrichtet haben. Am Heiligenhäuschen und sechs anderen Kreuzen führte der Weg der „Sieben Fußfälle" vorbei. Die Wallfahrer zum Kalvarienberg bei Ahrweiler machten regelmäßig hier Station. Eine Sitzbank im Schatten einer großen Hecke lädt heute den Besucher zum Verweilen ein.

Berkum:
1859 wurde der Verwaltungssitz von Villip nach Berkum verlegt. Seit 1857 führt die neue *Essig-Mehlemer-Bezirksstraße* (heute L 123) durch den Ort (siehe Inschrift auf dem Wegweiser in Oberbachem). 1674 gab es hier nur vier Häuser, heute ist Berkum der viertgrößte Ort Wachtbergs.
Ehemalige katholische Pfarrkirche Kirche St. Gereon: Der heutige Bau stammt aus dem Jahre 1770 und ist eine einschiffige, barocke Saalkirche mit vorgesetztem quadratischem Westturm von 1783. Von der *barocken Ausstattung* sind der Hochaltar und das Eichengestühl hervorzuheben. Das *Altarbild* zeigt die hll. Apostel Petrus und Paulus, der von Putten bekränzte Altaraufsatz im Mittelteil eine Darstellung der Heiligen Familie. Dieser Altar ist fast 100 Jahre älter als der Kirchenbau selbst und wurde von einem unbekannten Künstler für die Kirche in Palmersheim im Jahre 1690 geschaffen. 1957 wurde er bei der Renovierung und Modernisierung der dortigen Kirche „total wurmstichig" ausrangiert und schließlich 1962 der katholischen Gemeinde Berkum geschenkt. Die farbigen *Glasfenster* stammen aus dem Jahr 1898.

Die St. Jakobuskapelle in Werthhoven

Die Kirche wurde der evangelischen Kirchengemeinde Wachtberg als Predigtstätte von der katholischen Kirchengemeinde zur Verfügung gestellt.

St. Jakobusstatue in Werthhoven

Kirchhof: Sehenswerte alte Grabsteine auf dem ehemaligen Friedhof neben der Kirche.
Wegekreuz: In der Nähe der Schule bei der Wegkreuzung *Alte Gasse/ Stumpebergweg* steht ein altes Wegkreuz mit der Jahreszahl 1714, dessen

Kreuz auf einem Totenschädel steht (Sinnbild, dass Jesus den Tod besiegt hat). Die Inschrift darunter lautet: 1716 HAT PETER GEIRSBERG UND MARIA SCHOB EHELEUT VON KURIGHOFFEN DIESES CREUTZ AUFRICHTEN LAS (SEN).
Radom der FGAN: Die berühmte weiße Kugel gehört zur Forschungsgesellschaft für angewandte Naturwissenschaften und schützt ein großes Radioteleskop.
Domsteinbruch: Im Steinbruch auf dem Höhenberg wurden im Mittelalter Trachytsteine für den Kölner Dom gebrochen (Privatbesitz).

Wo schon die alten Römer Korn anbauten, pilgerten oder Steine brachen

Die Heimatforscher nehmen an, dass es in römischer Zeit auf dem Wachtberg eine Signalstation gab und schon damals in der Gegend Trachyt abgebaut wurde. Das durch Militärstraßen gut erschlossene Wachtberger Gebiet war mit seinen fruchtbaren Lößböden für die Versorgung des Lagers in Remagen mit Getreide sehr wichtig. Daher wurden hier mehrere römische Gutshöfe (Villa rustica) von zum Teil beträchtlichen Ausmaßen angelegt, deren Reste man in Berkum, Gimmersdorf, Fritzdorf, Holzem, Adendorf und auch in Niederbachem nachgewiesen hat. Römische Militär- bzw. Steingewerbezentren des Remagener Bezirkes befanden sich in Berkum und Niederbachem. Von Berkum führte eine Römerstraße zum Rhein nach Mehlem über Niederbachem, eine andere nach Remagen, die als Trachytrouten zum Abtransport des hier gebrochenen Gesteins dienten.
In Berkum stand auch in römischer Zeit vermutlich in der Nähe der heutigen Pfarrkirche St. Gereon (beim Abshof) ein *Matronenheiligtum.* Der Fund eines von dort stammenden Altars steht heute im Rheinischen Landesmuseum in Bonn. Solche Heiligtümer spielten für das religiöse Leben der Truppen offenbar eine große Rolle, denn sie wurden im Wachtberger und Bonner Raum an mehreren Römerstraßen nachgewiesen. Das Zentrum der Matronenverehrung der hier ansässigen gallischen Bevölkerung lag in Pesch bei Bad Münstereifel. Die dorthin führenden Römerstraßen waren mit Matronenaltären gesäumt, um die Pilger auf das Heiligtum am Ziel einzustimmen.
Berkum lag innerhalb dieses Matronenlandes. Seine „heidnischen Matronensteine“ waren nach Müller wohl bei der Überbauung durch einen Vorgängerbau der St. Gereons-Kirche von dem christlich gewordenen Platz entfernt und 2000 Jahre später beim heutigen *Jesuitenhof* aufge-

funden worden, wo auch die Grundmauerns eines römischen *Gutshofes* ausgegraben wurden. Von der reichen Ausstattung des Heiligtums künden die aufgefundenen drei Frauenbildnisse (Matronen) aus Sandstein in Medaillonform. Ein weiteres römisches *Matronenheiligtum* befand sich an der Stelle, wo sich heute die Burg Odenhausen erhebt. Dieses Heiligtum war ebenfalls das Ziel von Pilgern, die hier an einem Altar der Matrone „Ascericineha" huldigten. Weil die für die Berkumer Siedlungsgeschichte maßgeblichen Klöster St. Cäcilien und die Siegburger Abtei St. Michael es vermieden, über der alten heidnischen Kultstätte eine christliche Kirche zu errichten, vermutet der Heimatforscher Franz Müller, dass dieser Platz in nachchristlicher Zeit als tabu galt.
Im frühen Mittelalter lag Berkum inmitten eines noch unerschlossenen weitläufigen Waldgebietes. Der Name des Ortes am Fuße des Wachtbergs wird 856 erstmals urkundlich fassbar. Aus dem Namen *Bergo* entwickelte sich über *Bergheim* der heutige Name *Berkum.* 962 erhielt das Kölner Stift St. Cäcilien Land zum Bau einer Hofanlage geschenkt. Die Nonnen von St. Cäcilien bauten diesen Hof schließlich zu einem ihrer wichtigsten Güter aus. Bis zum 15. Jh. unterstand Berkum kirch-

Der Jesuitenhof in Berkum war ehemals ein Rittergut

lich der Niederbachemer Pfarre, die ihrerseits vom Kölner St. Gereonstift abhängig war. Daher übernahm man hier ebenfalls den hl. Gereon als Pfarrpatron, der über dem Portal in einer Rundbogennische als römischer Soldat zu sehen ist.

2. Rund um den Wachtberg

Von Berkum über Holzem nach Villip

Vom Wachtberg, eine der höchsten Erhebungen in der Gemeinde Wachtberg, hat diese auch ihren Namen erhalten, als sie 1969 im Zuge der Gebietsneugliederung entstand. Die frühere Bezeichnung Wachtbergs war „Holtzheimer Busch", wie man aus der französischen Tranchotkarte von 1803/13 ersehen kann. Nach leichtem Anstieg zum Wachtberg hin geht es auf unserer Wanderung am Waldrand entlang locker leicht bergab bis wir von schönen Eifelfernblicken verwöhnt bald Holzem erreichen. Hinter dem Ort geht es weiter leicht abwärts ins Tal hinunter, erst durch freie Ackerfluren, dann durch ein Wäldchen, bis wir schließlich an der Windmühle in Villip herauskommen. Nachdem wir Villip und seiner reich ausgestatteten Pfarrkirche einen Besuch abgestattet haben kehren wir am Rande des Gewerbegebietes durch die Feldfluren und durch das Wäldchen am Stumpeberg wieder nach Berkum zurück.

Heidentum und Christentum: Menhirstein und Kapelle vor der Burg Odenhausen in Berkum

Wegbeschreibung

Die Wanderung beginnt an der alten **St. Gereons-Kirche*** *von Berkum,* auf deren ehemaligen **Friedhof*** sich einige schöne alte *Grabsteine* erhalten haben. Wir gehen die Hauptstraße ein Stück bergauf und biegen beim Rathaus nach rechts in die *Oberdorfstraße ab.* Wir folgen jetzt eine ganze Weile dem Wanderweg Nr. 2, der uns bis zum Wachtberg bringt. Zunächst geht es aber aufwärts Richtung Schwimmbad. An der Kreuzung *Alte Gasse/Stumpebergweg* steht ein altes **Wegkreuz*** von 1714. Ein Stück weiter oben erkennen wir links zwischen Bäumen versteckt die **Wasserburg Odenhausen*** mit einem alten **Menhirstein** aus vorchristlicher Zeit vor dem Eingang. Gegenüber steht eine kleine Wegkapelle. Wir bleiben auf der kleinen Landstraße, die sich in Richtung auf das vor uns auftauchende bewaldete Haupt des **Wachtbergs*** hin schlängelt. Nach Überquerung des sog. *Wachtberg-Ringes* gehen wir auf dem anfangs asphaltierten Wanderweg nach Holzem geradeaus bis zur Wanderkarte und machen kurz danach einen kurzen Abstecher nach rechts zum **Ehrenmal***, das am Rande des Wäldchens liegt. Dann kehren wir wieder zurück zum Wanderweg Nr. 6, 7 nach Holzem zurück, der uns rechts am sonnigen Waldrand unter alten Eichen auf eine kleine Ansiedelung von Häusern zuführt (*Haus Graffemberg,* am Wachtberg). Links taucht das anmutige *Panorama von Holzem* mit der kleinen malerischen *St. Nepomuk-Kapelle* auf. Durch die *Holzemer Allee* geht es weiter auf bis zu einer Bank, wo unser Wanderweg Nr. 6 nach links abbiegt.

Am Ortsanfang von Holzem gehen wir den *Heidegartenweg* bis zur Hauptstraße durch, biegen nach links ein und gehen die *Kranhofstraße* ein kurzes Stück bergauf. Bei der ersten Straße wieder links durch Obstbaumwiesen mit Schafen im Bogen um dem Ort herum, bei der nächsten Straße gehen wir wieder rechts bis zur *Kranhofstraße.* Beim alten *Wegekreuz* mit Blick auf die **Kapelle von Holzem*** überqueren wir die Kranhofstraße und gehen auf einem geteerten Weg hinunter zum **(NABU)-Schutzgebiet „Pappwiese*** bei Holzem" am Bach. Nach Überqueren des Baches und kurzem Anstieg geht es rechts auf den *Hautpwanderweg Nr. 1 des Eifelvereins (Jakobsweg)* weiter, der uns durch ausgedehnte, mit Wäldern umkränzten Ackerfluren hinunter ins Tal

Das Ehrenmal mit Kapelle auf dem Wachtberg bei Berkum

bringt, wo uns ein Wäldchen aufnimmt. An der nächsten Weggabelung halten wir uns rechts und gehen bergauf nach Villip.
Beim **Wegekreuz von 1696*** biegen wir links in den schmalen Wanderweg Nr. 7, 17 ein, der uns einen schönen Blick in das Tal mit der Burg Gudenau beschert. Durch ein kleines Wäldchen geht es weiter bis zur **Villiper Windmühle***.

Herbststimmung an der Windmühle von Villip

Hier können wir den Turm der landschaftsprägenden *Villiper Kirche* sehen. Auf dem Sträßchen weiter am Kreuz mit guterhaltener Darstellung Jesu am Kreuz zur **Kirche St. Simon und Judas Thaddäus*** (Eingang beim Turm meist geöffnet).
Beim *Hotel Görres* wenden wir uns rechts in die *Holzemerstraße* und gehen bergauf in Richtung Holzem. Hinter dem Ortsrand biegen wir die zweite Straße nach der Straße *„Auf dem Äckerchen“* links ein. Auf einem asphaltiertem Feldweg geht es immer geradeaus auf halber Höhe in Richtung Berkum. Links von uns liegt das *Gewerbegebiet* von Villip. Am Horizont grüßt die Kette des Siebengebirges mit dem Drachenfels, der Drachenburg und der Löwenburg. Nach der Überquerung des *Wachtberg-Rings* gehen wir geradeaus bis zur Weggabelung. Hier folgen wir dem Weg rechts Nr. 8 bergauf, bis wir an der **Burg Odenhausen*** wieder herauskommen.
Beim *Tennisplatz* biegen wir links ab und nehmen den Weg zum **Stumpeberg***, der um den eingezäunten Platz herumführt und uns an einer

Kuhwiese vorbei in den Wald bringt. Nach 100 m links der *Steinbruch am Stumpeberg* von Berkum, der als Freizeitanlage genutzt wird. Rechts die Gebäude der *Grund- und Hauptschule* von Berkum. Am Waldrand erwartet uns ein majestätischer *Blick auf das Drachenfelser Ländchen und das Siebengebirge.* Wir biegen rechts in den *Stumpebergweg* ein, links unterhalb liegt der Jesuitenhof, auf halber Höhe sehen wir die Gebäude des **Limbachstiftes*** liegen. An der nächsten Kreuzung die *Oberdorfstraße* links bergab bis zur L 123. Von hier ist es nicht mehr weit zu unserem Ausgangspunkt, der *Alten Kirche St. Gereon.* Karte siehe unter Wanderung Nr. 13, S. 197.

Kurz und bündig

Anfahrt: Mit dem Bus von Bad Godesberg mit der Linie 856 und 857 oder von Meckenheim mit der Linie 857 nach Berkum (Haltestelle Rathaus).
Parkmöglichkeiten: In Godesberg bei Anfahrt mit dem Bus auf dem Parkplatz der Rigalschen Wiese an der Stadthalle; in Berkum beim Busbahnhof (ZOB).
Weglänge: 12 km
Wanderzeit: Reine Gehzeit 3 Stunden. Die Wanderung kann man morgens oder am frühen Nachmittag beginnen.
Höhenunterschiede: In Berkum mäßige Steigung bis zum Wachtberg, dann immer bergab, kurz vor Villip ein kleines Stück aufwärts zur Windmühle. Von Villip bis Berkum zunächst eben, zuletzt mit leichter Steigung.
Wanderkarte: „Bonn und das Siebengebirge“ Nr. 22 des Landesvermessungsamtes Nordrhein-Westfalen (1:25 000). Kartenausschnitt siehe bei Wanderung Nr. 13, S. 197.
Sehenswürdigkeiten: Höhen- und Talwanderung mit weiten Fernblicken in die Eifel. Im Text fettgedruckte Orte werden nachstehend ausführlicher beschrieben.
Hinweis: In der *Wachtberg-Apotheke* kann man sich fachkundig beraten lassen (siehe Anhang).
Erkehrmöglichkeiten: In Berkum: Hotel Gasthof „Zu den Linden“, familiengeführtes Haus mit Fremdenzimmern (25 Betten), verkehrsgünstig gelegen, guter Ausgangspunkt für Wanderungen. Gute regionale Küche, Gesellschaftsraum für bis zu 50 Personen, Rathausstraße 24–26, Tel.: 02 28- 34 30 63.

Sehenswürdigkeiten:

Berkum

Geschichte, Pfarrkirche und Wegekreuz siehe Wanderung Nr. 1, S. 59.
Altenstift Limbach: Am Ortsrand von Berkum in idyllischer Lage gelegen

Blick auf das Siebengebirge von Kürrighoven

mit kurzen Wegen in den Ort, zur Verwaltung und in unmittelbarer Nähe zur natürlichen aussichtsreichen Umgebung am Stumpeberg. Die vom Architekten Georg Freiherr von der Goltz errichteten Gebäude fügen sich mit ihrer unverwechselbaren Architektur harmonisch in das Ortsbild ein. Zum Altenstift Limbach gehören ein Seniorenwohnpark mit mehr als 50 Eigentumswohnungen sowie ein Festsaal. Die afrikanischen Gralhütten nachempfundenen Rundbauten umfassen jeweils neun Wohneinheiten. Zwischen den einzelnen Häusern bestehen Verbindungstrakte. Insgesamt finden bis zu 148 Bewohner in den Appartements und den neuen Anbauten hier ein freundliches Zuhause. Vom hellen Speisesaal haben die Bewohner einen schönen Blick auf das Siebengebirge. Weiterhin sind noch 14 Altenwohnungen, Verwaltungs-, Therapie- und Gemeinschaftsräume untergebracht.

Burg Odenhausen: Siehe Spezialthema unten.

Wachtberg: Der Berg ist der Namensgeber und Mittelpunkt der Gemeinde Wachtberg. Geologisch gesehen ist er ein sog. *Härtling vulkanischen Ursprungs.*
Ehrenmal auf dem Wachtberg: 1921 mit Ringmauer und Kapelle eingeweihtes Ehrenmal (Kriegergedächtnisstätte). Architekt *Franz Brantzky;* Bildhauer *Wilhelm Barutzky.* Hierher findet jährlich an Christi Himmelfahrt von den Nachbarorten eine Prozession mit Pferdesegnung statt.

Kreuzwegstationen beginnen rechts von den Stufen zur Kapelle. Die Steine links und rechts der Stufen zur Kapelle tragen Bibelsprüche, auf die übrigen zehn dazwischen liegenden Steine sind die Namen der Gefallenen der Wachtberger Gemeinden eingemeißelt.

Stumpeberg: Versteckt oberhalb der Schule von Berkum im Wald gelegen ist er einer der für Wachtberg landschaftstypischen Vulkane, deren Alter auf 25 Millionen Jahre geschätzt wird. Wie der *Dächelsberg* bei Niederbachem oder der *Hohenberg* bei Berkum wurde auch der Stumpeberg als Steinbruch genutzt. Die grauen Trachytsteine der Kölner Kirche St. Andreas, die dieser Kirche innen eine optische Auflockerung durch ein besonderes graues Färbungsmuster verleihen, wurden hier gebrochen. Weitere Vulkane in der Nähe: der Wachtberg bei Berkum , der Dächelsberg bei Oberbachem und der Rodderberg in Niederbachem.

Holzem: Siehe Wanderung Nr. 13, S. 198.
Wegekreuz von 1696: mit Sockelinschrift „ZU EHREN GOTTES HAT DIES CREUTZ DIE EHELEUT THIEL HUFFERATH SETZEN LASSEN“, mit Korpus von 1825.

Villip:
Geschichte: Vermutlich haben die Kelten hier schon gesiedelt, denn der Name Villip setzt sich aus „vil“, dem keltischen Begriff für Siedlung am Bach und „apa“, der fränkischen Bezeichnung für Wasser, zusammen. In den 1970er Jahren wurden bei Villip auch Reste römischer Brunnen gefunden. Dies deutet darauf hin, dass es in der Nähe einst eine Siedlung der Römer gegeben hat. Über die lange Geschichte Villips geben Funde Aufschluss: 1964 wurden bei Bauarbeiten am Grevelsberger Weg menschliche Knochen gefunden, die auf einen rund 1200 Jahre alten Friedhof aus der Merowingerzeit hindeuten. In Villip fühlten sich nicht nur die Römer wohl, auch Kaiserliche Hoheiten machten hier später gern mal Station. 873 wird es erstmals als *„Philuppa“* urkundlich erwähnt, weil das *Reichskloster Stablo-Malmedy* Landbesitz sowie einen Fronhof wahrscheinlich in der Gegend des Scharifensteinpfades besaß, der zum Wachtberg hin ausgedehnt wurde. Bedeutender für die Ortschaft wurde aber die fränkische Familie *Hartmann,* die 886 ihre Ländereien dem Kloster Prüm übertrug. Später erhielt das Erzstift Köln diese Besitzungen und gab sie einer Familie zum Lehen, die in der Folge stärksten Einfluss auf den Ort hatte: die Familie *Waldbott von Bassenheim.* Ihr Herrensitz, die *Wasserburg Gudenau,* ist noch immer gut erhalten. Gegen die machtbewussten

Gudenauer hatten die Herren des Stabloer Hofes keine Chance. 1551 ging auch ihr Anwesen an die Gudenauer über. In einer geschickten Tauschaktion sicherten die Burgherren sich selbst und Villip 1659 die *Reichsunmittelbarkeit* und waren damit nur dem Kaiser direkt unterstellt.
Heimatmuseum: Funde aus der Franken- und Römerzeit.
Gerichtsbogen aus der Zeit der Reichsunmittelbarkeit.
Getreidemühle am Bach, *alte Fachwerkhöfe im Ort.*

Windmühle: Neben der Burg Gudenau und der Kirche ist sie ein besonderes Wahrzeichen des Dorfes. Die Mühle wurde vermutlich 1780 erbaut. Etwa 3–4 m unterhalb des Daches kann man noch die eisernen Buchstaben 1(7) 80 erkennen (die Zahl 7 ging verloren). Die Windmühle wurde 1824 von Joh. Baptist Bedorf, dem Sohn von Engelbert B., für 200 Reichstaler jährlich von Burg Gudenau gepachtet. Nach dem Zerfall der Windflügel nutzte man den Turm zeitweise als Schafstall. Das Dachgeschoss ist letztes Refugium für Wildtauben. Auf dem Dach der Mühle befindet sich eine *Wetterfahne mit einem Hirsch,* der zu einem kühnen Sprung ansetzt und mit weit aufgerissenem Aser einen Brunftton auszustoßen scheint. Das ihn stützende Eisengestänge ist mit einer kunstvoll stilisierten Fichte und den vier Himmelsrichtungen versehen. Eine weitere Windmühle steht in Fritzdorf (siehe die Erläuterungen zu Wachtberger Mühlen unter den Wanderungen Nr. 11 und 12).

Katholische Pfarrkirche St. Simon und Judas Thaddäus: An der Stelle der heutigen Kirche erhob sich einst die älteste Kirche des Wachtberger Raumes. Sie wurde als Holzkirche auf dem Territorium des Villiper Königsgutes als Eigenkirche erbaut und dem fränkischen Reichsheiligen St. Martin geweiht. Damit wurde zugleich eine wichtige Grundlage für die Einführung des christlichen Glaubens in diesem Raum geschaffen. Ihre exponierte Lage auf dem Höhenrücken war offenbar auf Sichtwirkung berechnet.
Der spätgotische Chor gehört noch dem 15. Jh. an, das kreuzrippengewölbte Langhaus wurde 1713, der Turm 1749 gebaut.
Das Innere der Kirche weist eine weitgehend einheitliche *barocke Ausstattung* auf, die anlässlich des Neubaus des Langschiffes 1713 entstanden sein dürfte und der von Pützfeld/Eifel sehr ähnlich ist. Vermutlich hat sie der Bildhauer *Michael Pirosson* geschaffen, dem auch der Altar in Werthhoven zugeschrieben wird; ebenso die Figuren der hll. Barbara und Cäcilia an den Seitenwänden. Üppige Zierelemente wie Fruchtgirlanden, Früchtevasen, weit heruntergezogene Muschelnischen sowie Engelfiguren am Übergang zur Altarbekrönung. Früher stand im

Die weithin sichtbare Kirche St. Simon und Judas Thaddäus in Villip

Zentrum des Altars ein Marienbild, die heutige Kreuzigungsszene wurde nur in der Fastenzeit gezeigt. Eine qualitätsvolle *Klaisorgel* ist von einem neugotischen Eichenprospekt eingefasst. Die Orgeltribüne ruht auf zwei Säulen mit ionischen Kapitellen.
Grabkreuz: Ein altes Balkenkreuz von 1600 steht an der Kirche.
Wasserschloss Gudenau: Siehe unter Wanderung Nr. 13.
Bruch-Mühle: Seit mehr als drei Jahrhunderten wird diese Mühle von der Familie Bedorf betrieben. Die Wassermühle ist eines der letzten funktionstüchtigen Bauwerke seiner Art im Rheinland. Noch heute wird hier Roggen, Weizen und Dinkel gemahlen, um Vollkornmehl herzustellen. Das Wasserrad wird vom Wasser des Arzdorfer Baches angetrieben, der einen kleinen See hinter der Mühle speist (siehe auch die Erläuterungen unter Wanderung Nr. 11). *Heimatmuseum.*

Was uns die Wasserburg Odenhausen von ihrer Vergangenheit erzählt

Wachtberg ist reich gesegnet an Wasserburgen und wehrhaften Rittersitzen. In die sanft geschwungene hügelige Voreifellandschaft des Drachenfelser Ländchens sind berühmte Wasserburgen hineingebettet, die Wachtberg den Ruf eines Burgenlandes eingebracht haben. Zu Recht

Die Wasserburg Odenhausen in Berkum

hat man die *Wasserburgenroute* hier durchgeführt. Als markanteste Beispiele sind hier zu nennen die *Burg Gudenau,* das *Schloss Adendorf* und das *Schloss Odenhausen,* das an unserem Weg heute liegt. Wehrhaftes Bauen war in diesem kleinen Raum offenbar notwendig. Viele solcher Adelssitze wurden erbaut, damit sich die ritterlichen Familien gegenüber dem Bauernstand behaupten und vor den Angriffen fremder Adeliger schützen konnten, oder um in Kriegen und in spannungsgeladenen Zeiten zu überleben.
Die Höhenlage der Wasserburg Odenhausen auf einer bewaldeten Bergkuppe ist schon eine topographische Besonderheit. Der Name Odenhausen taucht erstmals 1174 aus dem Dunkel der Geschichte auf. Damals befand sich eine *Motte* wahrscheinlich im Besitz eines *Gunterus de Bercheim.* Als Motte bezeichnet man eine Frühform des Burgenbaus, die auf einem runden, zumeist durch Wassergräben geschützten Hügel errichtet wurde und nur aus Holzbauten bestand. Viele der Wasserburgen der umliegenden Gegend und am Niederrhein sind aus solchen Motten hervorgegangen. Die Siegburger Mönche betrieben hier Bau einer ersten Motte „Udenhausen" zur Wahrung ihrer Besitzinteressen.
Im Verlaufe ihrer Geschichte hat die Burg viele Besitzer gesehen. 1316, als sie noch Lehen der Abtei Siegburg war, findet sich in einer Urkunde der Name des *Ritters Hermann von Odenhausen.* Schon bald danach, 1320 wird als erster Besitzer ein *Lamprecht von Hudinghusen* erwähnt. 1544 erhält der *Ritter Ludwig von Blanckart auf Odenhausen,* der wohl die heutige Burg im Jahre 1560 errichtet hat, die Burg als Lehen. Dann aber treten die mächtigen F*reiherren Waldbott von Bassenheim,* denen die Burg Gudenau gehörte, auf den Plan, und reißen den Besitz an sich. Im Innern der Burg zieren ihre Wappen drei Kamine. Mitte des 18. Jh. ging die Burg in bürgerliche Hände über und heute ist sie in Privatbesitz.
Die vornehme Gliederung dieses als Wasserburg errichteten Renaissance-Herrensitzes und seine malerische Spiegelung im noch immer wassergefüllten Burggraben machen dieses Bauwerk zu einem der Höhepunkte im Burgenland Wachtberg. Die Anlage besteht im wesentlichen aus zwei Bauteilen, die einmal aus einer Motte hervorgegangen sind: einer Vorburg, die früher dreiflügelig einen großen Wirtschaftshof umfasste und einer Hauptburg. Diese bildet mit ihren aneinander gefügten Wohntrakten, Wehrmauern und Turm ein geschlossenes Rechteck um einen Innenhof. Die Hauptburg steht noch heute auf einer Insel (vgl. hierzu Adendorf, wo der zur Vorburg angrenzende Graben zugeschüttet wurde); sie ist an vier Seiten von Wasser umgeben und durch eine geschwungene Brücke mit der Vorburg verbunden.
Zwei übereckstehende *Renaissancegiebel* mit schneckenförmigen Voluten

neben dem Hauptbau künden von der noblen Schlichtheit des Schlosses. Ein auf mächtigen Konsolen ruhender reich gestalteter *Erker* zeigt dem Besucher die Stilelemente der verklingenden Gotik. Der zweistöckige Anbau wurde aber nicht nur zur Zierde angebracht, sondern diente wohl auch als Beobachtungsposten zur Brücke und in das Umland. Der Fachwerkvorbau des Innenhofes gibt dem Schloss eine wohnliche Note. Vor der Burg steht gegenüber einer kleinen Wegkapelle ein *Findling*, der schon 1550 als „Odenstein" erwähnt wird. Er bezeichnet die Stelle, wo der Heimatforscher Müller ein römisches Matronenheiligtum vermutet (vgl. hierzu die Erläuterungen über die Römerzeit in Berkum S. 62).

3. Einmal quer durch das Ländchen

Von Gimmersdorf nach Lannesdorf

Immer an der Kante zum Oberbachemer und Niederbachemer Tal entlang führt unser Bummelweg, der uns zuletzt nach Lannesdorf hinunter führt. Ein gemütlicher Wanderweg erwartet uns, ohne große Steigungen, der aber viel fürs Auge bietet, denn unterwegs gibt es oft Gelegenheiten zum Schauen in großartige Landschafspanoramen. Die Dörfer liegen wie Spielzeug verstreut unter uns im Tal und der Blick geht weit über sie hinweg hinüber ins Rheinische Schiefergebirge und den Westerwald. Der Rheinhöhenfriedhof, eine Wegkapelle, Obstbäume und Wegkreuze bei Ließem säumen unseren Weg. Der Abstieg nach Lannesdorf führt uns zuletzt durch ein idyllisches Schrebergartengebiet mit Blick auf das Rheintal.

Wegbeschreibung

An der **Gimmersdorfer Kapelle*** halten wir uns links und gehen durch das *fachwerkgeschmückte Dorf* die Straßen *Unterdorf* und *An der Kirchhecke* bis zum Dorfende, wo uns ein Feldweg Nr. 10, 18 aufnimmt, der immer am Talrand entlang führt. Wir kommen an einem *Feldkreuz* mit Ruhebank unter Linden vorbei und gehen geradeaus weiter. Unterwegs herrliche Fernblicke zum südlich gelegenen *Oedingen*, nach Osten in das *Siebengebirge* und hinunter in das beschauliche *Oberbachemer Tal*, aus dem sich der rote Kirchturm erhebt. Dahinter erhebt sich der bewaldete *Dächelsberg*. Im Vorblick sehen wir schon von Weitem die Kapelle des Rheinhöhenfriedhofs über dem Land wachen. In kleinem Bogen schwingt sich der Weg oberhalb von Oberbachem ein wenig nach links und führt hinunter zu einem kleinem Teerweg, dem *Hochheimer Weg*, dem wir links bergauf folgen. Nach wenigen Metern erreichen wir

Oberbachem

Wegekreuz bei Gimmersdorf

einen weiteren geteerten Landwirtschaftsweg; wir stoßen auf den Wanderweg Nr. 10, den wir rechts bis zur Hauptstraße gehen. Wir überqueren die Hauptstraße und wechseln hinüber zum *Rheinhöhenfriedhof,* den wir schon lange vor uns liegen sahen (Nr. 10).

Lannesdorf

Geschichte: Die vermutlich fränkische Gründung (siehe Gräberfeld zwischen Lannesdorf und Muffendorf) wurde in der 2. Hälfte des 9. Jh. als *„Villa Lannesdorp"* erwähnt, als die den Rhein mit ihren Drachenbooten herabfahrenden Normannen auch hier eingefallen waren. Sanft schmiegt sich der ausgedehnte Ort an die zum Rheintal abfallenden Bergzüge des *Lyngsberges.* Schmale verwinkelte Gassen, prächtige mit viel Liebe restaurierte Fachwerkhäuser zeigen noch viel vom einstigen Charme des an der Grenze von Wachtberg gelegenen kleinen Bauerndorfes, in dem früher Wein und Pfirsiche angebaut wurden. Wegen der Reblaus und dem Frost konnte sich der Anbau aber hier nicht halten, denn im Frühjahr setzt sich hier unten im Tal die kalte Luft ab, während es im Ländchen einige Grade wärmer ist.

Gimmersdorfer Idyll

Herz Jesu Kirche: Von der alten Kirchenausstattung sind noch einige weiße mit Gold gefasste *Heiligenfiguren* (Nepomuk, Judas Thaddäus, Antonius von Padua und Nikolaus) und barockes Gemälde des hl. Bartholomäus erhalten.

Lyngsberg: Oberhalb von Lannesdorf erhebt sich eine Basaltkuppe, die früher als landschaftsprägender Eckpfeiler aus den sanften Berghängen des Vorgebirges hervorstach; seine frühere schroffe Felsnase wurde durch Steinbruchtätigkeiten teilweise abgetragen.

In Gimmersdorf wurde einst Recht gesprochen

In der Zeit der Auseinandersetzung der Grafen von Gudenau mit den Grafen von Drachenfels war es notwendig geworden, ein eigenes Gerichtsgebäude in Gimmersdorf zu bauen, nachdem zuvor die Gerichte im Wirtshaus in Niederbachem, auf dem Kirchhof in Oberbachem

Gimmersdorf: St. Josef-Kapelle mit ehem. Gerichtshaus

oder im Betzdorfer Hof in Gimmersdorf tagen mussten. Seit 1659 ist Gimmersdorf neben Adendorf Sitz eines Hochgerichtes im Wachtberger Raum. Ein weiteres Hochgericht befand sich in Villip.

Der sog. *Gimmersdorfer Dingstuhl* war im Gebäude rechts neben der Kapelle untergebracht, das im Obergeschoss den Gerichtssaal und unten ein Gefängnis beherbergte. Das Siegel dieses Drachenfelser Landgerichts zeigte eine Madonna auf der Mondsichel. Über dem Eingang des Hauses ist ein *Wappenkreuz* mit der Jahreszahl 1732 angebracht. Das heutige Gebäude ist verputzter Fachwerkständerbau von 1752; in seinem Keller waren früher Eisenringe zum Anketten der Gefangenen angebracht. Gleich im Hause gegenüber, dem sog. *Schöffenhaus,* wohnte der Schultheiß, der zugleich der oberste Gerichtsherr war.

Während des Dreißigjährigen Krieges hatte das Gericht am meisten zu tun: Angebliche Hexen, Henker und Haudgegen standen hier vor dem Richterstuhl. Die Richter sprachen in Gimmersdorf auch Recht über Kapitalverbrechen, bei denen die Todesstrafe verhängt werden konnte. Man kennt noch 27 Hexenprotokolle gegen 22 Frauen und 5 Männer. Großes Aufsehen machte der Prozess gegen Christina Meys aus Züllighoven, die am 6. 6. 1630 nach Folterung und Geständnis am Gimmersdorfer Galgen gehängt und anschließend verbrannt worden ist. Auch zu Zeiten der französischen Besatzung hatte das Gericht noch seinen Sitz hier, bis es 1804 mit der Einführung des Code Napoleon aufgehoben wurde.

Wo die Hauptstraße von Gimmersdorf mitten im Ort rechtwinklig abknickt, steht die dem *hl. Josef geweihte Kapelle,* eine Filialkirche der Oberbachemer Dreikönigspfarre. Laut Chronogramm über der Eingangstür wurde sie im Jahre 1713 errichtet. Der Kapellenpatron St. Josef steht mit einer Lilie als Attribut in einer Nische der Vorderfront. Ein geschiefertes Walmdach mit barockem Dachreiter schließt den gut proportionierten, heute verputzten Trachytbruchsteinbau nach oben ab. Durch ein kleines Fensterchen in der alten eichenen Eingangstür kann man einen kurzen Blick auf die bemerkenswerte Innenausstattung werfen (Schlüssel im Haus links gegenüber).

Fachwerkhof in Lannesdorf

Der spätbarocke Altar entstand um 1640 und stammt vermutlich aus dem aufgehobenen *Kloster Marienforst.* Er ist mit einem Ölgemälde geschmückt, das eine *Darstellung des Tempelgangs Mariens* zeigt. Das Bild Mariens auf der Treppe symbolisiert den Abschied der hl. Jungfrau von ihren Eltern. Es war eine Allegorie des Abschieds der ins Kloster eingetretenen Novizinnen von ihren Eltern. Darüber ein Bild Christi mit der Weltenkugel. Von besonderem Wert ist die Krönung des Altares: eine spätgotische Holzplastik eines sog. *Gnadenstuhls* mit der Darstellung des stehenden Gottvaters, der Christus als Schmerzensmann vor sich hält. In einem kleinen Glasgehäuse an der Wand rechts vom Altar steht eine *Rokokomadonna.* An der rechten Seitenwand ein qualitätvolles *Kruzifix* (18. Jh.), links vom Eingang ein Bild der Mutter Anna mit Maria mit der Signatur *AAK* (um 1800).

4. Durchs Klosterland um Niederbachem

Rund um den Niederbachemer Fronhof

Nur wenige Schritte sind es von Niederbachem und schon ist man mitten drin in einem wahren Landschaftsidyll. Bevor wir losgehen schenken wir der alten Pfarrkirche St. Gereon und dem herrlichen Fronhof mit seiner alten Fachwerkarchitektur unsere Aufmerksamkeit. Mit dem Bau einer Holzkirche um das Jahr 780 fing hier alles an. Die damals vorgenommene Trennung von der schon bestehenden Pfarrei in Oberbachem war bedeutsam für die kirchliche Entwicklung des Wachtberger Klosterlandes, denn damit wurde die Grundlage für den Einfluss des Erzstiftes Köln auf diese Region und die Ausbildung des Drachenfelser Ländchens im Hochmittelalter gelegt. Etwas Steigen müssen wir dann aber schon, um dieses alte Klosterland von oben zu betrachten, bis wir oberhalb von Niederbachem die Höhe bei dem Ließemer Heiligenhäuschen erreichen und alles in Ruhe betrachten können. Für die Mühe werden wir durch eine besonders schöne Umgebung belohnt, die von Fernblicken nach Oedingen und aufs Rheinische Schiefergebirge mit dem Drachenfelsen gekrönt wird. Vor der Rückkehr nach Niederbachem genießen wir noch einmal den stimmungsvollen Rückblick auf Oberbachem, dann gelangen wir oberhalb des längst erloschenen Vulkans Dächelsberg auf dem Wanderweg durch den romantischen Kopfbuchenwald wieder zu unserem Ausgangspunkt zurück.

Wegbeschreibung

Wir steigen in Niederbachem an der *Haltestelle Post* aus und gehen die Straße *Im Bungert* hinunter zum **Evangelischen Gemeindezentrum***. An der Einmündung der *Bondorfer Straße* in die *Austraße* bei der Neubausiedlung lag früher links ein Fachwerkgehöft, wo sich die erste 1850 in Niederbachem gegründete **Rübenkrautfabrik*** von Jacob Zettelmeyer befand. Hinter dem Evanglischen Gemeindezentrum rechts taucht das Fachwerkgebäude des ehemaligen **Niederbachemer Fronhofs*** auf. Etwas weiter unterhalb davon liegt die rote **Pfarrkirche St. Gereon***.

An der Kreuzung beim Fronhof folgen wir nach dem Besuch der Kirche dem *Langenbergweg* den Berg hinauf an der Schule vorbei. An der ersten Verzweigung wenden wir uns nach links (Wegzeichen R und E8) und gehen ein kurzes ebenes Stück auf der *Sebastianushöhe* geradeaus in Richtung *Schützenhof* mit Blick auf das Wäldchen, folgen aber noch vor Erreichen des Schützenhofes dem *Rheinhöhenweg* R nach rechts, der sich bergwärts an Nussbäumen vorbei nach oben schlängelt. Im Rückblick können wir jetzt das ganze *Niederbachemer Tal* überschauen. Auf

Früherer Blick von Niederbachem auf Rodderberg und Siebengebirge

der Anhöhe erreichen wir eine kleine weiße Kapelle, das **Ließemer Heiligenhäuschen***, wo wir nach links in einen Feldweg (Nr. 10) einbiegen, dem wir in Richtung *Rheinhöhenfriedhof* folgen.
Beim dortigen Parkplatz genießen wir den Blick hinunter auf das *Oberbachemer Tal* und nach Süden, wo die Häuser und der Kirchturm von *Oedingen* und die *Berkumer Kugel* zu sehen sind. Nach einem kurzen, mit Geländern gesicherten Stück bergab biegen wir den ersten Weg nach links ein (Nr. 2, s. Bild S. 33) und gehen an *Streuobstwiesen* vorbei zum Naturschutzgebiet oberhalb des ehemaligen Steinbruches am **Dächelsberg***; dort nimmt uns bald der Buchenwald auf. An der runden *Schutzhütte im Wald* vorbei führt der Weg durch einen *Kopfholzbuchenwald* allmählich ins Tal hinunter. Beim *Schützenhof* kommen wir wieder ins Freie heraus. Von hier folgen wir geradeaus der kleinen Teerstraße, die uns wieder den Berg hinunter zum Ausgangspunkt unserer Wanderung, dem *Niederbachemer Fronhof*, zurückbringt.

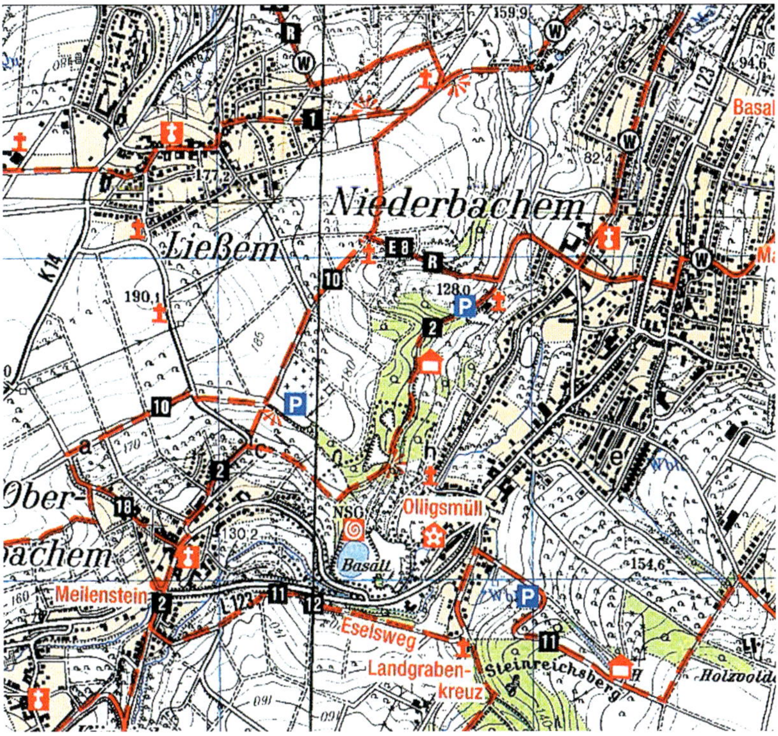

Kartenausschnitt 2: Niederbachem – Oberbachem

Ließemer Heiligenhäuschen

Kurz und bündig

Anfahrt: Mit dem Bus von Bad Godesberg mit der Linie 857 nach Niederbachem (Haltstelle Post); mit dem PKW von der B9 in Mehlem in Richtung Wachtberg abbiegen. Die Wanderung beginnt beim Fronhof (Kreuzung Austraße, Mehlemerstraße, Gereonstraße und Langenbergweg) nahe bei der Kirche und führt uns im Kreis über die Höhen von Niederbachem und Oberbachem herum.
Parkmöglichkeiten: Bei Anfahrt mit dem Bus in Bad Godesberg auf dem Parkplatz der Rigalschen Wiese bei der Stadthalle; bei Anfahrt mit dem PKW in Niederbachem bei der Kirche gegenüber dem Friedhof oder beim Evangelischen Gemeindezentrum.
Weglänge: 5 km
Wanderzeit: Reine Gehzeit 1,5 Stunden. Die Wanderung sollte man am Vormittag oder am frühen Nachmittag beginnen, da dann der Blick auf den Wachtberg und nach Süden zur Grafschaft hin beleuchtet ist.
Höhenunterschiede: Zuerst Steigung zwischen Niederbachem und Ließemer Heiligenhäuschen, dann nur ebene Wege, beim Abstieg nach Niederbachem durch den Wald bei feuchter Witterung Wanderschuhe mit Profilsohle empfehlenswert.
Wanderkarte: „Bonn und das Siebengebirge“ Nr. 22 des Landesvermessungsamtes Nordrhein-Westfalen (1:25 000). Siehe Kartenausschnitt 2, S. 85.
Sehenswürdigkeiten: Rundwanderung mit prächtigen Fernblicken von der Anhöhe oberhalb von Oberbachem und Niederbachem auf das Ländchen und das Siebengebirge. Im Text fettgedruckte Orte werden nachstehend ausführlicher beschrieben.
Einkehrmöglichkeiten: In Niederbachem: *„Hotel Dahl“*, Heideweg 9, Tel.: 02 28 - 6 29 03 - 0, Restaurant mit Außengastronomie, herrlichem Siebengebirgsblick, Hallenbad, Sauna, Solarium, Kegelbahn, Joggingwege, Freifläche/Wiese. *„Henseler Hof“* mit Biergarten, Restaurant, Gesellschaftsräumen. Ständig wechselnde Karte mit preiswerten Gerichten. Konrad-Adenauer-Straße 38 Tel.: 02 28 - 8 86 08 03.

Sehenswürdigkeiten

Geschichte des Klosterlandes: Mit der Bau einer Holzkirche im Jahre 780 in Niederbachem wurde eine Trennung von der schon bestehenden Pfarrei in Oberbachem vorgenommen, die für die kirchliche Entwicklung des Wachtberger Klosterlandes bedeutsam war, denn damit wurde die Grundlage für den Einfluss des Erzstiftes Köln auf diese Region gelegt. Wie groß der war zeigte sich daran, dass später das Kölner Stift St. Ursula auf heutigem Niederbachemer Gebiet in Urchem unterhalb des Dächelsberges und im Ort selbst Höfe erwarb, das Erzstift in Oberbachem den sog. Blankenheimer Hof erhielt und in Berkum der Berkumer Hof dem Kölner Cäcilienstift gehörte. In Niederbachem allein besaß das Kölner Stift St. Gereon zwei Höfe und eine Ölmühle. So verwundert es nicht, dass die Namen der Kirchen des Umlandes einen starken Bezug zu Köln aufweisen, denn die Pfarrkirchen in Niederbachem und Berkum sind dem hl. Gereon geweiht, die in Oberbachem den Heiligen Drei Königen und die in Mehlem dem hl. Severin. Diese Machtkonzentration des erzbischöflichen Stuhles hatte später maßgeblich dazu beigetragen, dass sich im Hochmittelalter das Drachenfelser Ländchen herausbildete.

Niederbachem

Geschichte: In der windgeschützten Kuhle unterhalb des Dächelsberges ließen sich nach Müller schon die Kelten nieder und bildeten so die Keimzelle des Niederbachemer Ortsteils *Urchem* (Orchheim), der von dem keltischen Personennamen „Orcus" abgeleitet ist. In römischer Zeit war das Gebiet von Niederbachem in einen militärstrategisch wichtigen Raum einbezogen. Die gefundenen römischen Siedlungsreste stammen vermutlich von Bauten, die militärischen Zwecken dienten. In Niederbachem zweigten die Aufgänge zu dem *römischen Befestigungswerk an der Rheinfront* ab (Rodderberg siehe Wanderung Nr. 6).

Die Franken (der Name ist von frank = frei und ungestüm abgeleitet) verdrängten die Römer (275–459). Während der Zeit der fränkischen Besiedlung entstanden verstreute Gehöftanlagen in Hanglagen. Im Gegensatz zu den Römern legten die Franken auf Mauern, Verteidigungsanlagen keinen Wert. Im frühen Mittelalter trugen einzelne Familien, die in größerem Abstand siedelten und durch dichte Waldungen getrennt waren, zur Dorfgründung bei. So entstand das heutige Niederbachem durch Rodung aus einer Kette von insgesamt sieben Einzelgehöften und Siedlungen, die sich am Mehlemer Bach entlang aufreihten. Ihre Namen waren u. a. *Urchem, die Keimzelle, ferner Alkersheim, Bohndorf, Belzem und Göllesheim.*

Die erste urkundliche Erwähnung erfolgte 798, als *Irpingus* dem späteren Bischof Liudger einen Weingarten in Bachem verkauft hat. Erste Erwähnung als Niederbachem 1279, davor als „Bachheim" zusammen mit Oberbachem. Im Dreißigjährigen Krieg wurden die Ortsteile Göllesheim und Alkersheim (beim Sportplatz) ausgelöscht und erst im letzten Jahrhundert wieder aufgebaut. Nach dem Ende des 1. Weltkrieges zählte Niederbachem 750 Einwohner; 1969 wird es Ortsteil der Gemeinde Wachtberg; von 1960 an erlebt der Ort einen starken Zuzug und wächst mit 3700 Einwohnern in 2006 auf den größten Ort in Wachtberg an. Nach Abschluss der Flurbereinigung nahm die Bebauung stark zu.

Höfe: Zum Ort gehörten früher sechs große Höfe von denen noch drei erhalten sind: Der *Fronhof,* der *Broichhof* auf dem Rodderberg, der *Siegburger Hof* in der Konrad-Adenauer-Straße 122. Der sog. *Henseler-Hof* (heute Restaurant) und insgesamt sechs andere denkmalgeschützte fränkische Fachwerkbauten schmücken das Ortsbild. Zur ortstypischen Bausubstanz gehören auch die aus braungefärbten Bruchsteinen erbauten Häuser mit buntgeflecktem Mauerwerk vom Anfang des 19. Jh. (Pastorat in der Mehlemer Straße, Häuser in der Bondorferstraße und Konrad-Adenauer-Straße; s. S. 92).

Mühlen: Niederbachem wird vom Mehlemer Bach durchflossen, der schon 798 als „Melanbach" urkundlich erwähnt wird. Im Ort gab es zwei Mühlen: Die *„Obere Mühle"* (Ölmühle) in der Konrad-Adenauer Str. 122 und die *„Untere Mühle"* (Mahlmühle) in der Mehlemer Str. 18 c), die durch das große Hochwasser 1693 weggerissen und wohl kurz danach in der heutigen Form neu errichtet wurde. Die nahe beim Dächelsberg in der Flur „Im Ollichsiefen" gelegene *Ölmühle („Ollichsmüll")* wurde 1518 als Stiftsmühle von St. Gereon in Köln erwähnt. Mit oberschlächtigem Mühlenrad wurde sie später durch den Einbau von zwei Mahlgängen in eine Getreidemühle umgewandelt. Hierzu wurde oberhalb der Mühle ein Mühlenteich angelegt. (Weitere Informationen über Mühlen in Wachtberg siehe unter Wanderung Nr. 11).

Fronhof: Siehe Spezialthema unten.

Wegkreuze: Siehe unter Wanderung Nr. 5, S. 104.

Pfarrkirche St. Gereon: Ausgrabungen des Rheinischen Landesmuseums legten 1965 im Mauerwerk römische Ziegelplatten und Teile einer römischen Fußbodenheizung frei. Um 780 wird an der Stelle der heutigen Kirche eine Holzkapelle (Stabkirche mit Schwellbalkengerüst und Steinfundament) als *Hofkirche des Fronhofes* des Kölner Stiftes St. Gereon errichtet. Sie war nach der von Karl dem Großen aufgebauten Verwaltungsorganisation eine sog. *Sendkirche,* zu der ein *Sendgericht* gehörte, das Verstöße gegen göttliches und kirchliches Recht ahnden konnte. Jeder Bürger war damals einer Sendkirche zugeordnet. Die *Sendgewalt* wurde zuerst vom Bischof ausgeübt, ging aber später an den Pfarrer über. Ein weltliches Hofgericht war beim Fronhof angesiedelt (siehe unten).

Bald wächst die kleine Ansiedlung zum kirchlichen Mittelpunkt der ringsum entstehenden Höfe an, sodass sie um 1000 erweitert und durch einen Steinbau unter Beibehaltung des Rechteckchores ersetzt wurde. Lange Zeit besteht der Ort zusammen mit Oberbachem als „Bachheim", 1301 erfolgt dann die kirchenrechtliche Trennung von Niederbachem und Oberbachem.

Von der romanischen Kirche stammt noch der *Turm* aus dem 12. Jh., der früher frei stand und auch als Alarmturm, Waffenkammer und Gemeindeverließ genutzt wurde. Im Dreißigjährigen Krieg Zerstörungen durch schwedische Truppen. 1675 wird die Kirche durch den Einsturz des Kirchenschiffes als Folge eines Erdbebens schwer beschädigt. Das schlanke Turmdach mit Knickhelm wie auch andernorts im Ländchen stammt von 1681. Der heutige Chor und das Querschiff wurden 1849/1854 erbaut.

Inneneinrichtung: Im Turmuntergeschoss die Nachbildung eines *römischen Votivsteins,* der aus den Fundamenten der Kirche stammt. Wahrscheinlich noch aus der Zeit vor dem Wiederaufbau stammen die beiden *Seitenältäre mit Merkmalen des Knorpelwerk und Ohrmuschelstils.* Das Sebastiansbild des linken Altars zeigt einen Blick vom Rodderberg mit interessantem Hintergrund: die Godesburg, das Bonner Münster, den noch nicht fertig gestellten Kölner Dom und die Stiftskirche St. Gereon. In der Predella eine in Stickerei gefasste Reliquiensammlung. Der rechte Seitenaltar zeigt eine Kreuzigung und Himmelfahrt Mariens.

Vom früheren Hauptaltar ist nur noch das *Bild der hl. Dreifaltigkeit* von 1665 erhalten. Der heutige *Hochaltar* um 1700 wurde aus Losheim (Eifel); hier gebracht, er soll ursprünglich aus einer Klosterkirche nach der Säkularisation erworben worden sein. Das Mittelbild zeigt die Verkündigung Mariens. Seitlich wurden die kunsthistorisch wertvollen silbergefassten Büsten *Johannes des Täufers* und des Kirchenpatrons *hl. Gereon* um 1750 angebracht.

Die aus dieser Kirche stammende spätgotische Niederbachemer Madonna steht heute im Kölner Schnütgen Museum.

Evangelisches Gemeindezentrum: 1946 gab es nur 250 evangelische Christen in Wachtberg; ihre Zahl ist inzwischen auf ca. 4600 angewachsen. Am 30. November 1997 wurde das neu erbaute, im Ortsbild von Niederbachem neue architektonische Akzente setzende Zentrum zur Förderung des Gemeindelebens eröffnet. Das Gebäude mit Andachtsraum, hohen Fenstern und großen lichtdurchfluteten Räumen genügt modernsten Anforderungen: Gottesdienste, Gruppenaktivitäten und Veranstaltungen der verschiedensten Art finden hier statt (siehe Abb. S. 94).

Rübenkraut: In bäuerlichen Haushalten war das Krautkochen in Gebrauch, nachdem der Berliner Apotheker Marggraf 1747 den hohen Gehalt an Zucker in Rüben entdeckt und der armen Bevölkerung empfohlen hatte, durch Rübenkrautkochen ihren Bedarf an Süßungsmitteln anstelle von Zucker zu decken. Nach 1850 gab es in Niederbachem einen Wandel in der Landwirtschaft, als der Obst- und Rübenanbau hier Einzug hielt und in Niederbachem von *Jakob Zettelmeyer* die erste rheinische *Obstkrautfabrik* gegründet wurde. Weitere Fabriken folgten. 1957 gab es in Niederbachem noch fünf Krautfabriken, deren Schornsteine das Ortsbild prägten. Von der 1882 gegründeten Krautfabrik der Gebrüder Eller steht an der Einmündung der Bondorfer Straße in die Konrad-Adenauer-Straße (L 123) noch der hohe Schornstein. Unweit davon schräg gegenüber dem Feuerwehrhaus das Gebäude der *Fa. Hüllen*, die 1954 auf die Herstellung von Obstkonserven umgestellt und als einzige Firma überlebt hat. Fuhrwerke brachten früher die Rüben und minderwertigere Obstsorten von überall herbei und luden es in hohen Haufen auf dem Gelände der Firmen ab. Die Früchte wurden in großen kupfernen Kesseln gar gekocht, danach wurde der Fruchtbrei hydraulisch ausgepresst. Der Saft war das Ausgangsmaterial für das sog. „Ziröpsche", die Pressrückstände wurden als Viehfutter verwendet. Der eingedickte und gefilterte Saft wurde in Fässer zur Lagerung umgefüllt, nach Bedarf füllte man ihn in kleinere Behältnisse (Becher, Dosen, Gläser) ab.
Lange Zeit lag über Niederbachem ein süßlicher Geruch, der von dem Krautkochen herrührte. Bis 1975 erzeugte man hier durch Kochen von Rüben und Obst, vor allem Äpfeln, einen Zuckersirup (Rübenkraut, Obstkraut), den man als *„Bachemer Butter"* oder als *„Baachemer Krutt"* bezeichnete. Als Brotaufstrich oder in Verbindung mit Reibekuchen wurde der Sirup ein *Hauptnahrungsmittel für die armen Leute* und ersetzte Zucker und Butter, vor allem auch in Kriegs- und Notzeiten. Während und nach dem 2. Weltkrieg, als die Produktion hier einen großen Aufschwung nahm wurde Kraut als Süßungsmittel auch deshalb geschätzt, weil es 40 % billiger war als Zucker. In manchen Familien gab es unter der Woche Rübenkraut, nur sonntags genehmigte man sich das etwas teurere Apfelkraut.
Einige Jahre nach dem 2. Weltkrieg ging die Nachfrage nach Rübenkraut zurück. Heute ist Rübensirup wieder ein geschätztes Erzeugnis und wird in der benachbarten Grafschaft noch in großem Umfang hergestellt (Grafschafter Goldsaft). Ernährungsphysiologisch wertvoll ist der Sirup auch deshalb, weil er hohe Gehalte an Vitamin B6 und die Mineralstoffe Magnesium, Calcium und Phosphor enthält. Wegen

seines verfeinernden Geschmackes wird Rübenkraut auch in der Weihnachtsbäckerei als Zutat wieder geschätzt.
Brauchtum: Früher sammelten die Kinder des Ortes auf dem Rodderberg und dem Langenberg Kräuter und brachten sie in die Kirche zur Weihe. Die getrockneten Kräutersträuße (Kruwitsch) bestanden aus mindestens sieben verschiedenen Kräutern und wurden zum Schutz bei schweren Gewittern im Herdfeuer verbrannt. Die Asche mischten manche Bauern in der Hoffnung auf eine gute Ernte unter die Stoppelrübensaat.

Ließem:
Ließemer Heiligenhäuschen: Siehe Wanderung Nr. 3, S. 75 und 85.

Dächelsberg:
Seine Entstehungsgeschichte steht mit dem Siebengebirgsvulkanismus im Zusammenhang. Aufgrund einer von Napoleon in Auftrag gegebenen Kartografierung des rheinischen Gebietes wissen wir, dass der Dächelsberg früher als kegelförmiger Berg mit steilen Flanken seine natürliche Umgebung überragte und im Gipfel eine kraterförmige Eintiefung aufwies. Das 16 Hektar große Gebiet um den alten Basaltsteinbruch ist seit 1989 *Naturschutzgebiet* und zählt aufgrund der vielen seltenen Pflanzen- und Tierarten zu den schönsten und wertvollsten Biotopen seiner Art im linksrheinischen Nordrhein-Westfalen; das Areal ist eingezäunt und darf nicht ohne Führung betreten werden. Der Kernbereich muss streng vor menschlichem Zutritt geschützt werden, da hier Vogelarten, die aufgrund ihrer hohen Störungsempfindlichkeit und ihrer speziellen Lebensraumansprüche in einer intensiv genutzten Landschaft nicht mehr leben können, ein letztes Rückzugsgebiet gefunden haben. In dem Feuchtbiotop des Sees am Fuße der Basaltwand leben viele seltene Tiere wie *Eisvogel, Waldwasserläufer, Teichrohrsänger, Zwergtaucher, Flussuferläufer, Flussregentaucher, Goldammer, Ringelnatter, Molch und Frosch.* Der See ist Laichgewässer für zahlreiche *Amphibien (Erdkröten, Grasfrösche und Molche),* die auf ihrem Weg zum See die verkehrsreiche L 123 queren müssen. Auf den basenreichen nährstoffarmen Böden gedeihen *seltene Pflanzen,* die hier ein letztes Rückzuggebiet erhalten haben, wie die *schopfige Kreuzblume, graue Primel, Herbstzeitlose, Traubeneiche und Elsbeere.*
Die *Streuobstwiesen* in der Umgebung, der artenreiche Laubwald und der naturnahe Bachlauf in unmittelbarer Nähe bieten weitere naturnahe Lebensräume.

Die *Magerrasenwiesen* werden regelmäßig vom Naturschutzbund Deutschland (NABU) vor Verbuschung durch Zurückschneiden geschützt. Das Gebiet mit dem kleinen See wird sich ansonsten selbst

Ortsbild von Niederbachem mit Bruchsteinhaus

überlassen und ist eingezäunt. Es kann nur mit einem Führer betreten werden. Das Naturschutzgebiet soll erweitert werden.
Der Dächelsberg wurde von 1857 bis Mitte der 1960er Jahre als Steinbruch genutzt. Ab 1948 wurde hier Basalt als Baumaterial gebrochen. Einwohner von Niederbachem können sich noch gut daran erinnern, als Häftlinge aus der aus der JVA Rheinbach (die sog. „Zuchthäusler") im Steinbruch Arbeiten verrichteten. Zweimal am Tag wurden hier Sprengungen vorgenommen.

Kopfholzbuchenwald Siehe Wanderung Nr. 7, S. 122.

Der Dächelsberg bei Niederbachem

Der Fronhof in Niederbachem war einst Sitz des Wein- und Hofgerichtes

Der Fronhof in Niederbachem ist ein wichtiges Zeugnis der Ortsgeschichte. Nach der Kirche ist er das wichtigste Gebäude des Ortes, der ohne ihn nicht existieren würde. Früher war hier Mittelpunkt des Tales, von dem aus man alle Ortsteile (Urchem, Bondorf, Göllesheim, Belzem) erreichen konnte. Die typisch fränkische Hofanlage mit einem (heute zugeschütteten) Hofteich bestand einst aus Herrenhaus, Torhaus, Gesindehaus, Stall, Zehntscheune und Schuppen. Diese Gebäude umschlossen einen Innenhof und gaben der Anlage ein burgähnliches Aussehen. Heute stehen nur noch das Herrenhaus und der Schuppen.

Aus einer Urkunde vom 19. 7. 798 wissen wir, dass ein gewisser *Irpingus* dem späteren ersten Bischof von Münster *Liudger* ein Stück Weingarten in *Bachem* für sein in Werden an der Ruhr gegründetes Kloster verkauft hat. Daraus hat man geschlossen, dass es sich bei Bachem (= Bachheim) um einen mehrere Siedlungen und Ortschaften umfassenden Ort gehandelt hat, in dem neben der Landwirtschaft auch der Weinbau eine wichtige Rolle spielte. Ein fränkischer Adeliger namens *Baldo,* der im früheren Niederbachemer Ortsteil Belzem wohnte (von

Das Evanglische Gemeindehaus Niederbachem

„Baldo-s-heim“ abgeleitet, 1250 *Beldezumgare* und 1560 *Belßem*) genannt, vermachte einen Teil seines Landes jenseits des Baches seinem Verwandten *Hiltibald (Hildebold)*. Dieser wurde 787 Bischof von Köln und war engster Berater Karls des Großen. Hildebold stand dem St. Gereonstift in Köln besonders nahe und wurde auch dort bestattet (818). So kam das von Baldo geschenkte Land in den Besitz seines geliebten St. Gereonstiftes, das darauf den Fronhof und in abseitiger ruhiger Lage eine Hof- oder Eigenkirche baute. Diese Kirche weihte man St. Gereon, dem Patron des Kölner Stiftes. Dies ist der Grund, weshalb damals die „Kirche nicht mitten im Dorf“, sondern etwas außerhalb der sie umgebenden Ortsteile lag. 866 bekam der Niederbachemer Fronhof wie andere Kölner Stifte die selbständige Verwaltung seines Eigenvermögens von *Erzbischof Gunthar* übertragen.
Der Name Fronhof stammt von dem mittelalterlichen Wort Fron (= Dienst), den die hörigen Bauern dem Grundherren auf dessen Herrenhof zu leisten hatten. Bis zu drei Wochen im Jahr mussten die Einwohner Frondienste für den Stiftshof erbringen. Meistens bewirtschafteten Pächter im Auftrag des Stiftes den Hof. Die Erträge an Wein und Kornfrucht wurden zwischen Stift und Pfarrgemeinde aufgeteilt, so dass jedem geholfen war, denn die Höfe waren vor allem dazu da, die Lebensmittelversorgung des Stiftes zu sichern. Die Naturalabgaben, der sog. Stiftszehnt, mussten an bestimmten Wochentagen entrichtet werden, an denen sie sogleich durch einen gut organisierten Kurierdienst mit Wagen und dann meist per Schiff den Rhein abwärts nach Köln transportiert wurden. Man unterschied je nach der Größe der Tiere den sog. großen und kleinen Blutzehnt sowie den Getreide-, Heu-, Wein- und Traubenzehnt. Neben der Landwirtschaft war der Weinbau die wichtigste Erwerbsquelle. Mit der Zeit mehrte sich der Landbesitz des Gereonstiftes in Niederbachem.
Aus einer Urkunde wissen wir, dass Probst Arnold von Köln 1250 die sog. *„Probstweingärten“* am Rodderberg gehörten. Diese Gemarkung heißt noch heute in Erinnerung an die Qualität des auf dem Lavaboden gezogenen hervorragenden Weines „In der Süß“. In den Kellern des Fronhofes dürfte der Wein in Fässern gelagert worden sein. Der frühere Pfarrer Anton Paßmann vermutete wohl nicht ganz zu Unrecht, dass die Kölner Stiftsherren anlässlich ihrer Besuche im Niederbachemer Fronhof, diesen Wein ausgiebig verkostet haben dürften.
Der Niederbachemer Hof mit Eigenkirche war also die Keimzelle der heutigen St. Gereonskirche, die Urpfarrkirche für das gesamte Gebiet zwischen Niederbachem, Berkum und Werthhoven war. In einer Urkunde von 1595 wird die Berkumer Kirche als Tochter der Kirche von

Niederbachem bezeichnet. Diese Hofeigenkirche hatte wie damals üblich auch ein *Hofgericht,* das nahe bei der Kirche tagte. Das Gericht befasste sich nur mit Lehns- und Zinssachen, während Glaube und Sitte betreffende Angelegenheiten vor das *Sendgericht* kamen (s. S. 89). Richter war der Grundherr, d.h. das Stift St. Gereon. Am hinteren Ende der linken Seitenwand des alten Langschiffes entdeckte man 1965 an der Niederbachemer Kirche eine zur Straße hin führende zugemauerte Seitentür, die wahrscheinlich den Gerichtsplatz mit dem Kircheninneren verband. Möglicherweise gab es hier auch wie in Köln/Kriel über der Tür einen außen angebauten hölzernen Vorbau, wie ihn schon Kaiser Ludwig der Fromme, der Sohn Karls d. Gr., zum Witterungsschutz bei diesen Gerichtsstellen an den Kirchen vorgeschrieben hatte. Die Gerichtsverhandlungen fanden nämlich außerhalb der Kirchen statt, weil es dabei manchmal sehr laut herging. Wenn man sich geeinigt hatte und der Urteilspruch gesprochen war, betrat man durch die Seitentür die Kirche und legte vor dem Altar die Eide ab („vor Gottes Angesicht") und unterschrieb die Urkunden.

Als im Dreißigjährigen Krieg die Kirche von den Schweden durch Brand zerstört wurde, sind wohl auch das Pfarrhaus und der Fronhof vernichtet worden. Um 1700 wurden beide Gebäude in Fachwerk wieder aufgebaut. In der Zeit der Hexenverfolgung wurde der in der Dorfgemeinschaft wenig geschätzte wohlhabende Pächter des Fronhofes Friedrich Weinrich von 13 Bewohnern der Hexerei bezichtigt. Einem bereits eingeleiteten Verfahren konnte er sich nur dadurch entziehen, dass sich das Kölner Stift St. Gereon für ihn einsetzte.

In der Zeit der Säkularisation wurde der Fronhof am 3. Oktober 1811 für 30 000 Franken an Privat verkauft. Damit endete die Zeit des Besitzes des St. Gereonstiftes, das seinerseits aufgelöst wurde. Kirche, Friedhof und Stiftungsland der Pfarre Niederbachem blieben aber in kirchlichem Besitz. 1828 erstand den Fronhof *Nikolaus Simrock,* der wohlhabende Besitzer eines Musikverlages, der als Freund Ludwigs van Beethovens mehrere Erstveröffentlichungen von dessen Werken verlegte.

Der zum Fronhof gehörende Hofteich wurde 1900 zugeworfen, um dem heutigen Gemeindefriedhof Platz zu machen. Der Teich wurde durch Wasser vom Berg gespeist, das durch einen Überlauf in den Bach gelangte.

Neben dem Fronhof gab es in Niederbachem noch fünf weitere bedeutende Höfe und zwei Wassermühlen. Mit Ausnahme des im Dreißigjährigen Krieg untergegangenen *Holzfolderhofes* (siehe Beschreibung des Holzfolder Kreuzes unter Wanderung Nr. 7) und der

Mahlmühle waren alle anderen Anwesen im Besitz von Kölner Stiften oder der Abtei Siegburg. Der schon 1259 erwähnte *Auenhof* wurde bei einem Hochwasser des Baches 1693 zerstört (siehe Beschreibung des Auenkreuzes unter Wanderung Nr. 5), aber der Fronhof, die Mahlmühle (untere Mühle) und die Ölmühle (obere Mühle) sind als Fachwerkbauten bis in die heutige Zeit erhalten geblieben und werden als Wohnhäuser genutzt.
Am 5. August 1931 führten sintflutartige Regen im Niederbachemer Tal erneut zu einer verheerenden Überschwemmung. Der Bach trat über die Ufer und eine gewaltige Flutwelle brach sich ihre Bahn, riss dabei Gebäude und Bäume mit sich. Eine alte Frau musste in aller Eile an den Haaren aus dem Stall gezerrt und so vor dem Ertrinken gerettet werden. Die Bewohner der *Mahlmühle* flüchteten sich vor dem ansteigenden Wasser unter das Dach, bis sie mit Leitern gerettet werden konnten. Das alte Fachwerkgebäude hielt den Wassergewalten aber wacker stand.

5. Alte Wegkreuze und rote Kirchen

Von Niederbachem über den Dächelsberg nach Oberbachem
Das Ländchen ist reich an alten Wegkreuzen, um die sich viele Geschichten ranken. Einigen von diesen Wegmarken in Wachtberg werden wir auf unserer heutigen Wanderung begegnen. Wir durchstreifen das Gebiet um den Dächelsberg, das für die Siedlungsentwicklung in Wachtberg enorme Bedeutung hatte, weil hier die Keimzellen für mehrere Ortsgründungen zu suchen sind. Wo heute die Ortsmitte Oberbachems liegt, gab es in karolingischer Zeit bereits einen Fronhof, von dem aus die Besiedlung der umliegenden Gebiete begann. Nach einem kurzen Aufstieg durch den Wald erleben wir einen der schönsten Blicke ins Ländchen oberhalb von Oberbachem. Auf der uralten Wegstraße, dem sog. Eselsweg, der einst Niederbachem mit Oberbachem verband, kehren wir nach Niederbachem zurück.

Wegbescheibung
Von der **Niederbachemer Kirche*** mit dem **Kreuz auf dem Friedhof*** gehen wir auf der *Mehlemer Straße* am Pfarrhaus vorbei links den *Pastoratsweg* hinauf, und biegen auf halber Höhe links in den *Langenbergweg* ein, den wir geradeaus nach oben gehen und auf dem Weg *Sebstastianushöhe* fortsetzen. Eindrucksvolle *Fernblicke* bieten sich uns von hier oben auf das Siebengebirge mit Burg *Drachenfels, Drachenburg* und *Petersberg* sowie den *Rodderberg*. Beim *Schützenhaus* gehen wir ge-

radeaus auf der Nr. 2 ein Stück durch den Wald hinauf zu einer runden *Schutzhütte,* die durch die Bäume einen schönen Blick ins Tal freigibt. Bald erreichen wir den bebuschten Rand des **Dächelsbergs***, wo sich unterhalb im Tal altes fränkisches Siedlungsgebiet befand. Wenig später taucht dann im Vorblick unten im Tal **Oberbachem*** auf. Von einer schattigen Ruhebank hat man einen wunderbaren Blick auf das in einer geschützten Mulde liegende Dorf. Durch ein Streuobst- und Wiesengelände *(NABU-Schutzgebiet Wachtberg)* gelangen wir unterhalb des

Kirche Hl. Drei Könige in Oberbachem

Rheinhöhenfriedhofes zu einem Weg (Nr. 2), der uns links hinunter nach *Oberbachem* bringt, wo am Ortseingang ein frischer Brunnen sprudelt. Nach dem Besuch der *Hl. Drei Könige* gehen wir auf der Nr. 2 zur L 123, die wir dann vorsichtig überqueren.

Auf der anderen Seite der L 123 biegen wir links in den Weg *Zum Dienacker* ein. Bald befinden wir uns auf einem schönen Wanderweg Nr. 11, 12), der in die freie Feldflur hinausführt. Bei einem Baum mit einer Ruhebank gehen wir links auf dem Fahrradwanderweg *Wasserburgenroute* weiter, der uns einen unverbauten Blick auf Wiesen mit grasenden Pferden, Raps- und Getreidefeldern freigibt, die am Horizont von bewaldeten Hügeln eingerahmt werden. Wir befinden uns auf dem sog. **Eselsweg***, der früher die Ortsteile *Urchem* (früherer Ortsteil von Niederbachem) und Oberbachem miteinander verband. Durch einen schattigen Hohlweg kommen wir bei den ersten Häusern von Niederbachem heraus. Hier haben wir noch einmal einen schönen Blick hinüber auf den **Dächelsberg***, den wir jetzt schon fast umrundet haben. Bald stehen wir vor dem **Landgraben-Kreuz***, wo wir dem *Landgrabenweg* links bergab folgen, bis wir wieder die L 123 erreichen. Nach dem Überqueren der Straße bei der ehemaligen Chinesischen Botschaft biegen wir schräg gegenüber in die *Austraße* ein. In dieser Gegend lag schon in römisch-keltischer Zeit der Ortsteil *Urchem.* Nach der Brücke beim Bach erreichen wir das **Auen-Kreuz***. Durch einen mit Birken gesäumten Weg hat man einen schönen Ausblick auf den Bach, der sich durch das Wiesengelände mitten durch das Tal von Nieder-

Grabkreuze an der Kirche Hl. Drei Könige in Oberbachem

bachem schlängelt. In der Nähe des *Sportplatzes* stand der ehemalige **Auenhof***, der durch ein Hochwasser 1693 zerstört wurde. Als einziges Gebäude des einstigen Ortsteils *Alkersheim* hatte er zuvor die Zerstörungen durch die Schweden in 1633 überstanden. Beim *Evangelischen Gemeindezentrum* sehen wir unseren Ausgangspunkt, den Fronhof und die rote *Katholische Kirche St. Gereon* wieder vor uns liegen (Kartenausschnitt siehe unter Wanderung Nr. 4, S. 85).

Kurz und bündig

Anfahrt: Von Bad Godesberg, Mehlem oder Meckenheim mit der Linie 857 bei Niederbachem (Haltestelle Post) oder dem PKW von der B9 in Mehlem in Richtung Wachtberg.
Parkmöglichkeiten: In Niederbachem bei der katholischen Kirche St. Gereon gegenüber dem Friedhof und beim evangelischen Gemeindezentrum in Niederbachem.
Weglänge: 4,5 km
Wanderzeit: 70 Minuten.
Höhenunterschiede: 50 m, anfangs kurzer Anstieg durch den Wald, danach Abstieg nach Oberbachem, von dort allmählich abwärts nach Niederbachem.
Wanderkarte: „Bonn und das Siebengebirge" Nr. 22 des Landesvermessungsamtes Nordrhein-Westfalen (1:25 000). Kartenausschnitt siehe unter Wanderung Nr. 4, S. 85.
Hinweis: Im nahen Kürrighoven lohnt ein Besuch bei „Antiquitäten im Ländchen" (siehe Anhang).
Einkehrmöglichkeiten: In Niederbachem: *„Hotel Dahl"*, Heideweg 9, Tel.: 02 28 -6 29 03 - 0 Restaurant mit Außengastronomie, herrlichem Siebengebirgsblick, Hallenbad, Sauna, Solarium, Kegelbahn, Joggingwege, Freifläche / Wiese. *„Henseler Hof"* mit Biergarten, Restaurant, Gesellschaftsräumen. Ständig wechselnde Karte mit preiswerten Gerichten. Konrad-Adenauer-Straße 38 Tel.: 02 28 - 8 86 08 03 (siehe jeweils Anhang).

Sehenswürdigkeiten:

Dächelsberg

Siehe unter Wanderung Nr. 4, S. 91.

Oberbachem

Gründung: Der Ort wird erstmals 798 in einer Schenkungsurkunde des Klosters Prüm, das hier das Zehntrecht besaß, erwähnt.
Kirche Hl. Drei Könige: Zuerst wurde eine Marienkirche als Eigenkirche auf dem Hof der adeligen Gerhilde erbaut, die 866 erwähnt ist. Zerstörungen erfolgten 1583 im Truchsessischen Krieg, wo die Kirche von den protestantischen Truppen „uffgeschlagen" und beraubt wurde. Der dreischiffige Nachfolgebau des 12. Jh. stürzte nach 500 Jahren 1778 ein. Auf Bitten der Bevölkerung an den Kurfürsten von Köln wurden die Patronatsherren, die *Grafen von Manderscheid-Blankenheim* veranlasst, die Kosten für den Bau des neuen Schiffes zu tragen; die Gemeinde hat-

te Turm und Chor finanzieren. Baumeister war *Michael Leydel,* der Erbauer der Redoute in Bad Godesberg. 1790 wurde die neue Kirche geweiht. Ein Kuriosum ist, dass der Turm nicht im Westen, sondern im Osten steht. Die wertvolle *Orgel* ist aus Vreden in Westfalen gekauft, die qualitätvollen *Barockaltäre* um 1640/50 sollen aus dem aufgelösten Kloster Marienforst stammen. Der *Hochaltar* zeigt den Übergang vom kantigen Rollwerk der Renaissance zum weichen Knorpelstil des Barocks. *Figuren der Madonna und des Petrus und Paulus,* die seitlichen Durchgänge zur Sakristei schmücken die *Figuren von Christus Pankrator und des Auferstandenen.* Das *Altarbild* zeigt die Anbetung der Hl. Drei Könige. *Figurengruppe der hl. Anna Selbdritt* aus dem 15. Jh. Stilistische Ähnlichkeiten mit der Kölner Jesuitenkirche lassen eine Entstehung im Umkreis des Bildhauers *Jeremias Geißelbrunn* vermuten.
Kreuze: Rund um die Kirche haben sich viele alte Grabkreuze erhalten. Ein besonders *reich verziertes Grabkreuz* von 1730 steht an der Kirche. Hinter dem Kirchturm steht das sog. *Allerheiligenkreuz* von 1829 mit lateinischer Inschrift: CHRISTO BENIGNE DICAVIT VIR JVVENIS JOHANNES SCHMITZ GIEMERSDORF (Christus hat sich willig der junge Mann Johannes Schmitz aus Gimmersdorf zugewandt).

Brauchtum

„Weg der Sieben Fußfälle": Er verlief zwischen dem Kürrighovener Kreuz und dem Oberbachemer Kreuz. Der Weg führte immer in Richtung zu dem Dorf, wo der Tote beheimatet war. Die Zeremonie begann damit, dass von der betroffenen Familie jemand zu einem benachbarten Mädchen ging und den Todesfall ansagte. Insgesamt sieben Mädchen im Alter von über 12 Jahren versammelten sich dann im Sterbezimmer, um dort zuerst das Glaubensbekenntnis und anschließend vor den Kreuzen die „Sieben Fußfälle" zu beten. Dies musste noch am gleichen Tag geschehen und hatte Vorrang vor allen anderen Arbeiten. Am Schluss versammelten sich die Mädchen wieder zu einem Gebet am Totenbett. Der Brauch zeigt die enge nachbarliche Verbundenheit der Familien und der dörflichen Gemeinschaft (ähnlich Niederbachem).
Hahneköppen: Wie in Gimmersdorf wurde dieser Brauch auch in Oberbachem am Kirmestag gepflegt. Hierbei wurde durch ein „Hohes Gericht" dem (toten) Hahn die Anklageschrift verlesen. Die Kandidaten versuchten mit verbundenen Augen dem Hahn mit einem Säbel den Kopf abzuschlagen, der in einem unten offenen Korb gehängt wird und mit einem Seil hochgezogen wird. Hahnenkönig war, wem es gelang den Hahnenkopf innerhalb von zwei Stunden abzu-

Blick auf Oberbachem

schlagen. Zum Lohn durfte er sich eine Hahnenkönigin aussuchen und dafür allen einen ausgeben.
Schweineschätzen: Höhepunkt bei der Kirmes im September ist seit 1995 ein Brauch, der auf dem Dorfplatz stattfindet. Schweinekönig/-in wird, wer das genaueste Gebot über das Gewicht einer gut gemästeten Sau abgegeben hat. Am nächsten Tag folgen Krönung, Festumzug und Königsball.

Eselsweg
Auf diesem Weg wurden im Mittelalter die im Berkumer Domsteinbruch gebrochenen Steine mit Pferdefuhrwerken zum Rhein für den Weitertransport gebracht. Der Weg verlief nicht unten im Tal um den Dächelsberg herum, sondern auf der überschwemmungssicheren Höhe des gegenüberliegenden Talhangs.

Niederbachem
Pfarrkirche St. Gereon, Fronhof und weite Informationen zu Niederbachem: Siehe Wanderung Nr. 4.
Brauchtum: Verstarb ein männlicher Niederbachemer Einwohner, traten sieben Knaben einen Gebetsgang zu den sieben Kreuzen an, bei einer Einwohnerin waren dies sieben Mädchen. Im Knien beteten sie

das Gebet von den fünf heiligen Wunden, auf dem Weg zwischen den Kreuzen verrichteten sie Rosenkranzgebete. Zum Schluss erhielten sie am Sterbehaus ein kleines Entgelt.

Das Kreuz auf dem Friedhof: Dieses älteste Wegkreuz von 1710 stand ursprünglich außerhalb des Friedhofes und gehörte ebenfalls zu dem Brauch der „Sieben Fußfälle".

Landgrabenkreuz: Die nicht mehr vollständige Inschrift weist den „ehrsamen Jungsgesellen Johannes Strang", der Mitglied der Niederbachemer Bruderschaft „Jesus, Maria, Joseph" war, als Stifter mit der Jahreszahl 1721 aus. Das Kreuz enthält keinen Korpus, sondern zeigt symbolhaft in der Kreuzspitze die Dornenkrone, auf den Enden des Querbalkens die genagelten Hände, am Kreuzfuß die genagelten Füße und mitten auf dem Längsbalken das Herz Jesu.

Auenkreuz: Das 3,80 m hohe reich verzierte Kreuz mit Korpus und Medaillons wurde laut Inschrift 1721 von den Eheleuten Heinrich Nettekoven, Gerichtsschöffe und Maria Webers gestiftet. 28 Jahre zuvor hatte hier in unmittelbarer Nähe der Auenhof gestanden, bei dem sich nach einem Unwetter 1693 ein Unglück ereignet hatte und fast alle Familienmitglieder ertrunken sind. Von der Familie der Ehefrau überlebte nur der Vater Wenzel Weber das Unglück, weil er sich an den Schwanz einer Kuh geklammert hatte, die ihn ans Ufer zog. Die Ehefrau, Sohn und Tochter sowie drei Enkelkinder konnten sich dagegen nicht aus den Fluten des über die Ufer getretenen Baches retten. Die im Bruderschaftsbuch „Jesus-Maria-Joseph" vermerkte Stiftung geschah wohl aus Frömmigkeit. Das Kreuz gehört zu den „Sieben Fußfällen" und ist noch heute Stationsaltar bei der Fronleichnamsprozession (s. S. 28).

Austraße: Diese Straße ist Teil eines schon in römisch-keltischer Zeit vorhanden Weges, der die Niederbachemer Ortsteile Belzem (fränkische Gründung auf dem Rodderberghang), *Bondorf* (im Talgrund) und *Urchem* (am Dächelsberg) miteinander verband. Die zwischen dem Heiligtum und den Steinbrüchen in Berkum schon in römischer Zeit bestehende Straßenverbindung nach Mehlem diente zum Transport des bei Berkum gebrochenen Trachyts, führte vermutlich im Tal an Urchem vorbei und folgte dann der Austraße.

Bondorfer Kreuz (Konrad-Adenauer-Straße): Siehe Wanderung Nr. 8, S. 105 und S. 133.

Kreuz im Dorf (Konrad-Adenauer-Straße): Das neben dem Fachwerkhaus (Weberhaus) angebrachte Wegkreuz ist im Frühjahr von blühenden Fliederbüschen eingerahmt. Aus der verwitterten Inschrift lässt sich das Jahr der Errichtung 1762 nur indirekt anhand der Addition der Buchstaben als römische Zahlen ermitteln (Chronosticha). Am Fuß ist die

Der Kesselshof in Niederbachem

Jahreszahl „Renov. 1859" eingemeißelt. Der vollständige Text lautet: AV(F)GESET(ZT ZV) EHREN IESV CHR (ISTI) VON BERNARDO VVINTZEN ZV TROST SEÌNER AVCH BEIDER IN GOTT RVHEND (EN) EFRAVVEN. Bernhard Wintzen, der Stifter, war Mitglied der Bruderschaft „Jesus, Maria, Joseph" und starb 1724.
Kölsch-Viander-Kreuz (Konrad-Adenauer-Straße): In einem Vorgarten an der Einmündung der bergwärts führenden Vulkanstraße steht das jüngste aller Niederbachemer Wegekreuze. Es wurde 1889 von den Familien Kölsch und Viander möglicherweise aus Anlass einer Silbernen Hochzeit errichtet und enthielt am Sockel den folgenden (heute nicht mehr leserlichen) Widmungstext: IM KREUZ IST HEIL. ZUM ANDENKEN AN DIE FAMILIEN KÖLSCH UND VIANDER 1889.

Das Tal des Mehlemer Baches ist altes Siedlungsland

Als die Römer diese Gegend durch ein Wegenetz erschlossen, entstand eine Straße von Mehlem über Niederbachem nach Berkum, wo ein Anschluss zur römischen Verbindungstraße von Remagen nach Villip bestand. Der Weg durch das Tal des Mehlemer Baches war für die Römer von hohem wirtschaftlichen und militärischem Interesse, weil

sie Trachytsteinbrüche in Berkum ausbeuteten und das Steinmaterial zum Rhein transportieren mussten. Von hier wurde es in „steinarme Gegenden“ des Niederrheins verfrachtet oder für Straßen und Militärbauten des Umlandes verwendet.
Entlang dieser als „Trachytroute“ bezeichneten Verkehrsverbindung bildeten sich römische Ansiedlungen wie Landgüter, Militärposten oder Tempel heraus. In Niederbachem, das ein militärstrategisch wichtiges Teilgebiet des Rheinbefestigung war, wurden an mehreren Stellen römische Funde gemacht. In Berkum und seiner Umgebung gab es eine Vielzahl von römischen Heiligtümern (Matronenheiligtümer bei der Kirche und bei Burg Odenhausen, Mitras-Heiligtum am Fuße des Irrbergs, Weiheort bei Villip).
In der Zeit der Merowinger war der von Mehlem nach Berkum heraufführende Talabschnitt des Mehlemer Baches zwischen Nieder- und Oberbachem noch menschenleer und römische Siedlungsreste waren vom Wald überwuchert. Erst in der Zeit Karls des Großen ging man daran, das Gebiet neu zu ordnen, das Tal zu roden und wieder zu besiedeln. Die erste Erwähnung Bachheims finden wir in einer Urkunde vom 19. Juli 798, in der ein in Bachheim am „Melanbach“ begüterter Edelherr namens *Irpingus* einen Weinberg der Reichsabtei Essen überträgt. Man nimmt an, dass der Wingert am Fuße des Dächelsbergs lag, also genau im Gebiet zwischen den Orteilen Ober- und Niederbachem, durch das wir heute wandern. Das neue gerodete Gebiet im heutigen Oberbachem wird erstmals anfangs des 9. Jh. fassbar, als in Bachheim eine Adelige mit dem Namen *Gerhilde* erwähnt wird, die hier einen Fronhof besaß und wahrscheinlich zur sog. Bald-Sippe gehörte, der möglicherweise auch Irpingus angehörte. Die verwitwete Adelige Dame ließ auf ihrem Hof eine kleine der Muttergottes geweihte Holzkapelle errichten, aus der später die heutige Oberbachemer Kirche hervorging.
Von dieser Keimzelle aus gründete *Gerhilde* um den Ort herum eine Siedlung nach der andern, die aus Einzelgehöften bestanden wie z. B. Kürrighoven, Züllighoven, (siehe Endung -hoven = Hof), aber auch Gimmersdorf und Ließem. Im unteren Teil des Tales, in Niederbachem bildete sich eine hiervon unabhängige Entwicklung unter dem Einfluss des Kölner Erzstiftes heraus (siehe unter Niederbachem Wanderung Nr. 4). Obwohl der Fronhof und die Kirchengründung im Niederbachem eine gewissen Konkurrenz zu Oberbachem darstellte, geschah dies offenbar im Einvernehmen mit *Gerhilde.* Vielleicht haben verwandtschaftliche Bindungen zum friedlichen Miteinander beigetragen, denn der *Kölner Erzbischof Hadebald* (819–841) war ein Verwandter der „Bald-Sippe“.

Wanderweg in Niederbachem

Die enge Verbindung der beiden Täler kommt jedenfalls optisch und symbolisch durch die beiden rotverputzten Kirchen, im Brauchtum sowie in der rheinischen Mundart des sog. *Bachemer Platt* zum Ausdruck. Durch seine an das Bonner Stadtgebiet angrenzende Lage ist es dem *Bönnschen* sehr verwandt.

6. Auf dem Vulkan

Rundwanderung auf dem Rodderberg

Nur wenige Kilometer südlich der Bundesstadt Bonn liegt auf der linken Rheinseite der Rodderberg, ein erloschener Vulkan, der an mehreren Stellen einen großartigen Ausblick auf den Rhein und das Siebengebirge bietet. Von dem Heinrichblick war der Naturforscher und Universalgelehrte Alexander von Humbold so begeistert, dass er ihn gar als das achte Weltwunder bezeichnete. Der 33 ha große Tuffvulkan mit ringförmigem Krater und Aschenwall ist ein beliebtes Naherholungsziel. Die Lavaböden des Naturdenkmals sind idealer Standort für wärmeliebende Pflanzen und viele, z. T. seltene Tierarten. Entlang der Vulkanstraße und auf der Rodderberghöhe gibt es eine Trockenrasenflora mit Kalk-Halbtrockenrasen und Sandpionierrasen. Vielen, die hier spazieren gehen, ist gar nicht bewusst,

Im Krater auf dem Rodderberg mit früherer Baumschule und Siebengebirgsblick

dass dies hier das nördlichste Maar des Laacher Vulkangebietes ist und sie sich auf einem verhältnismäßig kleinen und erdgeschichtlich betrachtet jungen Vulkan befinden, der im Gegensatz etwa zum vulkanischen Siebengebirge, das sich vor etwa 25 Millionen Jahren bildete, erst vor 300 000 Jahren, entstanden ist. Von der Vulkangröße kann man auf eine nicht sehr große Ausbruchsenergie schließen. Ausgedehnte Kahlweiden, Gärten und Baumschulanlagen bedecken die Flächen auf dem Kraterrand, an dessen Südende der malerische Broichhof liegt. Hoch über dem Rhein mit märchenhafter Aussicht kann man im Restaurant Rolandsbogen diese Wanderung beschließen.

Wegbeschreibung

In Niederbachem steigen wir bei der ersten Haltestelle im Ort (Vulkanstraße) aus und gehen die gleichnamige Straße bergauf (Wegzeichen W) bis zur **Marienkapelle***. Wer mit dem PKW anreist kann oben auf dem Rodderberg auf dem Parkplatz neben der Kapelle parken.

An der Kapelle betreten wir das **Naturschutzgebiet Rodderberg***. Wir bleiben links auf dem Wanderweg W in Richtung Siebengebirge und gehen am *Kraterrand mit Magerrasenband* entlang; die sog. *Windkuppe* lassen wir rechts oberhalb liegen, bis wir bei der ehemaligen sog. *Nordgrube* die von **Mehlem*** heraufführende *Rodderbergstraße* (Teerstraße) erreichen. Hier wenden wir uns nach rechts (Wegzeichen R und E8) und gehen weiter am Rande des zum Rheintal abfallenden Hanges zu dem schon von *Alexander von Humboldt* gerühmten **Heinrichsblick*** auf das Rheintal mit Mehlem und dem Siebengebirge. In früheren Zeiten befand sich hier eine Mehlemer Gerichtsstätte, um die sich allerlei merkwürdige Geschichten und Sagen auf dem Rodderberg rankten. Auch die Kratermulde galt früher als ein rätselhafter und verteufelter Ort, den man vor allem in der Dunkelheit mied, weil dort mysteriöse Gestalten nachts ihr Unwesen getrieben haben sollen. Sicherlich haben hierbei die Richtstätte und die natürliche Umgebung mit den spukhaft wirkenden Basaltfelsen sowie das ringsum wuchernde Gestrüpp im Innern des Kraters die Phantasie und den Aberglauben der Menschen angeregt.

Wir gehen auf der *Vulkanstraße* weiter und erreichen ein Waldstück mit **Kopfholzbuchen***; hier steigt der Weg noch einmal leicht an. Beim ehemaligen **Rath'schen Turm***, der heute bewohnt ist, macht der Weg einen Knick nach rechts. Hier kann man einen Abstecher durch den Wald hinunter zum **Rolandsbogen*** machen. Von dem romanisch gelegenen Burgrestaurant mit großer Freiterrasse bietet sich eines der eindrucksvollsten **Rheinpanoramen** (siehe Anhang).

Wir kehren zur Straße oben auf den Rodderberg zurück, wo wir unseren Weg geradeaus fortsetzen und durch eine *Nussbaumallee* oberhalb eines Pferdehofes schlendern. Linkerhand erwartet uns wieder ein schöner *Rheinblick*. An der Stelle, wo sich die kleine Teerstraße nach rechts wendet, halten wir uns aber geradeaus und gehen auf einem Wanderweg (R und E8) an einer großen *Nussbaumpflanzung* vorbei, bis wir eine Wiese mit Spielplatz überqueren und auf einen Wanderweg gelangen, dem wir nach links folgen. Immer am Waldrand entlang geht es an Pferdekoppeln vorbei weiter. Wir bleiben jetzt immer auf dem Weg W, bis der uns im weiten Bogen am Waldrand um den neu erbauten *Dreilindenhof* (früher Hermann-Wilhelm-Hof) führt. An der Stelle, wo sich der Weg kurz nach dem *Schmitz-Kreuz* gabelt, gehen wir rechts am Waldrand weiter. Wenig später, wo links ein Weg in den Wald führt, gehen wir geradeaus und bald haben einen schönen Blick auf das Siebengebirge mit Schloss Drachenburg und der Drachenfelsruine, die zum Greifen nahe zu liegen scheinen. Wir nähern uns jetzt dem Talrand oberhalb von Niederbachem. Hier gehen wir die erste Straße links bergab (Nr. 11) und biegen gleich wieder den ersten Weg rechts bei der *Schutzhütte* ein. Ein *Panoramaweg* führt uns jetzt vorbei an Obstbaumpflanzungen mit Blick auf Niederbachem zum **Holzfolder Kreuz***. Dann wenden wir uns nach rechts und gehen die Straße *„Im Erzacker"*

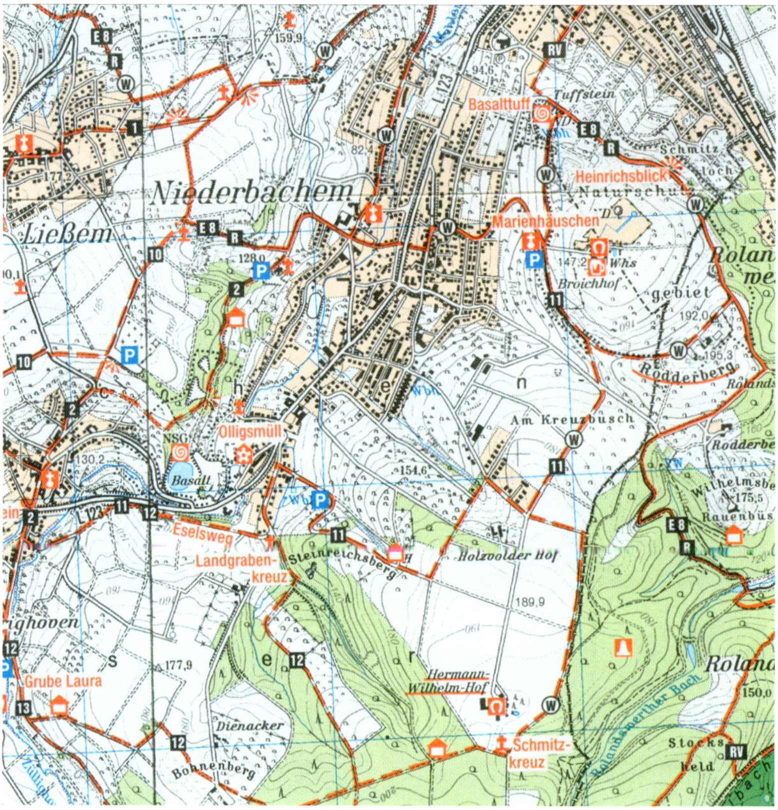

Kartenausschnitt 3: Niederbachem – Rodderberg

bergauf, die erste Querstraße oben rechts und nach 50 m wieder links einbiegen. Am Rande eines Eichenwäldchen mit schönem Blick auf die Pferdekoppeln gehen wir bis zur *Römerstraße* (Nr. 11), der wir links immer geradeaus zum *Rodderberg Naturschutzgebiet* folgen. An der Kreuzung mit Parkplatz am Rande des ehemaligen Vulkankraters geht es geradeaus weiter (Nr. 11) und bald sehen wir rechts unten den **Broichhof*** in der Kratermulde liegen, zu dem eine schöne Baumallee führt. Links am Talrand befinden sich geologisch bedeutsame Auswurfschichten am **Schlackenhang***. Unterhalb dieses Kraterrandes lagen früher die Weinberge von Niederbachem (siehe hierzu die Erläuterungen zum Weinbau in Niederbachem S. 124). Bei der **Marienkapelle*** erreichen wir wieder den Parkplatz. Auf dem Rodderberg besteht eine Einkehrmöglichkeit. Wer mit dem Bus angereist ist geht die *Vulkanstraße* links hinunter und findet im Ort mehrere Einkehrmöglichkeiten.

Kurz und bündig

Anfahrt: Mit dem Bus von Bad Godesberg, Mehlem oder Meckenheim mit der Linie 857 bei Niederbachem (Haltestelle Vulkanstraße) oder dem PKW von der B9 in Mehlem in Richtung Wachtberg.
Parkmöglichkeiten: Beim Parkplatz auf dem Rodderberg.
Weglänge: 5 km.
Wanderzeit: 1,5 Stunden.
Höhenunterschiede: Anfangs kurzer steiler Anstieg vom Parkplatz zum Rodderberg, dann auf der Höhe eben.
Wanderkarte: „Bonn und das Siebengebirge" Nr. 22 des Landesvermessungsamtes Nordrhein-Westfalen (1:25 000). Siehe Kartenausschnitt 3.
Einkehrmöglichkeiten: Auf dem Rodderberg: Im *„Restaurant Rolandsbogen"* mit großartiger Aussichtsterrasse auf das Rheintal (Grillspezialitäten), kleinem Kulturprogramm mit kulturell-kulinarischen Höhepunkten (Lesungen, Musikaufführungen). Tel.: 0 22 28 - 3 72. In Niederbachem: *„Hotel Dahl"*, Heideweg 9, Tel.: 02 28 - 6 29 03 - 0 Restaurant mit Außengastronomie, herrlichem Siebengebirgsblick, Hallenbad, Sauna, Solarium, Kegelbahn, Joggingwege, Freifläche / Wiese. *„Henseler Hof"* mit Biergarten, Restaurant, Gesellschaftsräumen. Ständig wechselnde Karte mit preiswerten Gerichten. Konrad-Adenauer-Straße 38, Tel.: 02 28 -8 86 08 03 (siehe jeweils Anhang).

Sehenswürdigkeiten:

Mehlem

Geschichte: Der Ort zu Füßen des Rodderbergs ist als fränkische Siedlung im 4.–5. Jh. nach Christus entstanden und wird 812 als „Molenheim" (eine Siedlung am Molenbach = Mühlenbach) erwähnt. Der im Mittelalter gebräuchliche Name „Mielenheim" kommt von „Miel", einer alten Bezeichnung für Land- oder Heerstraße, weil hier eine von der Ahr kommende Straße in die Rheinstraße mündete. Obwohl am Rhein gelegen war Mehlem kein Fischerdorf, sondern ein Bauern- und Weinort. Wein und Nussbaumholz wurden an den kurfürstlichen Hof zu Köln geliefert. Seine verkehrsgünstige Lage hat dem Ort zu Wohlstand verholfen, bis er im Dreißigjährigen Krieg stark in Mitleidenschaft gezogen wurde. Die alte Kirche des Oberdorfes wurde 1633 zerstört und durch die malerische *Rundkapelle der Schmerzhaften Mutter* ersetzt, die noch eine wertvolle spätgotische alte Holzskulptur der „Heiligen Anna Selbdritt" birgt. Ferner eine Figur des hl. Matthias mit dem Beil aus dem 17. Jh. Die Kapelle ist Ausgangspunkt der St.

Matthiasfußwallfahrten nach Trier (siehe Matthiasweg S. 34 und Pilgerstäbe).
Anfang des 20. Jh. entdeckten Touristen und begüterte Familien aus Köln und Berlin die Vorzüge Mehlems als Sommerfrische. Erfolgreiche Industrielle aus dem Ruhrgebiet zogen sich gern an einem der schönsten Rheinabschnitte auf ihr Altenteil zurück und erbauten viele herrschaftliche Wohnsitze und Villen.

Kapelle auf dem Rodderberg

Rodderberg

Der Rhein wird im Süden von Bonn, wo er aus dem mittelrheinischen Gebirge heraustritt, vom Drachenfels mit seiner gleichnamigen Burgruine und dem Rodderberg mit dem Rolandsbogen flankiert. Bei Mehlem erhebt sich mit 130 m der Rodderberg über der Rheinebene. Der Name leitet sich ab von „gerodeter Berg" und noch heute sind die mit menschlicher Nachhilfe weitgehend baum- und strauchlos gehaltenen Abhänge das Wahrzeichen des Rodderbergs. Ursprünglich trug nur die nördlichere kleinere Kuppe des Rodderberges diesen Namen. In einer Beschreibung aus dem Jahre 1790 heißt es über den Rodderberg: *„Der Rodderberg hat die Gestalt einer verflechten Anhöhe, welche nördlich und südwestlich zwey unbeträchtliche Auswüchse zeigt. Westlich macht er sein Gehänge gegen Bachem zu, welches etwa zwey hundert Fuß tiefer im Thal liegt, wo der sonst allenthalben mit Ackerland umgebene Berg den Wein-*

stock nährt. Diese Anhöhe mit den zwey gegenüberstehenden Erhöhungen bildet beynahe einen kreisförmigen Kranz, mit einer Vertiefung von etwa hundert Fuß senkrecht, und fünf viertel Stunden im Umkreis. Sie ist mit Korn bebaut; in ihrer Mitte liegt der Bruchhof, wobey sich ein Sumpf vorfindet ...". In seinen 1844 veröffentlichten „Wanderungen aus und um Godesberg" beschreibt der Bonner Professor und Freiheitsdichter Ernst Moritz Arndt (1769–1860) den Rodderberg wie folgt: *„Auf der Bergfläche hinter Rolandseck finden wir eine merkwürdige Vertiefung, die ihrer Bildung und in den Basalten alle Zeichen eines vulkanischen Kraters der Vorzeit trägt. Sie heißt der Rodderberg, und ihr sehr tiefer Kessel ist wohl eine halbe Stunde weit."*

Vulkanismus: Der Krater des Vulkans ist noch deutlich als solcher erkennbar. Er misst zwischen den unmittelbaren Rändern im Schnitt etwa 150 m und wird an seiner tiefsten Stelle bis zu 40 m hoch vom Ringwall des Kraters überragt. Bei einem geologischen Streifzug durch die Kratersenke findet man hauptsächlich Basalttuffe sowie im Profil stellenweise deutlich sichtbare ältere und jüngere Lößablagerungen. Bei der Eruption warf der Vulkan Tuff aus, wobei sich in der Tiefe hier und da der Tuff mit Schmelze vermischte und zu Basaltgängen erstarrte. Etwa in der Mitte des Vulkans ragen die bizarren und klobigen Formen eines solchen Basaltganges eindrucksvoll empor.

Früher nahm man an, dass der Vulkan auf dem Rodderberg vor etwa 30 000 Jahren entstand. Heute geht man anhand von Gesteinsuntersuchungen davon aus, dass der letzte Ausbruch vor rund 300 000 Jahren stattgefunden hat. Wegen des hohen Alters ist ein Großteil der Auswurfmasse durch Erosion abgetragen. Aufgrund geophysikalischer Messungen weiß man, dass sich unter der maarähnlichen Senke ein breiter, trichterförmiger Schlot von ca. 200 m Tiefe befindet, der mit Gesteinsmaterial gefüllt ist. Durch die Lavatätigkeit wurde ein 800 m breiter Tuffring aufgebaut, der eine 50 m tiefe und mit 20 m Löß gefüllte, maarähnliche Senke umschließt.

Weitere Vulkane auf Wachtberger Gebiet sind der *Dächelsberg, Stumpeberg* und *Hoheberg*; ferner in der näheren Umgebung der *Godesberg,* der *Michaelsberg* bei Siegburg und die *Landskrone* im Ahrtal.

Naturschutz: Der Rodderberg, von dem heute ein Drittel zu Rheinland-Pfalz gehört, nimmt eine Gesamtgröße von 73,24 ha ein. 1927 wurden der Krater des Rodderbergs mit einem Durchmesser von etwa 800 m und die Kraterhänge durch die preußische Regierung zum Naturschutzgebiet erklärt, nachdem der zunehmende Abbau von Tuff als Baumaterial landschaftszerstörende Ausmaße anzunehmen drohte. Zudem wurden die Hangflächen des Rodderbergs in den zwanziger

Freiligrath durch Spenden wieder aufgebaut. Um die Burg und deren Rolandsbogen rankt sich eine *Sage von dem Ritter Roland,* der die Burg an dieser Stelle errichten ließ, um seiner Geliebten nahe zu sein. Diese hatte den Schleier genommen und war als Nonne in das Kloster auf der Insel Nonnenwerth eingetreten, weil sie irrtümlich geglaubt hatte, dass ihr Geliebter im Kampf gegen die Sarazenen ums Leben gekommen sei. Der Blick aus der Schwalbenperspektive auf das Rheinpanorama und die Rheininsel mit dem 1122 von Benediktinerinnen gegründeten Kloster ist zauberhaft. *Ferdinand Freiligrath* hat diese Szene in folgende Verse gekleidet: *Und begräbt das Kloster schön Hildegund, so setz ich mich hier auf den Stein, und schaue zeitlebens zum Tode wund, hinab auf das Kloster im Rhein. Franz List* komponierte in den Räumen des Klosters, als er sich 1841 mit der Gräfin Marie d'Agoult dort aufhielt. Zuvor war er mit der Schriftstellerin George Sand dort.
Die erste *Gastwirtschaft auf dem Rolandsbogen* bewirtete zum ersten Mal 1893 Gäste. Der Wirt hatte vier Töchter, unter ihnen war eine besonders schöne mit Namen Sophie, die viele Verehrer hatte, die ihretwegen immer wieder zum Rolandsbogen zogen. Auch der Heimatdichter *Jörg Ritzel,* war ihr zugetan und widmete ihr ein Gedicht, das später vertont wurde: *„Ich kam von fern gezogen, zum Rhein, zum Rhein, / beim Wirt zum Rolandsbogen, da kehrt ich ein. Ich trank mit seiner Base, auf du und du…*". Heute ist hier ein Gastronomiebetrieb mit einer einzigartigen Rheinaussichtsterrasse. Im Restaurant (siehe Anhang) eine Statue des Ritters Roland.

Siebengebirge, Drachenfels
Seinen Namen hat das Gebirge möglicherweise von dem Wort „Siepen" (feuchte Täler) erhalten. Von der Entstehung des Siebengebirges geht die Sage, dass einmal sieben Riesen dem Rhein sein Bett ausgeschaufelt und ihre Werkzeuge hier abgeklopft haben sollen. In Wirklichkeit war das Siebengebirge in Urzeiten ein Meer, dessen Ablagerungen den Sockel für das heutige Gebirge geschaffen haben, bis vor Millionen Jahren vulkanische Aktivitäten folgten. Die Burgruine der Grafen von Drachenfels steht auf einem 321 m hohen Bergkegel, der ein Überrest des insgesamt 390 Vulkane zählenden mittelrheinischen Vulkangebietes ist, dessen Zentrum das Siebengebirge war. Die Aschen und Schlacken der ersten Ausbruchsphase bedecken das Siebengebirge als fester Trachyttuff. Rechts in direkter Nachbarschaft liegt die Wolkenburg, deren Erhebung ebenfalls vulkanischen Ursprungs ist.

Kopfholzbuchen: Siehe unter Wanderung Nr. 7, S. 122.

Römerstraße

Der Rodderberg hatte nach Müller die Funktion einer Relaisstation im militärischen Nachrichtensystem der Römer eingenommen, die mit den Signalstationen auf dem Petersberg auf der anderen Rheinseite und auf dem Irrberg verbunden war. Diese Station diente vermutlich auch zur Beobachtung des gegenüberliegenden Feindeslandes. In Mehlem zweigte von der römischen Hauptstraße am Rhein eine Nebenstrecke ab, die Niederbachem, das in das römische Verteidigungssystem einbezog, und mit den Signalsstationen auf dem Rodderberg und dem Irrberg verband.

Aussichtspunkt Heinrichsblick auf Rhein und Siebengebirge vom Rodderberg

Holzfolder Kreuz: Siehe Wanderung Nr. 7, S. 123.

Krater und Schlackenhang

Der Krater von 800 m Durchmesser wird von einem nicht vollständig geschlossenen Wall aus vulkanischem Tuff und Schlacke umschlossen. Vermutlich ist der Krater eingebrochen, sonst hätte die Auswurfmenge und damit der Kraterrand größer sein müssen. Am Schlackenhang treten diese Gesteinsschichten steil abfallend zu Tage (Hinweistafel).

Marienkapelle

Die ursprünglich als Hofkapelle vom Pächter Franz Josef Schäfer für den Broichhof erbaute und um 1850 erstmals erwähnte Kapelle war

Eingang zum Gut Broichhof auf dem Rodderberg

früher prächtig ornamental mit farbigen Schlackensteinen ummantelt, was ihr den Namen „Vulkankapelle“ eintrug; heute sind davon nur noch am Altar Reste sichtbar. Innen Pieta. Früher stand bei der Kapelle ein ehemals zum Broichhof gehörendes *Feldkreuz (Broichkreuz)* von 1710. Dieses älteste Wegekreuz von Niederbachem steht heute auf dem Niederbachemer Friedhof.

Der Broichhof entstand aus einer mittelalterlichen Wasserburg

Mitten im Kessel des Rodderberges liegt der malerische Broichhof, der aus einer ehemaligen Wasserburg hervorgegangen ist. Ein früherer Sumpf (niederrheinisch *Broich,* mit Dehnungs-i oder Bruch) gab ihm seinen Namen. Eine stimmungsvolle Kastanienallee verbindet den Broichof und die Marienkapelle.
Im Frühjahr 1984 wurden bei Erdarbeiten vor dem Herrenhaus des Gutes vom Rheinischen Landesmuseum Bonn Mauerreste einer spätmittelalterlichen Burg aus dem 13.–14. Jh. festgestellt, die von einem Wassergraben umschlossen war. Wie die meisten rheinischen Wasser-

burgen ist auch die Vorgängerburg des Broichhofes aus einer Motte hervorgegangen. Die *Motte,* eine Frühform der mittelalterlichen Niederungsburg, bestand aus einem künstlich aufgeworfenem und von einem Wassergraben umgebenen Erdhügel, auf dem ein meist hölzerner Turm errichtet war.
Bei den Erdarbeiten wurde ein weiterer Wassergraben festgestellt, der die künstliche Insel in zwei Teile trennte. Demnach besaß die Wasserburg die typische zweiteilige Gestalt eines mittelalterlichen Adelssitzes, nämlich eine Hauptburg (Herrenhaus) und eine getrennt davon liegende Vorburg (Wirtschaftshof). Neben den Wassergräben wurde die Burg auch durch einen Sumpf geschützt.
In Kessel des Rodderberges war nach dem Stift St. Gereon in Köln, dem der Broichhof gehörte, das Kloster Rolandswerth (Nonnenwerth) mit dem zweitgrößten Grundbesitz ausgestattet. Ein in die Wand im Innenhof eingemauerter alter Grenzstein zeigt die Buchstaben R und W (für „Ruleicheswerd“), dazwischen einen Anker (Hinweis auf das auf einer Rheininsel gelegene Kloster).
Im 15. Jh. war die Burg, zu der auch Ländereien gehörten, verfallen. 1635 ließ das Kölner Stift St. Gereon die Gebäude wieder aufbauen und verpachtete sie. Acht Jahre später wird der Pächter der Hexerei angeklagt und kann nur durch das Eingreifen des Erzbischofs vor der Hinrichtung bewahrt werden. Aus dieser Zeit dürften die ältesten Teile des um 1635 aus dunkler Rodderberglava erbauten *Herrenhauses* stammen. Das stattliche Wohngebäude errichtete man aus dem am Ort verfügbaren Baumaterial (Basaltschlacke), dessen unregelmäßige Form und schwarze Farbe einen düsteren Eindruck macht, der nur durch die neuromanischen Ziegelbogenfriese etwas aufgehellt wird.
Als die Franzosen 1794 die Rheinlande besetzten und das Gereonstift als Folge der Säkularisation aufgehoben wurde, gehörte der Broichhof als Nationalgut zu Frankreich. 1811 ging es in Privatbesitz über und gehörte ab 1815 zu Preußen. In den folgenden Jahren wurden die wahrscheinlich baufälligen Gebäude neu errichtet. 1888 wird auf der Kuppe das beliebte Ausfluglokal und Hotel „Zum alten Vulkan“ betrieben.
Die Familie Schäfer, die das Gut 1811 gekauft hatte, ist hier schon seit dem Jahr 1688 als Pächter ansässig. Der Innenhof des Broichhofes ist im Sommer reizvoll mit Blumen geschmückt. Am Torbogen und im Innern ist das Wappen der Familie Schäfer (Hausmarke, die eine Sanduhr darstellt) angebracht.

7. Über die Höhen um Niederbachem

Durch Wald und Flur um Niederbachem

Aus dem Niederbachemer Tal steigen wir durch ein Obstanbaugebiet langsam hinauf zum Rodderberg und machen uns ein wenig mit der Weinbaugeschichte des Ortes vertraut. In Blickrichtung zum Rheintal können wir die Hänge beiderseits des Niederbachemer Tals sehen, die früher Reben trugen. Heute ist hier der Obstanbau vorherrschend. Rechts öffnet sich der Blick zum geheimnisvoll verschlossenen Naturschutzgebiet Dächelsberg, den häufig Greifvögel umkreisen. An Kopfbuchen und Weiden mit Heidschnucken vorbei geht es hinauf auf die Hochebene des Rodderbergs, die ein El Dorado für die Reiter ist. Auf stillen Wegen durchqueren wir den Wald, bis wir an einer Obstbaumpflanzung wieder herauskommen und gemächlich zu Tal schlendern, wo uns ein altes Wegkreuz empfängt.

Oberhalb von Niederbachem mit Siebengebirgsblick

Wegbeschreibung

Wir beginnen die Wanderung am Ortsende an der *Konrad-Adenauer-Straße* (L 123), wo wir links in den Landgrabenweg und dann gleich wieder links in die *Berliner Straße* (Nr. 11) einbiegen. Der Weg den wir jetzt gehen hieß früher „Im Ohlensiefen“ (Ohlen = an der Öhlmühle; Siefen = feuchtes Tal). Der Wasserreichtum zeigt sich daran, dass in der Wiese zur Rechten Quellen entspringen, deshalb hieß die Gemarkung früher „Urchemer Pütz“ oder „Pützwieschen“ (Pütz = Brunnen).

Hier geht es jetzt bergauf mit schönem Blick zum Dächelsberg und Siebengebirge an alten **Kopfbuchen*** vorbei. Bevor wir oben auf dem Rodderberg ankommen, wenden wir uns nach links und gehen an der *Wanderhütte* vorbei am Talrand oberhalb einer Obstbaumpflanzung zum **Holzfolder Kreuz***. Beim Kreuz gehen wir rechts bergauf und erreichen auf der Höhe einen Querweg, dem wir rechts folgen. Dann links ein Stück im Bogen am Waldrand an Pferdekoppeln entlang.

Kopfholzbuchen bei Niederbachem

An der Stelle wo sich der Weg gabelt und der Rheinhöhenweg nach links abzweigt, gehen wir rechts immer am Waldrand weiter und haben einen schönen **Blick*** auf das Siebengebirge mit Schloss Drachenburg und der Drachenfelsruine, die zum Greifen nahe zu liegen scheinen. Beim *Dreilindenhof* (früher Hermanns-Wilhelm-Hof) biegen wir dann links in den Waldweg ein (W), der in Richtung *Golfplatz* führt. Beim zweiten Querweg geht es rechts abwärts (Nr. 12) und wir kommen am Rande von **Obstplantagen*** ins Freie. Der Weg bringt uns durch ein idyllisches Buchenwäldchen hinunter ins Tal, wo wir wieder am **Landgraben Kreuz*** herauskommen. Auf dem Weg Nr. 12 kommen wir wieder zum Ausgangspunkt an der L 123 am Ortsende von Niederbachem. Kartenausschnitt siehe unter Wanderung Nr. 6, S. 110.

In Niederbachem baute man einst Wein an

Das Rheinland war seit der Römerzeit ein bedeutendes Weinbaugebiet. Aus ihrer Heimat brachten die über hervorragende Kenntnisse im Rebenanbau verfügenden Römer den Wein mit und machten ihn in unseren Breiten heimisch. Man vermutet deshalb, dass die Anfänge des Weinbaus in Niederbachem noch auf das 3. Jahrhundert zurück gehen, als dort die ersten römischen Bauten errichtet wurden. Wahrscheinlich bauten die Römer damals aus Gallien eingeführte rote Burgunderreben an.

Als die Römer abgezogen waren, wurde der Weinbau in Niederbachem wohl auch deshalb fortgeführt, weil die Klöster wegen des Bedarfes an Messwein daran ein großes Interesse hatten (Fronhof in Niederbachem siehe Wanderung Nr. 4). Außer den Familiengütern mit eigenem Grund und Boden gab es die Pachtbetriebe, die sog. „Halfen", die so genannt wurden, weil sie die Hälfte ihrer Erträge an den Besitzer abgeben mussten. Wein war dabei eines der wichtigsten Zahlungsmittel, auch für Steuern, Abgaben sowie für den sog. Zehnten. Das älteste Zeugnis heimischen Weinbaus ist ein Kaufvertrag vom 18. Juli 798 über den Kauf eines Weingartes in „Bachheim" am „Melanbach" (Mehlemer Bach), den *Abt Ludgerus* der Abtei von Werden von einem Edelherrn *Irpingus* erwarb. Da heute angenommen wird, dass sich die früheste Besiedelung Niederbachems im damaligen Ortsteil Urchem Bereich des heutigen Dächelsberges gelegen hat, könnte sich dieser Weinberg auch dort befunden haben.

Mit der Zeit wuchs der Weinbau schließlich zu einem bedeutenden Erwerbszweig der Landwirtschaft Niederbachems heran, was sich schon daran zeigt, dass allein ca. 14,6 ha Kulturfläche mit jeweils zur Hälfte roten und weißen Reben besetzt war. Zu beiden Seiten des Winzerdorfes waren die Anbaugebiete gleichmäßig verteilt und prägten das hiesige Landschaftsbild. Entscheidend für die Auswahl der Weinberge waren nicht die günstigste klimatische Lage, sondern die Besitzverhältnisse. Auch legte man damals offenbar mehr Wert auf einen ausreichenden mengenmäßigen Ertrag, das heißt Quantität ging vor Qualität.

Heute erinnern noch viele Straßen- und Gemarkungsnamen an die Niederbachemer Weintradition wie z. B. „Im Weingarten". Wenn man in der Ortsmitte vom *Henseler Hof* die Rolandstraße bergauf geht, erreicht man durch einen Hohlweg ein ehemaliges Weinbaugebiet, das sich linkerhand an den Hängen des Rodderberges mit ihren wärmespeichernden Lavaböden erstreckte. Hier dürften in windgeschützter Lage

Aufstieg zum Rodderberg im Herbst

die Weinstöcke gut gediehen sein und markante Weine hervorgebracht haben. Die Gemarkungsnamen unterhalb des Kraterrandes lauten noch heute: *Im Probst (Probstweingarten), Feldweingarten, Ziemesweingarten, Dräuersweingarten, Im halben Morgen Weingarten, Süßen.* Der Weinberg *„Oben den Süßen"* wurde schon 1567 erwähnt und brachte wie der Name schon sagt besonders süße Weintrauben hervor. Auf halber Höhe bei der Gemarkung *„Auf der Keltershüllen"* stand einst ein Kelterhaus (Hüllen = Hohlweg).
Um 1850 betrug die Rebanbaufläche sogar 30 ha, dann machte die Einschleppung der Reblaus aus Amerika dem Weinbau in Niederbachem endgültig den Garaus. Da alle befallenen Reben vernichtet werden mussten und kein Neuanbau mehr erlaubt war, sank die Anbaufläche 1901 schließlich auf 7 ha. Nur wenige Weingärten konnten sich gegen die Reblaus behaupten. Der letzte Weingarten mit dem traditionsreichen Namen *„In den Süssen"* wurde in den Jahren 1931/32 aufgegeben. Aus den Niederbachemer Winzern wurden jetzt endgültig Obstbauern, und Obstbäume und Sträucher gaben der Landschaft ihr neues Gepräge. Wie im benachbarten Vorgebirge, wo man auch einst viel Wein anbaute, wurden auf den freiwordenen Weinbergsflächen Obstbäume gepflanzt. Das Obst verwendete man bei Äpfeln und Birnen vorwiegend zur Herstellung von Brotaufstrichen (Apfel- und

Birnenkraut) in den zur Herstellung von Rübenkraut in Niederbachem zahlreich vertretenen Krautfabriken oder verkaufte es ab Hof oder auf Wochenmärkten. Allein eine Konservenfabrik (Hüllen) hat die Zeiten überdauert (Siehe unter Wanderung Nr. 4, S. 90).

8. Über Berg und Tal nach Bad Godesberg

Von Niederbachem ins Marienforster Tal nach Bad Godesberg
Vom Tal des Mehlemer Baches steigen wir auf die Hochfläche bei Ließem und durchqueren ein Stück den Kottenforst, um dann in das reizvolle Marienforster Tal abzusteigen, wo wir altes Kulturland betreten. Zum Glück ist das vom Godesberger Bach durchflossene Tal heute Landschaftsschutzgebiet. Man sieht ringsum liebliche, hügelige Wiesen, auf denen Kühe grasen, alte Eichen wiegen ihre mächtigen Wipfel im Wind, man hört das Rauschen ihrer Blätter und das Zwitschern der Vögel. Nichts stört den friedlichen Blick, weit und breit sind weder Häuser noch Zeichen einer sonstigen störendernBebauung zu sehen. Auf halber Höhe am Rand des Marienforster Tals könnte man glauben, fern jeder Besiedlung zu sein.
Das Marienforster Tal ist als Naherholungsgebiet aber noch immer ein Geheimtipp. Das Unspektakuläre ist hier das Besondere: Dass alles dem Naturzustand noch sehr nahe kommt. Obwohl es nahe an den Godesberger und Wachtberger Siedlungsraum angrenzt, bietet es durch seine reich gegliederte Landschaft und seine Natürlichkeit vielfältige Nischen und Rückzugsgebiete für Tiere. Naturschützer hoffen daher, das die Menschen weiterhin Rücksicht nehmen, wenn sie sich in diesem Gebiet aufhalten. Am Ende führt uns diese Wanderung zu der alten Kulturstätte des ehemaligen Klosters Marienforst, das dieses Tal noch heute sichtbar geprägt hat. Am Ende einer lehrreichen Bachwanderung kommen wir oberhalb der Redoute in Bad Godesberg heraus.

Wegbeschreibung:
Wir steigen in Niederbachem an der Haltstelle „Feuerwehr" bei der Bondorfer Straße aus dem Bus aus. Auf der anderen Straßenseite sehen wir den schönen fachwerkgeschmückten **Kesselshof mit dem Bondorfer Kreuz***, gehen die *Bondorfer Straße* hinunter zum neuen *Evangelischen Gemeindezentrum,* hinter dem der *Langenbergweg* an der Schule vorbei bergwärts führt. Als baulicher Überrest von der 1882 gegründeten *Krautfabrik der Gebrüder Eller,* einer ehemaligen **Rübenkrautfabrik***, steht an der Einmündung der Bondorfer Straße in die Konrad-Adenauer-Straße (L 123) ein hoher Schornstein. Ein Stück weiter lag

an der Einmündung der Bondorfer Straße in die Austraße die erste 1850 gegründete *Rübenkrautfabrik von Jacob Zettelmeyer* (siehe S. 90). Jetzt wenden wir uns nach rechts und gehen auf der *Austraße* ein kurzes Stück geradeaus bis zur Kreuzung mit herrlichem *Blick auf den Fachwerkhof, die Kath. Kirche und das Rheintal mit Siebengebirge,* wo wir uns nach links dem bergauf führenden *Langenbergweg* (Wegzeichen R, E 8) anvertrauen (Karte siehe S. 168). Beim *ökumenischen Denkmal* gehen wir links (Sebastianusweg) und bald wieder rechts auf dem Wanderweg bergauf. Im Rückblick können wir jetzt das ganze *Niederbachemer Tal* überschauen. Nach Erreichen der Anhöhe gehen wir bei dem *Heiligenhäuschen* nach rechts geradeaus weiter zum **Kreuz am Cäcilienheidgen*** (sog. **Matthiaskreuz**) beim Sportplatz. Von hier hat man einen der schönsten *Blicke auf das Siebengebirge, das Rheintal und den Rodderberg.* Man sieht die Weinberge unterhalb des Drachenfelsens auf der anderen Rheinseite und kann in der Ferne *Bad Honnef* erkennen.

Wir kehren wieder zurück und gehen am *Sportplatz* (Boltzplatz) vorbei, halten uns rechts und gehen auf Ließem zu (Nr. 1). Unten im Tal sehen wir *Lannesdorf* und *Rüngsdorf,* auf dem Hügel gegenüber ragen die Hochhäuser der *Heiderhofsiedlung* aus dem Wald heraus. Wir erreichen die ersten Häuser von *Ließem* und gehen die *Siebengebirgsstraße* geradeaus durch, überqueren die *Ölbergstraße* und erreichen die vom Tal heraufführende *Lannesdorfer Straße,* der wir links ein kurzes Stück bergan folgen, bis wir die *Marienstraße* erreichen, der wir nach rechts folgen und die uns durch den alten Ortsteil von Ließem an der Gaststätte *„Zur Schüür"* zur *katholischen Kapelle* führt. Beim Fachwerkhaus erreichen wir den *Marienforster Weg,* den wir geradeaus weitergehen, bis wir die K 14 erreichen. Wir benutzen die Unterführung, um zu dem auf der anderen Straßenseite gelegenen Ortsteil *Auf dem Köllenhof* zu gelangen, der nach dem alten **Fachwerkhof Köllenhof*** benannt wurde.

Hier gehen wir geradeaus weiter bis zu einer Wegkreuzung, wo links der Weg *Am Hammelsgraben* und rechts der Weg *Kesselsheide* einmündet. Wir behalten unsere Richtung bei und gehen geradeaus auf einem Teersträßchen weiter. Wir durchqueren ein Baumschulengebiet und sehen im Vorblick das *Waldgebiet des Heiderhofes* näher kommen, das wir bald durchqueren werden, um in das Marienforster Tal zu gelangen. Nach einer kleinen Linksbiegung gehen wir auf schnurgerader Straße durch *Erdbeerfelder* ein Stück parallel zum Wald, bis wir das Ende des Teersträßchens erreichen und dann nach rechts in den Wald hinein gehen. Am Anfang des Waldes treffen wir auf die Wanderzeichen des

Blick vom Matthiaskreuz am Cäcilienheidgen oberhalb von Niederbachem

Rheinhöhenweges R bzw. E 8, denen wir ab jetzt bis Bad Godesberg folgen werden. Nach 100 m kommen wir zu einer Kreuzung mit Wegestein, wo wir geradeaus in Richtung (R) weiter gehen. Wir umgehen das Neubaugebiet der Heiderhofsiedlung und treffen auf den zweiten *Wanderstein mit Ruhebank.* Von dort immer geradeaus durch einen lichten Kiefernwald weiter bis zur *Wanderhütte* mit dem dritten *Wanderstein,* dort folgen wir dem halbrechts dem sich langsam ins Tal senkenden Weg in Richtung Bad Godesberg. Bei einer Eiche im Wald gehen wir nach links bergab (hier keine Markierung, das R Zeichen folgt erst einige Zeit später!) bis wir auf halber Höhe ins Freie heraustreten und den Weg nach rechts oberhalb einer Obstbaumplantage in Richtung Bad Godesberg nehmen.
Hier oben zeigt sich das **Marienforster Tal*** in seiner ganzen Schönheit, das sich im Herbst in eine einzige großartige Farbenpalette verwandelt. Noch heute ist hier die ordnende Hand der Mönche und Nonnen des ehemaligen *Birgittinnenklosters* in der Landschaft zu erkennen. Herrliche alte Eichen säumen unseren Weg, man glaubt in einer parkähnlichen Landschaft zu wandeln. Auf den ausgedehnten Weiden auf der gegenüberliegenden Talseite weidet das Vieh. Dahinter beginnt der *Wald des Kottenforstes.* Zwischen hohen alten Bäumen versteckt sehen wir jetzt die Gebäude auf dem ehemaligen Klosterareal unten im Tal liegen. Nach einer Wegbiegung nach rechts taucht vor uns die *Godesburg* auf. Wir kommen auf eine kleine Teerstraße, um schon nach wenigen Metern bei einer Wegkreuzung geradeaus durch eine lange Ackerflur ins Tal abzusteigen.
Leider wird der Frieden des Tales immer mehr durch den Autoverkehr auf der Talstraße in Mitleidenschaft gezogen. Wir überqueren deshalb mit größter Vorsicht (!) die *Talstraße L 158* und betreten durch den noch erhalten *Torbogen des Klosters* den Innenbereich eines Gutes, das noch von den alten *Klostermauern* begrenzt wird. Innen erkennt man Wohn-, Hof- und *Wirtschaftsgebäude* und eine *ehem. Mühle mit Wohnhaus.* Nach dem Verlassen des ehemaligen Klosterareals gehen wir links an der alten Mauer entlang und überqueren dann die Straße an der Stelle, wo auf der gegenüberliegenden Seite ein idyllischer Fußweg (R) beginnt, die **Marienforster Promenade*** genannt, der unter alten Bäumen am Bach entlang nach Bad Godesberg führt. Links liegen alte *Fischteiche,* die wohl früher zum Kloster gehört haben dürften. Nach einer kleinen Brücke teilt sich der Bach und führt sowohl rechts als auch links am Weg vorbei. Der Weg kommt bei einer Minigolfanlage (Brungsmühle) heraus, dahinter bleiben wir rechts vom Bach und folgen weiter dem E 8- bzw R-Zeichen bis zur *evangelischen Marienforster*

Katholische Kapelle in Ließem

Kirche. Direkt gegenüber der Kirche mit hübscher Bronzeplastik (spielende Mädchen) führt ein schmaler Weg am Hang ein kurzes Stück nach oben, dort kurz aufwärts bis zur *Elisabethstraße,* die wir überqueren und den hinteren Teil des **Parks an der Redoute*** mit schönem altem Baumbestand betreten.

Blühende Schlehen bei Ließem

Beim Abstieg auf einem gepflasterten Weg haben wir einen schönen Blick auf die **Redoute***, kurz nach einer prächtigen Libanon Zeder links *Gedenkstein,* der an die Begegnung Ludwig van Beethovens mit Haydn im Juli 1792 erinnert. In der Bad Godesberger **Marienkirche*** kann man Spuren des Marienforster Kloster entdecken, dort wird in einem Glasschrank liturgisches Gerät aus dem Kloster aufbewahrt.

Kurz und bündig

Anfahrt: Mit dem Bus von Bad Godesberg mit der Linie 857 Niederbachem (Haltestelle Feuerwehr).
Parkmöglichkeiten: Bei Anfahrt mit dem Bus auf dem Parkplatz der Rigalschen Wiese bei der Stadthalle in Bad Godesberg; bei Anfahrt mit dem PKW in Niederbachem beim Evangelischen Gemeindezentrum.
Weglänge: 9 km.
Wanderzeit: Reine Gehzeit 2,5 Stunden. Die Wanderung sollte man wegen der besseren Lichtverhältnisse am frühen Nachmittag beginnen, da dann das Siebengebirge und das Marienforster Tal durch Westsonne beleuchtet sind.

Höhenunterschiede: Steigung zwischen Niederbachem und Ließem, dann nur ebene Wege, beim Abstieg ins Marienforter Tal; bei feuchter Witterung Wanderschuhe mit Profilsohle empfehlenswert.
Wanderkarte: „Bonn und das Siebengebirge“ Nr. 22 des Landesvermessungsamtes Nordrhein-Westfalen (1:25 000). Kartenausschnitt siehe Wanderung Nr. 4, S. 168.
Sehenswürdigkeiten: Streckenwanderung, die zwei benachbarte Täler verbindet. Prächtige Fernblicke auf das Niederbachemer und Marienforster Tal, das Siebengebirge und das Rheintal. Im Text fettgedruckte Orte werden nachstehend ausführlicher beschrieben.
Einkehrmöglichkeiten: In Ließem: *„Zur Schüür“*, Marienstraße 8 und in Bad Godesberg.

Sehenswürdigkeiten:

Niederbachem
Siehe auch Wanderung Nr. 4, S. 87.
Kesselshof mit dem Bondorfer Kreuz: Das Kreuz von 1716 ist dem *Holzfolder Kreuz* (siehe unter Wanderung Nr. 7) sehr ähnlich. Statt des Corpus sind auch hier vier Medaillons angebracht. Der Stifter scheint den hl. Antonius von Padua verehrt zu haben, wie an einer Widmung im Querbalken erkennbar ist, weshalb das Kreuz auch Antoniuskreuz genannt wird. Der Stifter war der Junggeselle Arnoldus Robben. Die gesamte Beschriftung lautet INRI-ZV EHREN MRA IHS JOSP VND DES H. ANTONIVS VON PADVA. AUFGERICHT DER EHRSAMER IVNGGESELL ARNOLUS ROBBEM 1716.
Katholische Pfarrkirche St. Gereon: Siehe Wanderung Nr. 4.
Wegkreuz am Cäcilienheidgen: Das über 330 Jahre alte Votivkreuz aus Trachyt wurde nach Verkehrsunfall und Vandalismus wieder errichtet und trägt die Inschriften „MATTHIAS SCHIN, ELISABETH FREU EHELEUT“ UND „HEINRICH KLEIN, ANNA ELISABETH BERGERS EHELEUT“. Dazwischen ist ein Anker eingraviert, der auf Kloster Nonnenwerth hinweisen könnte. Auf den Kreuzbalken stehen die Jahreszahl „1706 JESUS MARIA UND MATHEI UND S. MATTHIAS“. Das Kreuz liegt am Pilgerweg der Matthiasbruderschaft nach Trier. Von hier hat man einen der schönsten Blicke auf das Rheintal und den Rodderberg.

Ließem

1969 wurde auf einem Acker südlich des Ortes ein kleines *Werkzeug* gefunden, das die älteste von Menschenhand hinterlassene Spur im Wachtberger Raum darstellt. Ob es sich dabei um einen Siedlungsplatz von Steinzeitmenschen handelt, wie bei dem vor rund 26 000 Jahren in der Nähe des Gutes Marienforst, oder ob das steinerne Gerät zur Holzbearbeitung bei einem Streifzug verloren wurde, muss offen bleiben.

Die erste urkundliche Erwähnung von Ließem geschah am 9. Juni 795 als *„Liezheim"*. Spätere Bezeichnungen waren *„Lietheim"*, *„Liudesheim"* oder *„Liessheirn"*. Haentjes leitet sie vom Namen eines fränkischen Hofgründers ab (Heim des Liudo).

Weil es in Ließem nicht wie in den übrigen Orten Wachtbergs größeren Kirchenbesitz gab, entwickelte es sich nicht zu einem Pfarrdorf, sondern war kirchlich Oberbachem zugeordnet. Zu Beginn des 9. Jhs. übertrug eine adlige Dame namens *Gerhilde,* die in Oberbachem eine kleine Holzkapelle im Kernbereich ihres Fronhofes errichten ließ, die Verwaltung einem Priester, der gleichzeitig einen kleinen Hof in Ließem erhielt, den er zu seiner Versorgung nutzen durfte. Ließem war Teil eines großen Siedlungskranzes, den alle Vorfahren Gerhildes rund um Oberbachem angelegt hatten.

Brauchtum: Der St. Martinszug führt alljährlich von der Ölbergstraße, Wolkenburgstraße, Wattendorfer der Weg zum Martinsfeuer in der Nähe des Rheinhöhenhofes. Am Köllenhof erhalten die Kinder ihre *Martinswecken.*

Köllenhof: Siehe unter Wanderung Nr. 9, S. 148.

Heiderhof

Erst 1984 begann die Bebauung des Heiderhofs, früher gab es hier ein Gut, das der Kommende in Muffendorf gehörte.

Landschaftschutzgebiet Marienforster Tal

Das liebliche Tal grenzt auf der einen Seite an den Heiderhof, auf der anderen an Schweinheim an. Durchschnitten wird es von der Landstraße 158, auf der reger Autoverkehr herrscht. Dennoch hat die Natur an vielen Stellen im Tal noch die Oberhand behalten. Im Talgrund kann sich der *Godesberger Bach* meist noch selbst seinen natürlich Lauf suchen. Teils verborgen schlängelt sich der Bach durch die Auen, der durch acht Zuflüsse z. B. dem *Venner Bach,* dem *Keltersbaumbach* oder dem *Fuderbach* gespeist wird und eine wichtige Brutstätte für zahlreiche einheimische Vogelarten darstellt: *Bachstelze, Mäusebussard, Amsel, Drossel,*

Rotkehlchen und *Sumpfrohrsänger* sind hier keine Seltenheit. Da die Bachufer an vielen Stellen zum Glück unzugänglich sind, können die Vögel ungestört brüten. Ein Teil des knapp fünf Quadratkilometer großen Bachgebietes, 25 Hektar am Oberlauf des Bad Godesberger Baches zwischen *Wattendorfer Mühle* und Pecher Ortsgrenze, soll in den kommenden Jahren Naturschutzgebiet werden. An dieser Stelle ist der Bach ohnehin unzugänglich.
Der *Baumbestand* ist zum größten Teil noch ursprünglicher Mischwald, in den wenige Fichten eingemischt sind. Die hügeligen Weideflächen an den Talflanken des Tales sind eingerahmt von Hecken und Büschen. Eichen, Buchen und Eschen stehen auf Wiesen oder an Wegrändern. Auch Eichhörnchen, Rehe, Füchse und Igel finden hier eine Wohnstatt. Und die Fledermaus trifft man auch hin und wieder an. Ein wahres Naturidyll.

Kloster Marienforst: Siehe Spezialthema unten.

Steinzeitliche Funde
Unmittelbar gegenüber dem Gut Marienforst haben Archäologen von menschlicher Hand geschaffene Steinwerkzeuge ausgegraben. Die Funde lassen zwei Perioden unterscheiden: die *Zeit des Neandertalers* und die der späteren *Jäger und Sammler (Jungsteinzeit).* Neben bemerkenswerten Stücken wie einem gelblich patinierten Eckstichel aus Chalzedon, einer schräg retuschierten Klinge aus dem gleichen Material und einem herzförmiger Faustkeil aus Basalt sind auch zahlreiche Geräte aus der jüngeren Altsteinzeit (Stichel und Kratzer) am Ort ihrer Herstellung, dem sogenannten „Schlagplatz“ gefunden worden. Es wird vermutet, dass es in nächster Nähe einen bisher nicht identifizierten Siedlungsplatz gegeben hat. Da dieser Fundplatz bisher der einzige im Rheinland ist, an dem das hier natürliche vorkommende Material (Chalzedon) zu Werkzeugen in der Jungzeitzeit verarbeitet wurde, ist er für die Erforschung des rheinischen Paläolithikums für die Bodendenkmalpfleger von herausragender Bedeutung.

Marienforster Promenade
Der *Promenadenweg* verbindet das Gut Marienforst mit Bad Godesberg, früher endete er an der Mühle am Sauerbrunnen. Er verläuft zwischen zwei Armen des Godesberger Baches, meist dicht an dem obern, der mehrere Mühlen anzutreiben hatte, während der untere mal etwas zurück, dann wieder näher tritt. Die Ufer des Godesberger Bachs nutzen zahlreiche Vogelarten als Nistplatz. Auf der Hinweistafel lesen

Im Kottenforst hinter Ließem

wir über die Mäander des Mühlbaches Folgendes: „Die geologische Tätigkeit eines Fließgewässers lässt sich in beispielhafter Weise am Mühlbach beobachten, der die Marienforster Promenade in Richtung Bad Godesberg begleitet. Der Bach wurde zur Versorgung einer schon im frühen 17. Jh. erwähnten Rapsöl-Mühle, der späteren *Brungsmühle* künstlich angelegt. Seit beinahe 400 Jahren entwickelte der Mühlbach einen für natürliche Fließgewässer typischen Formenschatz. Der windungsreiche Lauf vieler Fließgewässer rührt von ihrem Bestreben her, ein *Gleichgewicht ihres Energiehaushaltes* zu erreichen. Bei einem Energieüberschuss werden Schlingen ausgebildet, die Mäander. Während an den steilen Prallhängen das Ufer ständig abgetragen wird, lagern sich am gegenüberliegenden Teil Bodenteilchen zu einer Sandbank ab. Schließlich nimmt die Krümmung so weit zu, dass nur noch ein schmaler Mäanderhals vorhanden ist, der bei Hochwasser durchtrennt werden kann. Das abgetrennte Bett bleibt als allmählich verlandeter Altarm zurück. Das Wasser strömt im Durchbruch wesentlich schneller und entfaltet eine erheblich größere Abtragswirkung. Durch Befestigung der Prallhänge mit Basaltsäulen oder standortgerechten Ufergehölzen kann einer unerwünschten Veränderung des Bachlaufs entgegengewirkt werden."

Schweinheim
Stadtteil von Bad Godesberg auf südwestlicher Höhe auf einem Abhange des Vorgebirges mit einer kleinen Kapelle. Die Zeiten, in denen der Zustand seiner früher ungepflasterten Straßen bei nassem Wetter und einige seiner kleinen Häuser seinem Namen alle Ehre gemacht haben, sind längst vorüber. Heute ist Schweinheim eine der vornehmsten Wohngegenden Bad Godesbergs. An schönen Aussichtspunkten ist es Muffendorf sogar überlegen. Im Frühjahr zeichnet es sich durch den wunderbaren Blütenschmuck in den Gärten aus. Früher war es wegen seiner Pfirsichblüte in den umgebenden Gärten berühmt.

Bad Godesberg
La Redoute mit Park: Zur Förderung des Heilbades Godesberg ließ *Kurfürst Max Franz* dieses Schloss im vornehmen klassizistischen Stil als *Tanz- und Spielhaus* für die feine Hofgesellschaft errichten. Der Bau markiert zugleich das Ende der Bautätigkeit der Kurfürsten im Bonner Raum. Architekten waren *Michael Leydel* und sein Sohn.
Der imposante Mittelbau von drei Achsen wird von einer Attika mit sechs Figuren gekrönt. Im Inneren zeigt der sog. *Beethovensaal* schmückende Verzierungen aus dieser Epoche. Hier sollen Beethoven

Blick über das Marienforster Tal mit Kottenforst

und Haydn musiziert haben; Mozarts Zauberflöte wurde schon früh aufgeführt. An diese Tradition anknüpfend finden im Sommer Serenadenkonzerte statt.

Marienkirche: Am 5. Oktober 1862 wurde der erste Gottesdienst in dieser Kirche abgehalten. Die Marienkirche wird von Wilhelm Langwiesche in seinem 1874 erschienen Büchlein „Bad Godesberg und seine Umgebungen" als „das ansehnlichste und schönste Gebäude des ganzen Dorfes" gerühmt. Nach Plänen des Kölner Dombaumeisters

Bad Godesberger Kurpark und Redoute

Vinzens Statz wurde sie im Stile der Nachgotik als dreischiffige Hallenkirche zu drei Jochen erbaut. Die Vierung ist zu einem Rundbau gestaltet worden. Die Rundsäulen im Inneren, auf denen die Rippen der Kreuzgewölbe auslaufen, tragen reichgeschmückte Kapitelle. Die Baukosten wurden von der Kirchengemeinde und zu einem großen Teile von den nur zur Sommerzeit in Godesberg wohnenden Villenbesitzern und von anderen Spendern aufgebracht, ohne Unterschied der Konfession. Bemerkenswert sind die *gotische Pieta* im Turmuntergeschoss und die *spätgotische Marienfigur* mit Zepter und Jesuskind.

Das Marienforster Tal ist altes Klosterland

Das ehemalige Kloster Marienforst hat das umliegende Land kulturell nachhaltig geprägt. Seine Spuren sind noch heute in der Landschaft fassbar. Aber auch viele Rätsel umgeben diesen Ort und manche phantasievolle Erzählung rankt sich um ihn. Man hat den Marienforster Nonnen zum Beispiel nachgesagt, dass sie es mit der Klosterzucht nicht immer allzu ernst genommen hätten. Sogar für junge Männer weltlichen Standes sollen sie sich allzu menschlich erwärmt haben. Karl Simrock hat eine Geschichte von der Kussliebe einer dieser Damen in seinem Buch „Romantisches Rheinland“ verewigt.

Der frühere Name des um 1200 gegründeten Frauenkonventes des Prämonstratenserordens war „Conventus apud Cottenvorst“; nach ihm wurde das benachbarte Waldgebiet benannt. Als die Klosterzucht nachließ, wurde 1450 das Kloster vom *Kölner Erzbischof Dietrich von Moers* (1414–1463) geschlossen. Im gleichen Jahr führte er, angeregt durch das Konzil von Basel und beseelt von geistlichen Erneuerungsgedanken die *Regel der hl. Birgitta von Schweden,* ein Augustinerinnenorden mit strenger Klausur, im Marienforster Kloster ein. Im Kloster Marienforst entstand eines jener seltenen sogenannten „Doppelklöster“ in Deutschland, in dem 12 Männer und 70 Frauen in geistlicher Gemeinschaft unter einem Dach, jedoch durch eine Mauer getrennt, lebten.

Die neue Gründung wuchs zu einem der geistig führenden Birgittenklöster in Deutschland heran. In der Reformationszeit war es zwar von Kriegswirren und Plünderungen betroffen, blieb aber dem katholischen Glauben treu und entwickelte sich sogar zu einem Zentrum der Gegenreformation. Das Kloster Marienforst, dessen Nonnen und Mönche zumeist aus dem Adel stammten, stand als geistig-religiöses Zentrum in hohem Ansehen; Das geht u. a. aus einer Urkunde hervor, mit der sich der *Ritter Claes von Drachenfels* mit Schwester und Bruder in die Gebetsverbrüderung mit dem Kloster begab. Im Doppelkloster wurde auch Familienangehörigen, Brüdern und Schwestern, Ehegatten, Vätern und Söhnen der Eintritt in die Ordensgemeinschaft gestattet. Die Klostermitglieder sind namentlich seit dem 15. Jh. aufgeführt mit teilweise eingehender Darstellung ihrer persönlichen Verhältnisse.

Das Ölgemälde des spätbarocken Altars in der Kapelle in Gimmersdorf, das eine Darstellung des Tempelgangs Mariens zeigt, stammt sehr wahrscheinlich aus dem Kloster Marienforst. Das Bild Mariens auf der Treppe symbolisiert den Abschied der hl. Jungfrau von ihren Eltern; es war als Allegorie des Abschieds der ins Kloster eintretenden Novizinnen von ihren Eltern gemeint. Über dem Nonnenchor lasen die Nonnen täglich die Inschrift: „Lebendig gehst du hinein, tot kommst du wieder heraus.“

Die Aufnahme in das Kloster war allerdings an ein Zeremoniell der mehrfachen Anfrage und an eine vergleichsweise hohe Mitgift gebunden. Diese Einnahmen sowie zahlreiche Landstiftungen sicherten den Lebensunterhalt der Klosterbewohner. Marienforst wurde so im Laufe der Zeit zu einem der wohlhabendsten Klöster des Umlandes, seine Güter reichten bis zur Ahr. Zum Wirtschaftsbetrieb des Klosters gehörten ein Branntweinhaus, ein Kelterhaus, eine Schmiede, eine Mühle und eine Weberei. In der Nähe des Klosters befanden sich Fischteiche. Die Verwaltung des Besitzes lag in der Hand einer Äbtissin, der Prior war in solchen Verwaltungsdingen ihr untergeordnet. Allerdings hatte sie den Rat der männlichen Klostergeistlichkeit einzuholen. Da das Kloster bedeutende Einkünfte hatte, die sich durch neue Schenkungen mehrten, hatten Äbtissin und Prior vieles miteinander abzustimmen.

Den Mönchen oblag die Leitung des spirituellen Lebens. Sie versahen den Gottesdienst im Kloster sowie in der Michaelkirche bei der Godesburg und der Markuskapelle in Godesberg. Wie die Nonnen waren sie in schwarzgraue Gewänder gekleidet mit Mantel und Kapuze, auf der linken Seite ein rotes Kreuz. Täglich wurde Gottesdienst abgehalten.

Nach der Tradition des Ordens wurde die Kirche von Mönchen und Nonnen zum gemeinsamen Gottesdienst genutzt. Strenge Bauregeln der später heiliggesprochenen Ordensgründerin Birgitta aus Schweden sorgten dafür, dass sich die Ordensfrauen und -männer nie zu Gesicht bekamen. Die nicht mehr vorhandene Klosterkirche war zweischiffig; eine Säulenreihe trennte die beiden Schiffe ab, es gab zwei Emporen, eine für die Mönche, die andere für die Nonnen. Auch die ehemaligen Klostergebäude waren für Nonnen und Mönche streng getrennt. In der Kirche waren auch die Aufgänge zu dem Mönchs- und dem Nonnenchor getrennt. In Europa gab es im Mittelalter 79 Klöster dieses Ordens mit diesem spezifischen Baustil.

Dreimal jährlich gab es einen großen Jahrmarkt in Marienforst. Am Tage der Hagelfeier kam von Rüngsdorf eine Wallfahrts-Prozession zum Kloster, die mit einer sehr lebhaften und lustigen Kirmes endete.

1689 wird das Kloster von den Franzosen geplündert. Gegen Ende des 18. Jhs. verfielen die Sitten erneut im Kloster. 1802 hob man es in der Säkularisation auf und wandelte es in ein landwirtschaftliches Gut um. Das Herrenhaus von 1882 stammt aus späterer Zeit. Die meist adeligen Nonnen mussten das Kloster verlassen. Eine von ihnen soll darüber den Verstand verloren haben. 1805 wurde die Kirche von den Franzosen auf Abbruch verkauft, die Kunstschätze des Klosters im ganzen Rheinland verstreut. Monstranzen und Paramente kamen nach Lessenich, die Turmuhr nach Muffendorf, Haupt- und Seitenaltäre nach Oberbachem und Rüngsdorf, Altarleuchter, Chorbücher, Steinplatten und gebrannte

Fenster in die Marienkirche von Bad Godesberg, die Orgel nach Sinzig, die größere Glocke nach Altenburg bei Altenahr, das Essglöckchen nach Schweinheim. Die wertvolle sog. *Marienforster Bibel,* die ein reicher Tuchhändler dem Kloster stiftete, befindet sich heute in der Hessischen Landes- und Hochschulbibliothek in Darmstadt.
Die Kirche wurde niedergerissen, auch die sonstigen Gebäude nebst Grundbesitz verkauft. Heute sind nur noch ein Teil der Umfassungsmauern, Teile des ehemaligen Klostertores und ein Rest des ehemaligen Äbtissinnenhauses erhalten. In den Nischen am Tor sollen neue Figuren der Heiligen Birgitta mit dem Kreuzstab der Äbtissin und des Heiligen Benedikt mit dem Raben, der ihn vor dem Tod durch Vergiftung bewahrt hat, aufgestellt werden, um an die alte Klostertradition in diesem Tal zu erinnern. Der Freundeskreis Marienforst hat sich zur Aufgabe gemacht, die Geschichte des Klosters durch Führungen und Veranstaltungen wieder in Erinnerung zu rufen.
In der Kirche St. Marien in Bad Godesberg werden eine liturgische Handschrift des Klosters Marienforst aus dem 17./18. Jh. ausgestellt sowie mehre liturgische Geräte (Messkelche, Monstranzen, vergoldet) aus dem 18./19. Jh.

9. Von der Mitte Wachtbergs bis an den Rand

Von Berkum zum Dämmerschoppen nach Muffendorf

Am Rande des Stumpeberges bleibt einem fast der Atem stehen, denn hier bietet sich an schönen Tagen einer der aufregendsten Rundblicke von Wachtberg auf das Ländchen und das Rheintal. Man sieht die ganze Kette des Siebengebirges vor sich liegen, der rote Kirchturm von Oberbachem ragt aus einer Mulde zwischen Baumwipfeln hervor, davor kommt Gimmersdorf in Sicht, das unser nächstes Ziel ist. Auf dieser Streckenwanderung geht es zuerst bergab, dann eben weiter auf dem Höhenrücken zwischen dem Tal des Godesberger Baches (Villiper Tal) und des Mehlemer Baches(Ober- und Niederbachermer Tal) entlang und schließlich gelangen wir in das Rheintal. Wir durchstreifen lichtdurchflutete Ackerfluren, in denen überwiegend Getreide und Zuckerrüben angebaut werden. Wenn wir uns an bestimmten Stellen einmal im Winkel von 360 Grad um unsere eigene Achse drehen sehen wir an den Rändern nur Wälder, Berge und Hügel. Unterhalb von Ließem öffnet sich plötzlich das Rheintal und eine fast unberührte Gartenlandschaft mit vielen Obstbäumen liegt uns zu Füßen. An dieser Stelle am Rande von Wachtberg entfaltet sich die ganze Schönheit des Rheintals. Wegen der Allgegenwart der Burg Drachenfels, die ständig beherrschend von der anderen Rheinseite zu uns herüberblickt, wird verständlich, warum die Gegend hier das Drachenfelser Ländchen heißt. Unsere Wanderung endet in Muffendorf, das schon in römischer Zeit besiedelt war und dessen Königshof durch Herrschaftsrechte im Kottenforst mit dem heutigen Wachtberg verbunden war.

Obstbaumwiese bei Niederbachem

Wegbeschreibung

Mit der Linie 857 bis Berkum, dort an der Haltestelle *„Am Seniorenpark“* aussteigen, die *Klosterstraße* ein Stück bergauf, rechts auf der K 13 weiter, nach 50 m links in den *Stumpebergweg* einbiegen; bergauf Richtung *Kinderspielplatz.* Rechts unterhalb sehen wir den *Jesuitenhof* am Hang liegen. Beim Spielplatz gehen wir geradeaus die Straße am Wäldchen entlang in Richtung Villip, bei einer Bank führt der Weg rechts hinunter in die Ebene, die nun immer geradeaus bis zur K 57 führt (siehe Kartenausschnitt S. 168). Hinter uns taucht linkerhand der bewaldete *Wachtberg* auf, der dieser Gemeinde den Namen gab. Wir befinden uns jetzt auf der Hochfläche, die sich zwischen den vom Mehlemer Bach und dem Godesberger Bach durchflossenen Tälern erstreckt. Links sehen wir den dunklen Saum der letzten Ausläufer des *Kottenforstes.* Unser Weg führt wie mit dem Lineal gezogen durch die Landschaft, als wäre sie von den Römern angelegt worden.

Wir überqueren vorsichtig die viel befahrene K 57 Kreisstraße und

gehen beim Wegekreuz mit Ruhebank geradeaus weiter am Ortstrand von Gimmersdorf vorbei (Nr. 18). Wer möchte, kann einen Abstecher in den Ort zur *Gimmersdorfer Kapelle* machen (siehe Wanderung Nr. 3). Bei **Gimmersdorf*** führt unser Weg durch Erdbeer-, Sonnenblumen- und Rapsfelder und Obstplantagen. Im Vorblick tauchen die ersten Häuser von Ließem auf, darüber thront im Siebengebirge das *Hotel Petersberg.* Bei der Wegverzweigung am Ortsende von Gimmersdorf biegen wir beim *Wegestein* links ab (Nr. 10), bei der nächsten Verzweigung gehen wir rechts. Das Siebengebirge rückt jetzt immer näher, im Rückblick tritt Berkum mit seiner Kugel immer deutlicher hervor.
Auf dem Landwirtschaftsweg geht es parallel zur K 14 auf *Ließem* zu. Wir halten uns immer geradeaus und behalten auch beim Wegestein bei der *Baumschule Hönscheid* immer unsere Richtung bei. Links tauchen die ersten Häuser der *Heiderhofsiedlung* aus dem Wald hervor. Beim gelben Haus auf dem Köllenhof überqueren wir die Teerstraße und unser Weg führt geradeaus weiter. Zuvor machen wir aber noch einer Abstecher nach rechts zum **Fachwerkgehöft „Auf dem**

Gimmersdorfer Fachwerkhof

Köllenhof*, das dem Ortsteil seinen Namen gab. Dann kehren wir zurück und nehmen rechts den leicht bergab führenden Weg *Kesselsheide,* der an den früheren Namen des Köllenhofes erinnert (Bushaltestelle).

Der Köllenhof in Ließem

Wenn die letzten Häuser von *Ließem* hinter uns liegen und der Weg sich senkt, folgt ein landschaftlich besonders reizvoller Abschnitt, den wir langsam gehend genießen sollten. Hier öffnet sich ein *herrlicher Blick* in das Rheintal zu den *drei Burgen Drachenburg, Drachenfels* und *Löwenburg. Alte Obstbaumkulturen mit Streuobstwiesen* (siehe Wanderung S. 191) liegen uns zu Füßen. Hinter den Wiesen beginnt ein sehr schön gemischter Laubwald und kleine Gärten bereichern das Bild. Parzelle an Parzelle reiht sich aneinander, Wiesen und Kleingärten, Obstplantagen und Gemüsefelder wechseln einander harmonisch ab. Wir gehen den abfallenden Randweg weiter bis zu einer Bank, wo links ein Weg uns weiter ins Tal hinunter zu einem Bach in einem Wäldchen führt. Immer weiter steigen wir hinunter, rechts eine Wiese mit friedlich grasenden Kühen, bis ein mit einem Holzgeländer versehener Weg uns über eine *Holzbrücke über den Wittgesbach* zur anderen Seite des Tales führt. (Vorsicht, bei Regen Rutschgefahr). Früher war hier eine Furt, welche die Orte Lannesdorf und Ließem verband. Der kleine Bach, der die Gemeindegrenze markiert, mäandert sich in freiem ungestörtem Lauf nach unten und sucht sich seinen Weg durch Wiesen zum Rhein. Nach einem kleinen Anstieg kommen wir bei einem Teersträßchen heraus, dem wir rechts in Richtung Lannesdorf folgen (Wege E8 und W zweigen links ab). Rechts und links des Weges, der *Fourthweg* heißt (alte Schreibweise von Furt), liegen kleine *Schrebergärten* idyllisch versteckt mit herrlichem Blick ins Rheintal.

Im Vorblick sehen wir die ersten Häuser von **Lannesdorf***, unser Weg senkt sich zum Rheintal hinab. Links altes *Wegekreuz* mit Jahreszahl 1651 mit Aufschrift IHS und Herz (Inschrift unten zerstört). Bei der ersten Verzweigung im Ort halten wir uns links *(Hoverstraße),* wo wir über uns den Kirchturm der Herz Jesu Kirche sehen, dann wieder rechts, wo wir auf die alten **Fachwerkhäuser** in der *Lannesdorfer Straße* stoßen, die wir durchgehen. An deren Ende gehen wir wieder links bergauf zur **Herz Jesu Kirche***. Von der Kirche gegenüber gehen wir in die *Lyngsbergstraße* weiter bis nach Muffendorf. Links befindet sich ein altes **Fachwerkhaus***, ein **Bildstock*** und ein weiterer **Fachwerkhof mit Brunnen***. Durch ein Neubaugebiet unterhalb des Lyngsberges sehen wir links auf einem Parkplatz ein **Steinplattengrab eines fränkischen Gräberfeldes*** (6.–9. Jh.), das 1986 entdeckt, rekonstruiert und mit einem Schutzdach versehen wurde. Beim *Kirchweingarten* erreichen wir den Friedhof, den wir bis zur **alten St. Martinskirche*** durchqueren. Von der Ruhebank aus genießen wir im Schutze der alten Kirchhofsmauer einen schönen Blick auf das romanische Kirchlein und auf die leider schutzlos dem Wind und Regen ausgesetzten alten Grabkreuze, die langsam zu zerfallen beginnen. Rechts das Fachwerkgehöft des ehem. **Siegburger Hofes***, an dessen Seite wir links hinunter gehen, um der **neugotischen St. Martinskirche***, deren linker Seiteneingang meist geöffnet ist, einen Besuch abzustatten. Das Innere der Hallenkirche überrascht durch ihr helles Licht und die schöne Ausstattung, vor allem die Glasfenster. Von hier gehen wir die Straße wieder bergab zur ehemaligen **Deutschordenskommende*** und dann links in die Hauptstraße mit einem Idyll von **Fachwerkhäusern*** entlang durch den Ort, in dem mehrere Einkehrmöglichkeiten bestehen. Die vom Heiderhof nach Godesberg führende Straße gehen wir rechts bis zur Ampel, von hier ist es nicht mehr weit bis zur *Rigalschen Wiese* (Bushaltestelle 856 und 857 oder Parkplatz).

Kurz und bündig

Anfahrt: Mit dem Bus von Bad Godesberg mit den Linien 857 oder 856.
Parkmöglichkeiten: In Bad Godesberg bei Anfahrt mit dem Bus auf dem Parkplatz der Rigalschen Wiese, bei der Stadthalle; in Berkum bei Anfahrt mit dem PKW in der Stumpebergstraße bei der Schule oberhalb des Limbachstifts.
Weglänge: 9 km.
Wanderzeit: Reine Gehzeit 2,5 Stunden. Die Wanderung sollte man am frühen Nachmittag beginnen, da dann das Panorama des Siebengebirges durch Westsonne beleuchtet ist.

Höhenunterschiede: Keine Steigungen, nur ebene Wege, am Schluss hinter Ließem nach Überquerung eines Baches kurzer Anstieg.
Wanderkarte: „Bonn und das Siebengebirge“ Nr. 22 des Landesvermessungsamtes Nordrhein-Westfalen (1:25 000). Kartenausschnitt siehe Wanderung Nr. 11, S. 168.
Sehenswürdigkeiten: Streckenwanderung durch die Hochebene von Wachtberg mit großartigen Fernblicken auf das Siebengebirge und in das Rheintal. Die im Text fettgedruckten Orte werden nachstehend ausführlicher beschrieben.
Hinweis: In der *Wachtberg-Apotheke* kann man sich fachkundig beraten lassen (siehe Anhang).
Einkehrmöglichkeiten: In Berkum: *Hotel Gasthof „Zu den Linden“,* Rathausstraße 24–26, familiengeführtes Haus mit Fremdenzimmern (25 Betten), verkehrsgünstig gelegen, guter Ausgangspunkt für Wanderungen. Gute regionale Küche, Gesellschaftsraum für bis zu 50 Personen, Tel.: 02 28 - 34 30 63. In Gimmersdorf: *„Dorfstube im Ländchen“,* Kommunalweg 7, Fremdenzimmer, gut bürgerliche Küche, Spezialität polnische Küche auf Vorbestellung, Bundeskegelbahn, Dartspiel, Tel.: 02 28 - 5 50 68 76. In Ließem: *„Zur Schüür“.*

Sehenswürdigkeiten:

Berkum

Stumpeberg: Siehe unter Wanderung Nr. 2, S. 69.

Gimmersdorf

Siehe unter Wanderung Nr. 3, S. 79/80.

Ließem-Köllenhof

Ließem gehörte seit dem späten Mittelalter zum Besitz der Burggrafen von Drachenburg. Nach der Verstaatlichung der Kirchengüter durch die Franzosen, die 1794 das Rheinland besetzt hatten, wurde der eingezogene Besitz später wieder an Privatleute verkauft. Auf diese Weise erwarb die Familie Köllen den „Kesselshof“, der ursprünglich dem Kölner Stift St. Ursula gehört hatte. Das Anwesen nannte der neue Besitzer „Köllenhof“ Der inzwischen denkmalgeschützte Köllenhof gehört zu den ältesten Anwesen Ließems. Das Gebäude dient heute als Veranstaltungsort für die Wachtberger Bürger.

Alt St. Martin in Muffendorf

Kapelle „Unserer lieben Frau von der immerwährenden Hilfe“: Die 1888 geweihte Kapelle an der Marienstraße wurde vom dem in Ließem geborenen Pfarrer Gottfried Köllen gestiftet und ist unter Denkmalschutz gestellt. Die dreischiffige Kapelle ist im neoklassizistischen Stil nach Plänen des Kölner Architekten *August Lange* erbaut worden. Noch immer sitzen die Familien in der Messe auf ihren angestammten Plätzen, die Frauen links, die Männer rechts.

Lannesdorf

Siehe unter Wanderung Nr. 3, S. 80.

Fachwerkhaus (heute Restaurant). Ein *Bildstock* von 1747 am Eckchen „Jinne“ steht gegenüber einem weiteren *Fachwerkhof;* ein zu einem Brunnen umgestalteter Mahlstein, der als *„Pömpchen“* zum Wahrzeichen Lannesdorfs wurde und weiches Quellwasser spendet, besitzt aber keine Trinkwasserqualität mehr.

Steinplattengrab eines fränkischen Gräberfeldes: Das 30 cm über dem Boden ragende Flachgrab aus dem 6.–9. Jh. ist das einzige sichtbare Zeichen der vielen vorgeschichtlichen Gräber, die man in der Godesberger Umgebung aufgedeckt hat. Anhand der aufgefundenen Beigaben hat man geschlossen, dass die hier Bestatteten noch nicht christianisiert waren. In römischer Zeit lagen zwischen Muffendorf und Lannesdorf römische Bauten („Auf dem Pützfeld“).

Muffendorf

Ortsbild: Der am bewaldeten Hang mit Frischluftschneise zwischen Kurviertel, Pennenfeld, Lannesdorf und Heiderhof eingebettete Ort besitzt die *größte erhaltene Fachwerksiedelung im Rheinland.* Der dichteste Bebauungskomplex in Fachwerk liegt um die beiden Kirchen und bei der Deutschordenskommende.

Geschichte: Der Ort grenzte nach Westen an den wildreichen undurchdringlichen Kottenforst an, in dem früher noch Bären und Wölfe lebten. Hier begann der riesige Wald, der sog. *Königliche Wildbann,* der in fränkischer und karolingischer Zeit bis kurz vor Aachen und im Norden bis zur Erftmündung in den Rhein reichte. In römischer Zeit lagen die Wohnstätten Muffendorfs verstreut am Hang, deren Mittelpunkt ein heidnischer Tempel war.

Pfarrkirche St. Martin: Bei Erneuerungsarbeiten wurden 1911 römische Mauerreste und ein fugenloser Estrichfußboden freigelegt, die von einem römischen Diana-Tempel stammten. Weiterhin wurde in dem nördlichen Seitenaltar ein *römischer Altar* entdeckt, aus dessen Inschrift hervorging, dass ein Legat der Ersten Kaiserlichen Legion einen *Tempel*

zu Ehren von Diana, der Göttin der Jagd, gestiftet habe. Der Tempel wurde vermutlich in der Zeit von 161–180 n. Chr. errichtet und diente wohl in frühchristlicher Zeit als Gotteshaus.
Hinter dem *Siegburger Hof* ragt der Turm von Alt-St. Martin hervor. Kantig steht das alte Gemäuer aus Tuff und Trachyt da. Die erste Erwähnung der Kirche geschah 889 anlässlich der Schenkung von fünf Kirchen, die *König Arnulph* dem Bischof Egilmar von Osnabrück vermachte. Urkundlich erwähnt wird die Kirche auch in einem Vertrag vom 16. Juni 913, in dem der Weilburger Stiftspriester Gunthald sein Gut abgibt und dafür mit Genehmigung König Konrads zwei Kirchsprengel erhält. Einer war „Muffondorf im Punnegouve" (Muffendorf im Bonngau). Um das Jahr 1300 war Muffendorf kirchenrechtlich eine Filiale von Mehlem. Noch im 18. Jh. hatte der Mehlemer Pfarrer das Präsentationsrecht für den Muffendorfer Geistlichen. Die Kirche liegt von einer Mauer umgeben auf einem kleinen Hügel inmitten eines Friedhofes. Die frühromanische Anlage mit gedrungenem Chorbau und Apsis wurde um 1200 zu der heute noch erhaltenen romanischen Kirche umgebaut. Fenster und Portal zeigen reiche Schmuckformen der rheinischen Romanik. Im Seitenschiff ein *romanischer Taufstein* mit Reliefverzierungen, die auf irische Einflüsse zurückgeführt werden. Der zu dem Winzerdorf passende Fachwerkgiebel über dem Ostchor und der torartige Zugang zwischen zwei Fachwerkhäusern geben der gesamten Anlage, die als eine der ältesten des Rheinlandes gilt, ein höchst romantisches Aussehen. Ende des vorigen Jahrhunderts entstand nördlich von Alt St. Martin die neue *Pfarrkirche St. Martin.*

Wein und Deutschordensritter hinterließen in Muffendorf ihre Spuren

Muffendorf ist wie Rom auf sieben Hügeln erbaut. Bedingt durch die topographische Lage war das Dorf in mehrere Teile getrennt, die erst im Laufe dieses Jahrhunderts zusammenwuchsen. Schon zur Römerzeit gab es in Muffendorf Siedlungen, wie der in der Kirche St. Martin aufgefundene Dianastein beweist. Die erste urkundliche Nennung ist jedoch späteren Datums und stammt aus dem Jahre 888. Der Königshof gehörte zu den wichtigsten Königsgütern der Aachener Pfalz in dieser Gegend. Damals, als Muffendorf noch *„Moffondurp"* hieß, schenkte *König Lothar II.* dem Aachener Marienstift Einkünfte aus dem Dorf. Ein in Muffendorf gelegener Hof und ein weiteres ehemaliges Königsgut waren noch im Jahre 1020 im Besitz dieses Aachener Stiftes.

Nach und nach gelang es dem Kölner Erzbischof, den Ort unter seinen Einfluss zu bringen und ihn zu seinem wichtigsten Stützpunkt für seine Interessen im Süden Bonns auszubauen. *Erzbischof Anno II.* von Köln vermachte um 1075 seinen Besitz in Muffendorf seiner Lieblingsgründung, der Abtei Siegburg. Diese Abtei erwarb weiteres Eigentum im Dorf und gab das Land als Lehen oder zur Pacht aus. Zur Sicherung ihrer Interessen ließen sie beim heutigen Berkum die Motte „Udenhusen" erbauen, ein Vorgängerbau der heutigen Burg Odenhausen. Daneben besaßen auch das Kloster Marienforst und das Bonner Cassius-Stift Güter in Muffendorf. Der von der Landwirtschaft und dem Weinanbau geprägte Ort hatte in den Jahren 1671/72 rund 50 Anwesen vorzuweisen, unter diesen waren sechs große Güter. Die Geschicke des Ortes wurden maßgeblich durch die Kommende des Deutschritterordens bestimmt.

Mittelpunkt des Ortes ist bis heute die *Muffendorfer Hauptstraße.* Beim Gang durch den Ort oder auf dem ausgeschilderten Rundweg, bemerkt man schnell das Ansteigen und Abfallen des hügeligen Geländes. Die beiden St. Martinskirchen, die alte frühromanische und die neugotische Kirche, liegen an herausgehobener Lage auf zwei gegenüberliegenden Anhöhen. Zwischen den beiden Kirchen mitten im Ort erhebt sich ein kleiner Weinberg, dessen oberes Ende der *Siegburger Hof,* ein stattliches Fachwerkgehöft bildet.

Gegenüber erhebt sich der prächtige barocke Bau der Kommende. 1245 kam es zu einer für den Ort bedeutenden Übertragung von Land an den Deutschritterorden, der in Muffendorf eine Kommende gründete. Die Niederlassung des Ordens war zunächst der Kommende Ramersdorf zugeordnet, wurde aber ab 1371 selbständig. Von 1520 bis zur Säkularisation hatte der Deutsche Ritterorden hier seinen Sitz. An seine Anwesenheit erinnert noch heute der Godesberger Straßenname der *Deutschherrenstraße.* Der heutige Bau entstand um 1760. Der Besitz kam 1809 in Privathand und war von 1952 bis zu seinem Berlinumzug repräsentativer Sitz des belgischen Botschafters.

Die Ortsstraßen des ehemaligen Winzerdorfes sind sauber und gepflegt; voll heiterer Farben bieten sich die Fachwerkfassaden dem Besucher dar. Die *Hauptstraße* ist ein typisches Beispiel für die ländliche Bauweise eines Winzerdorfes mit einem Rhythmus von traufenseitig und giebelseitig zur Straße gerichteten Gehöften. Viele von ihnen haben aber ein modernes Innenleben. Sehenswert sind die vielen malerischen Innenhöfe, deren Flair sich hinter großen Holztoren verbirgt; andere wiederum sind geöffnet und laden zur Erkundung ein. Man findet dort üppig, fast südlich gedeihende Oleandersträuche, eine Gaststätte oder ein Antiquitätengeschäft. Die Bürger haben die alten Häuser auch außen mit Blumen herausgeputzt, wilder Wein rankt an alten Mauern. An einer Stelle hat man die Pflastersteine aus dem Gehweg genommen, um in einem ovalen Beet bunte Blumen anzupflanzen. Viele Winkel und Ecken sind romantisch mit rankenden Efeugewächsen überwuchert. Auch das steinerne Wegekreuz im Ort wird regelmäßig geschmückt, eine Schale mit Blumen steht meist auf seinem Sims. Es trägt die Jahreszahl 1652, wurde also kurz nach dem Dreißigjährigen Krieg errichtet.

Die ehemalige Deutschordenskommende in Muffendorf

Muffendorf gilt deshalb zu Recht als der schönste unter den Bad Godesberger Stadtteilen. Der Ort bildetet einen Halbkreis aus, dessen Kern an der Deutschherrenstraße beginnt; von hier ist dieser Ortsteil immer weiter hinausgewachsen. Nach den Fachwerkhäusern im alten Ortskern zeigen rote Ziegelhäuser die Jahrhundertwende an, gefolgt von einem weiteren weiten Ring neuer Bebauung rund um das Fachwerkdorf, der in den 1930er Jahren entstanden ist. Er wächst bis heute stetig. Unübersehbar sind die großen Villen auf der Höhe am Domblick, wo auch die neuesten Häuser phantastische Rundblicke haben. Neu ist auch der Wohnpark Elfstraße, der an die Hochfläche des Heiderhofes heranrückt. An der unteren Deutschherrenstraße sind gepflegte Häuser der Vor- und Nachkriegszeit mit hübschen Gärten, zu bewundern.

Etwa 3600 Bürger leben heute in Muffendorf, über die Hälfte wohnt schon länger als 25 Jahre im Ort – ein Beweis für ihre besondere Heimatverbundenheit. Es gibt noch Bewohner, die sich an frühere Zeiten erinnern, als man noch abends die Kühe und Ziegen über die damals ungepflasterte Dorfstraße trieb und in den heute bunten Blumengärten Obst und Gemüse zog.
Zum Abschluss unserer Wanderung kann man in einer der Muffendorfer Weinstuben und Lokale zu einem Schoppen einkehren. Schließlich wurde der Weinbau erst in den 1830er Jahren durch eine ausgedehnte Pfirsichzucht abgelöst, die das Dorf weithin bekannt machte.

10. Wo der Kurfürst einst zur Jagd ging

Vom Forsthaus Villiprott durch den Kottenforst nach Adendorf

Westlich von Bonn breitet sich der Kottenforst aus, ein seit Jahrhunderten fest umgrenztes Waldgebiet, das vom Venusberg bis zu den Höhen der Voreifel reicht. Unser Weg führt uns vom Forsthaus Schönwald in den Wachtberger Teil des Kottenforstes, der an das Bad Godesberger und das Bonner Stadtgebiet angrenzt und von der Bevölkerung der gesamten Umgebung als grüne Lunge und Naherholungsgebiet sehr geschätzt wird. Wir sehen herrliche alte Laubholzbestände, durchqueren kerzengerade zur Parforcejagd angelegte Alleen, begegnen rätselhaften barocken Steinkreuzen und Grenzzeichen, von denen viele Geschichten erzählt werden und stoßen zuletzt das reizvolle Jägerhäuschen. Innerhalb des Landschaftsschutzgebietes sind die landwirtschaftlich genutzten Flächen gering, so dass man von einer in sich geschlossenen Waldlandschaft sprechen kann. Dies alles zusammen verleiht dem Kottenforst ein besonderes, unverwechselbares Ambiente. Begonnen hat alles mit der Jagdfreude des Kurfürsten Clemens August, der in Röttgen das Jagdschloss „Herzogsfreude" für rund 80 000 Taler erbauen ließ. Hier frönte er seinem Hobby, der Parforcejagd, einer Hetzjagd zu Pferde mit Hunden auf den Hirsch. Vom seinem prächtigen Schloss ist freilich nichts mehr übrig geblieben, wohl aber die Parforcejagdschneisen, die man 1727 erstmalig vermessen und mit großem Aufwand bis zum Jahre 1756 erbaut hat. Durch eine von ihnen, die sog. Merler Bahn kommen wir nach Merl und gleich dahinter betreten wir schon wieder Wachtberger Gebiet. Über das Töpferdorf Adendorf mit seiner alten Handwerkstradition und am Wasserschloss Adendorf, Schauplatz von sog. „Landpartien" für Freunde der feineren Lebensart, vorbei kehren wir zurück zum Ausgangspunkt am Schönwaldhaus.

Das Forsthaus Schönwald in Villiprott

Wegbschreibung

Wir beginnen unsere Wanderung am Waldrand in **Villiprott*** beim **Forsthaus Schönwald***, das wir mit Buslinie 855 von Bad Godesberg in Richtung Meckenheim oder von Meckenheim in umgekehrter Richtung erreichen können. In *Villiprott* steigen wir an der Bushaltestelle beim Sportplatz aus und gehen wir ein Stück auf der *Straße Beckers Kreuz* in Richtung Ort zurück. Etwa 50 m hinter dem Ortschild folgen wir links dem mit einer schwarzen Raute ◆ ausgeschilderten *Hauptwanderweg Nr. 1 des Eifelvereins.* Auf dem Waldweg hinter den Häusern erreichen wir bald das **Forsthaus Schönwald***.

Hier gehen wir an der Wegkreuzung geradeaus in den Wald hinein (Wegzeichen E 8, A 21, A 22). Bei der nächsten Kreuzung **Am Stern*** sehen wir das idyllische **Jägerhäuschen*** zwischen den Bäumen hervorlugen. Beim Jägerhauschen gehen wir links durch die breite *Merler Allee* (Nr. A 23) geradeaus in Richtung auf die L 158 zu. Beim Parkplatz „An den drei Steinen" überqueren wir vorsichtig die vielbefahrene Straße und setzen unseren Weg auf der anderen Seite in den Wald (Nr. A 21) fort, bis wir an einer Wegverzweigung nach links in einen Weg einbiegen, der von alten Eichen und Buchen gesäumt wird.

Beim *Roten Kreuz* stehen wir an der äußersten westlichen Grenze von Wachtberg (Wanderwegzeichen W) und befinden uns nahe an der Stadtgrenze von Meckenheim. Bald erreichen wir die Ortschaft *Adendorf,* wo wir in der *Schützenstraße* an einem Töpfereibetrieb vorbei

Fachwerkhof in Villiprott

kommen. Im Ort überqueren wir die L 123, um der katholischen **Pfarrkirche St. Margareta*** einen Besuch abzustatten. Dann folgen wir der ein kurzes Stück der Hauptstraße *(Töpferstraße)* in Richtung Arzdorf, um am Ortsausgang nach links in den *Grimmersdorfer Weg* einzubiegen, der uns durch Apfelplantagen, Wiesen und Getreidefelder zu den einsam romantisch in einer Senke liegenden **Grimmersdorfer Hof** bringt, der von der grandiosen Kulisse des schweigenden Waldes eingerahmt wird. Dort schwenkt der Weg nach links und führt durch einen Hohlweg in den Wald hinauf. Bei der ersten Wegkreuzung im Wald geht es nach rechts leicht bergab, bis wir uns im Tal bei einem Hochsitz wieder nach rechts wenden. Nach der Überquerung des *Arzdorfer Baches* treten wir aus dem Wald heraus und gehen auf *Schloss Gudenau* zu. Wir erreichen die L 267 und gehen ein kurzes Stück auf der Straße entlang am links liegenden Schloss vorbei, dann folgen wir dem Hauptwanderweg Nr. 1 des Eifelvereins (Jakobsweg), der uns hinauf nach Villiprott zum Ausgangspunkt am Schönwaldhaus zurückbringt.

Kurz und bündig

Anfahrt: Von Bad Godesberg mit den Bussen der Linien 856 und 857 oder von Meckenheim mit den Linien 855 oder 860 (Haltestelle Villiprott Sportplatz).
Parkmöglichkeiten: Bei Anfahrt mit dem Bus in Bad Godesberg auf dem Parkplatz der Rigalschen Wiese bei der Stadthalle; bei Anfahrt mit dem PKW auf dem Parkplatz beim Forsthaus.
Weglänge: 9 km.
Wanderzeit: Reine Gehzeit ca. 2,5 Stunden.
Höhenunterschiede: Fast nur ebener Weg durch den Wald, am Schluss bei der Burg Gudenau kurzer Anstieg nach Villiprott.
Wanderkarte: „Bonn und das Siebengebirge" Nr. 22 des Landesvermessungsamtes Nordrhein-Westfalen (1:25 000).
Sehenswürdigkeiten: Die im Text fettgedruckten Orte werden nachstehend ausführlicher beschrieben.
Hinweis: In Meckenheim-Altendorf lohnt ein Besuch der *Brennerei Brauweiler.*
Einkehrmöglichkeiten: Bei Adendorf: *Restaurant Burg Münchhausen* in reizvollem ländlichem Ambiente mit Grillspezialitäten, saisonaler Karte (z.B. Kulinarisches aus Wald und Flur, Bayrische Wochen), verschiedene Nudel- und Fischgerichte, Weinkarte; gutes Preis-Leistungsverhältnis. Tel.: 0 22 25 - 94 83 69 (siehe Anhang).

Sehenswürdigkeiten

Villiprott

Im Spätmittelalter entstand hier am Rande des Kottenforstes eine Rodungssiedlung. In einer Urkunde von 1485 wird der auf dem Kottenforster Hochplateau gelegene kleine Ort als „Roide" erwähnt, später wird er Rott genannt, was auf eine Waldrodung schließen lässt. Jahrhundertelang bestand Villiprott als Ableger des Nachbarortes Villip nur aus wenigen Häusern. Während Villiprott 1950 nur 122 Einwohner zählte, erlebte es in den 1960er und 1970er Jahren einen starken Zuzug vor allem durch Bonner Ministerialbeamte.
Forsthaus Schönwald: Die ersten Forsthäuser im Kottenforst wurden unter *Kurfürst Clemens-August* in der Zeit von 1723 bis 1761 gebaut, um das Forst- und Jagdpersonal reviernah unterzubringen, denn so konnte für Wald und Wild am besten gesorgt werden. Das Forsthaus Schönwald wurde 1730/31 als kurfürstliche Försterei errichtet. Der fränkische Viereckhof besteht aus einem massiven Wohnhaus, Torgebäude, Scheune und einem dickwandigem Viehstall, der zur Waldseite hin mit Schießscharten versehen ist. Im Jahre 1893 erbaute man das

Denkmal der Forstarbeiterin in Villiprott von Bronislaw Chromy

jetzige Wohnhaus im Stil preußischer Forsthäuser neu, während Stall und Scheune noch aus der Entstehungszeit stammen.
Der Name des Forsthauses geht auf den ersten Förster Heinrich Schönewald und seine Nachkommen zurück, die vier Generationen

lang in dem Forstgehöft am Rande des Kottenforstes ihren Dienst taten. Bis 1794 betreuten die Förster von Schönwaldhaus auch die kurfürstliche Jagd, dann kam der Kottenforst 1817 unter die preußische Forstverwaltung. Heute gehört der Kottenforst zum staatlichen Forstamt Bonn-Kottenforst-Ville.
Das Schönwaldhaus dokumentiert die „Arbeits- und Lebensbedingungen der Forstbediensteten im 18. und 19. Jh. Weil die Entlohnung früher kärglich war, betrieben die Förster noch Landbewirtschaftung, um ihre Familien zu ernähren. Den schwer arbeitenden Frauen wurde ein Denkmal gesetzt. Die Aufgaben der Förster haben sich mit der Zeit geändert: Zur Zeit des Kurfürsten waren sie hauptsächlich für die Betreuung des Wildes und die Jagdaufsicht zuständig; in preußischer Zeit setzte die planmäßige Holzbewirtschaftung ein. 1836 wurde der letzte Wolf im Kottenforst erlegt.
Von 1899 bis 1937 war das Schönwaldhaus ein beliebtes Ausflugsziel, weil es hier auch einen Erfrischungsausschank gab. Heute gibt es dort in der Umgebung einen Reiterhof und einen Biergarten.
Grenzsteine: Seit 1973 sind 25 Grenzsteine (16. bis 18. Jh.) aus dem Kottenforst in die Umfassungsmauer eingelassen.

Der Kottenforst
Die Bezeichnung „Kottenforst" geht auf keltische Ursprünge zurück. Bei den Franken waren „Coat" und „forestis" die Rechtsbezeichnung für einen Königswald. Erstmals urkundlich erwähnt wird der Name des rund 4000 Hektar großen Waldes in einer Urkunde der Abtei Prüm aus dem Jahre 886 (cotenforast waltmarca"). Im Jahre 973 wird die Schenkung an das Erzstift Köln durch Kaiser Otto II. bestätigt. Die Grenzen der damaligen Schenkung stimmen noch weitgehend mit den heutigen Grenzen des Waldes überein.
1064 vererbte *Erzbischof Anno II.* den Wald der Abtei Siegburg, die ihn wieder an das Kölner Erzbistum verkaufte. Einen Einbruch erlebte das Waldgebiet 1794 mit dem Einmarsch der Franzosen: Unter Napoleon wurde der Wildbestand leer gejagt und sein Holz zur Finanzierung der Rüstungsausgaben verkauft. Erst nach dem Wiener Kongress 1815 begann unter preußischer Herrschaft wieder eine geregelte Forstwirtschaft. Heute werden nur noch standortgerechte Bäume wie Stieleichen und andere Laubbäume angebaut.
Das 170–180 m über dem Meeresspiegel liegende Waldgebiet von 11 586 ha Ausdehnung ist seit 1957 *Naturpark.* Als Naturparadies ist es wegen seiner vielen *Vogelarten* (Höhlenbewohner, Greifvögel), für seinen *Wildreichtum* (bedeutendes Vorkommen von Dammwild) und seiner

interessanten seltenen *Flora* berühmt. Der Boden besteht aus Rheinschottern und Kiesen, über denen häufig eine wasserundurchlässige Lößschicht liegt. Durch aufgestautes Niederschlagswasser wird auf weiten Strecken die für den Kottenforst typische Vernässung hervorgerufen. An zahlreichen Stellen sammelt sich in den Bodenvertiefungen Wasser an *(Maare)*. Da die Bäume in einem „Staunässeboden“ stehen, besitzt der Wald einen großen Reichtum an Nassholzarten (55 % Laubholz vor allem Eiche und Buche, 45 % Nadelholz vor allem Fichte, Tanne).
Heute dienen die einst zu Parforcejagd angelegten Wege als Forstwirtschaftswege der Pflege des Waldes. Das Schönwaldhaus ist einer der staatlichen *Forstbetriebsbezirke* neben Buschhoven und Röttgen. Seine Hauptaufgabe ist es, für einen gesunden, artenreichen und stabilen Wald zu sorgen, der auch forstwirtschaftliche Erträge auch für künftige Generationen abwirft. Gepflegt werden vorwiegend Laubmischwälder, die 60 % des Kottenforstes ausmachen. Die früheren Aufforstungen durch schnell wachsende Fichten schufen zusammen mit Orkanschäden Anfang der 90er Jahre den Förstereien eine Menge Probleme: Borkenkäfer, saurer Regen und stickstoffreiche Luft, die wie Dünger auf die Bäume wirkt. Durch das schnelle Wachstum ohne die notwendige Versorgung mit Nährstoffen werden die Kronen licht. Schon 30 % der Eichen im Kottenforst sind hiervon betroffen.

Kurfürstliche Jagd

Schloss Herzogsfreude in Röttgen: Das vom Kölner Kurfürst Clemens August errichtete Jagdschloss existiert nicht mehr. Es wurde von den Franzosen abgerissen. Erhalten blieb noch das schmiedeeiserne Gitter mit den Initialen C und A bei einer Gastwirtschaft und die zu Ehren der Jagdheiligen Venantius und Hubertus errichtete Jagdkapelle.
Alleen: Der Kottenforst wird durch Alleen und Bahnen geprägt, die fast alle am Schloss Herzogsfreude sternförmig zusammentrafen. Sie wurden angelegt, um den Jägern die Parforcejagd zu ermöglichen. Diese Schneisen wurden im Jahre 1727 erstmalig vermessen. Wegen des feuchten Untergrundes mussten fast alle Alleen erhöht und mit Seitengräben versehen werden. Die Hauptjagdschneisen, zu denen auch die von uns durchwanderte Merler Bahn gehört, trugen Namen wie Dottendorfer Allee, Wattendorfer Allee, Villiper Allee, Flerzheimer Allee und Witterschlicker Allee. Diese Hauptalleen waren wieder untereinander durch Querverbindungen wie z. B. die Venner Allee verbunden.
Parforcesterne: Beim Zusammentreffen mehrerer Alleen oder Querwege entstanden zahlreiche *Parforcesterne („Am großen Stern“ oder „Am kleinen Stern“).*

Wegkreuze: Entlang vieler Alleen findet man alte Kreuze, die der Kurfürst und seine Hofgesellschaft stifteten wie z. B. das *Wolfs- oder Jakobskreuz, das Veritaskreuz, das Rollkreuz* am Nordausgang des Ortes Röttgen oder das *Dickebaumkreuz* am Bahnhofsweg. Man nimmt an, dass die Kreuze als Orientierungspunkte bei der Parforcejagd dienten.

Die Flora des Kottenforstes

Wolfs- oder Jakobskreuz: An der „Villiper Allee" steht dieses bemerkenswerte Kreuz, das auf seinen senkrechten Balken im Hochrelief Wolfsfüße und auf dem Sockel das Wappen der Wolff-Metternich zeigt. Man glaubt, es sei aufgrund eines Gelübdes des Kurfürsten errichtet worden, als eine Meute wertvoller englischer Jagdhunde bei einer stürmischen Überfahrt von England zum Festland unversehrt blieb.
Veritaskreuz: Dieses Kreuz in der Nähe des Wolfskreuzes ist vermutlich von dem Grafen Marcus von Veritas, der am Bonner Hofe eine gesellschaftliche Rolle spielte, gestiftet worden.
Rollkreuz: Das originell geformte Kreuz am Nordausgang des Ortes Röttgen zeigt das Wappen des Kommandanten der Parforcejagd Ignatz Felix von Roll. Am Sockel des Kreuzes stehen die Initialen des Kurfürsten Clemens August und das Deutschordenskreuz.
Jägerhäuschen: Der Barockbau an der Merler Bahn diente während der Parforcejagd als Pferdewechselstation (Relais). Die kurfürstlichen Jagden im Kottenforst fanden im Jahre 1794 ein jähes Ende. Als die französischen Truppen anrückten, floh der letzte Kölner Kurfürst Max

Franz mit seinem gesamten Hof auf das sichere rechtsrheinische Gebiet. Die neuen Herren, die Franzosen schafften zahlreiche Feudalrechte wie das alte Jagdrecht ab und hinterließen eine noch heute sichtbare Erinnerung: Die Lärchen am Jägerhäuschen sollen 1811 zum Geburtstag des Sohnes Napoleons von Offizieren der französischen Garnison in Bonn gepflanzt worden sein.

Adendorf

Geschichte: Adendorf steht buchstäblich auf tönernen Füßen, könnte man sagen, wenn man auf die mächtigen Vorkommen tertiärer Tone am Rande des Kottenforstes anspielen will, die den Ort seit mehr als 263 Jahren zur Heimat des Töpferhandwerks gemacht haben. Der Aufstieg Adendorfs zu einem rheinischen Töpferzentrum begann mit dem Zuzug einiger Westerwälder Familien in der Mitte des 18. Jahrhunderts (siehe Spezialthema unten). Aber die Geschichte des Ortes beginnt schon viel früher. Im Jahre 893 wird Adendorf erstmals im Prümer Urbar als „Adelesdorpht" erwähnt. Neben der Kirche befindet sich ein Zehnthof des 18. Jh., an dessen Stelle im Jahre 1214 ein *Hof Cumbe* stand, als dessen Besitzer ein *Udo von Aedendorp* erwähnt ist. Ganz in der Nähe baute der *Ritter Paul von Hückelhoven* im Jahre 1337 ein wehrhaftes Anwesen mit Vorburg und Mauern, aus dem heraus sich die heutige Wasserburg Adendorf, entwickelte. Der heutige Baubestand des Wasserschlosses geht im wesentlichen auf die Jahre 1655 bis 1670 zurück. Besitzer von Burg Adendorf wurde im Jahre 1522 *Bartholomäus von der Leyen.* In den Händen dieser bedeutenden Familie, deren Adendorfer Zweig mehrere Trierer Kurfürsten stellte und in Mainz hohe Ämter bekleidete, blieb Adendorf bis zum Beginn der französischen Zeit im Jahre 1794. *Hugo Ernst Freiherr von der Leyen* erlangte im Jahre 1659 von Kaiser Leopold I. die volle Souveränität für Adendorf, das hierdurch aus dem Herzogtum Jülich ausschied. Ihren Wohnsitz hatten die von der Leyens allerdings schon zuvor (1606) von Adendorf nach Koblenz, der Residenzstadt von Kurtrier, verlegt. Im Jahre 1711 wurden sie vom Kaiser zu Reichsgrafen erhoben. Als 1815 die Rheinlande preußisch wurden, verkauften die von der Leyen ihr Rittergut Adendorf 1833 an die *Freiherren von Loe,* die noch heute Besitzer der Burg sind (siehe auch S. 182 ff.).

In der Franzosenzeit (1794–1814) hatte Adendorf eine eigene Mairie und war dem Kanton Rheinbach zugeordnet, unter preußischer Verwaltung im Jahre 1815 war es ebenfalls zunächst eine eigene Bürgermeisterei, gehörte aber später zu dem Amt Meckenheim. Seit dem Jahre 1969 gehört Adendorf zu der neu gebildeten Gemeinde Wachtberg.

Das Jägerhäuschen im Kottenforst

Wasserschloss: Siehe unter Wanderung Nr. 12, S. 183.

Katholische Pfarrkirche St. Margareta: Eine erste Kirche wird nach 1300 erwähnt; 1515 erfolgt eine Neubau, um 1900 wird das Schiff um zwei westliche Joche verlängert. Der Westturm ist nach Osten an den Chor verlegt worden, der einschiffige im Stile der Zisterzienserkirchen erbaute kreuzgratgewölbte Backsteinbau wird an den Längsseiten und am dreiseitig geschlossenen Chor durch Strebepfeiler abgestützt.

Der Innenraum weist eine *gute figürliche und spätbarocke Ausstattung* auf, Hochaltar und zwei Seitenaltäre mit Knorpelwerkstil tragen einheitliches Barockdekor um 1660. Die Gemälde des Hauptaltars zeigen die Kreuzigung und darüber einen segnenden Christus mit der Weltkugel. Im rechten Seitenaltar ist die *Kirchenpatronin St. Margareta mit dem besiegten angeketteten Drachen* (16. Jh.) dargestellt. Die Wahl dieser drachentötenden Heiligen und des drachentöten den hl. Georg im benachbarten Fritzdorf symbolisieren nach Müller den Sieg über das sich offenbar in dieser Gegend hartnäckig haltende Heidentum. Im linken Seitenaltar steht eine *Barockmadonna* als Himmelskönigin mit Krone und Szepter. Ein großes *Ölgemälde* an der rechten Seitenwand am Eingang zeigt eine Kreuzabnahme (17. Jh.). Darstellungen des hl. Eligius, Patron der Hufschmiede und des Apostels Bartholomäus (16. Jh.), der hl. Anna, mit Maria (vorn links) sowie des hl. Hubertus.

Die ehemaligen Schlossherren von der Leyen hatten in der Kirche eine eigene *Loge* für den Gottesdienstbesuch (Anbau rechts vor dem Chor).

Grenzstein am Forsthaus Schönwald

Das Adendorfer Töpferhandwerk hat eine lange Tradition

Bei Grabungen in der alten Tongrube Fischer stieß man 1968 auf Gebäudereste aus römischer Zeit, die zu einem Gutshof gehörten. Da man zugleich auch Ziegelfehlbrände fand, liegt der Schluss0 nahe, dass es sich um eine römische Ziegelei gehandelt hat, der vermutlich eine Töpferwerkstatt angeschlossen war. Der Standort bot damals gute Voraussetzungen hinsichtlich Wasserversorgung, Tonlagerstätten und verkehrsmäßige Anbindung an Römerstraßen. Mit dem Niedergang der römischen Schutzmacht im 3. Jh. kam der Betrieb in Zeiten der germanischen Überfälle zum Erliegen.

Adendorfer Töpferware

Die ersten Töpfer der Neuzeit kamen 1741–1743 aus dem sog. Kannebäcker Land im Westerwald nach Adendorf. Dort steckte das Handwerk in einer Krise, die durch Kriege, Erbteilungen und Zunftstreitigkeiten ausgelöst worden war. Als der in Koblenz residierende Landesherr *Friedrich Ferdinand von der Leyen*, dem auch die reichsunmittelbare Herrschaft von Adendorf unterstand, von ihrer Not erfuhr, rief er sie nach Adendorf. Der Burgherr wusste über die Standortvorteile von Adendorf gut Bescheid. Sicherlich haben aber die hier vorhandenen ergiebigen und qualitätvollen Tonlager, die einen wertvollen Ton von grauer, leicht bläulicher Farbe lieferten, die Westerwälder Töpfer letztendlich dazu bewogen, hier einen Neufang zu suchen. Hinzukam, dass die Familie von der Leyen an der holländischen Salzkompanie beteiligt war, wodurch der Zugang zu dem für die Herstellung der Salzglasur unentbehrlichen Rohstoff gesichert war, und der nahe Kottenforst genügend Holz zum Brennen bot. So konnte aus dem Ton blaugraues, salzlasiertes Steinzeug für die bäuerlichen Haushalte, vor allem für die Milchwirtschaft, hergestellt werden. Für diese Ware gab es gute Absatzbedingungen im ländlichen Raum, in das nahe Bonn, nach Köln sowie Exportmöglichkeiten auf Rheinschiffen nach Holland und England.

Kurz nach dem 2. Weltkrieg gab es noch 40 Töpfereien in Adendorf, heute arbeiten im Ort noch vier Töpfereibetriebe, die sich sowohl durch ihr handwerkliches Geschick, die Beibehaltung traditioneller Tonwarenformen sowie durch die Entwicklung neuer Töpfereierzeugnisse weithin einen guten Namen von hohem kunstgewerblichem Rang erworben haben. Jeder Betrieb arbeitet mit seinen eigenen Mustern, Farben und Techniken, die seit Generationen überliefert sind. Neue verbesserte Herstellungsverfahren garantieren einen hohen Qualitätsstandard der Adendorfer Töpfereierzeugnisse.

Hausnummer in Adendorf

Vor 26 Jahren wurden die *Adendorfer Töpfertage* ins Leben gerufen, die jedes Jahr Anfang Oktober viele Besucher anlocken. An den Töpfertagen sind Kinder und Erwachsene zum Töpfern eingeladen und die Werkstätten sind von 9.00 Uhr bis 18.00 Uhr geöffnet. Zu sehen sind Werkstätten und moderne Tonaufbereitung (Mischkneter und Vakuumpresse) sowie alte und neue Öfen, Ausstellungen mit handgearbeiteten Einzelstücken und traditioneller Salzglasur. Darüber hinaus finden regelmäßige verkaufsoffene Sonntage statt. Der Nachbau eines Kasseler Langofens auf dem Dorfplatz soll an die alte Tradition erinnern und der Bevölkerung im Rahmen von Veranstaltungen für das Brennen von Tonwaren und Backwaren zur Verfügung stehen. Bei Anbruch der Dunkelheit bietet sich dem Besucher ein besonderes Schauspiel, wenn die Flammen aus dem Ofen schlagen und das Feuer wie zu Großvaters Zeiten prasselt.

Der Text ist zum Teil der Broschüre der Gemeinde Wachtberg entnommen: Handwerkskunst – Der gute Ton in Adendorf.

11. Naturparadiese und alte Kapellen

Durch das idyllische Heltenbachtal von Gimmersdorf nach Pech

Wachtberg ist reich an unbekannten Schönheiten der Kultur und Natur. Von Beidem werden wir heute ein reichliches Stück abbekommen, denn eine Kirche und drei Kapellen liegen an unserem Weg, dazwischen erleben wir Natur pur in der Idylle des Heltenbachtals, das uns mit seiner Ruhe und Unberührtheit aufnimmt. In diesem Tal spüren wir, dass hier die Stille Wachtbergs ihre Anker hat. Um den Naturschutz dieses Feuchttales hat sich der Naturschutzbund Bonn (NABU) verdient gemacht, als er 1988 eine 400 qm große wertvolle Feuchtwiese gepachtet hat. Die eingezäunte Wiese ist ein kostbares Biotop und muss geschützt werden, weil sie für viele gefährdete Pflanzen und Tierarten letzte Rückzugsmöglichkeiten bietet. Im Frühjahr, wenn der Wiesengrund mit einem Teppich blühender Blumen überzogen ist, zeigt sich das Tal von seiner schönsten Seite. Am Waldrand gehen wir unter dem Blätterdach alter Eichen durch eine verträumte Wald- und Wiesenlandschaft, bis wir im Pecher Tal herauskommen, und uns die Wirklichkeit wieder eingeholt hat, wenn wir die

Im Heltenbachtal bei Pech

Hauptverkehrsader L 158 von Godesberg nach Meckenheim überqueren müssen. Es lohnt aber, sich noch ein wenig in dem alten Ortsteil von Pech umzusehen, das sonst immer seitab der Straße liegt. Die neuromanische Michaelkapelle und die fachwerkgeschmückten Fassaden geben dem Ort ein romantisches Gepräge. Alte Hohlwege bringen uns dann hinauf zu Streuobstwiesen und Viehweiden, wo wir auf einem herrlichen Panoramaweg über dem Tal entlang wandern mit Blick auf das ganze Marienforster Tal und dem Siebengebirge im Hintergrund. Durch den Wald kehren wir im Bogen nach Gimmersdorf zurück, wo sich der Kreis wieder schließt.

Wegbeschreibung:
Wir beginnen unsere Wanderung in **Gimmersdorf*** bei der *St. Josef-Kapelle* und gehen rechts ein kurzes Stück die Hauptstraße *(Kommunalweg)* entlang bis zur Abzweigung in Richtung Berkum. Am *Kriegerdenkmal mit Wegekreuz* biegen wir rechts in die *Lindenstraße* ein und gehen bis zum Feldweg, dort halten wir uns links (Nr. 18) und gehen geradeaus bis zum Kreuz an der Wanderbank, wo die K 56 eine Linksbiegung macht. Hier folgen wir rechts dem Teerweg (Nr. 18) und biegen schon nach ca. 50 m links in einen Feldweg (Nr. 18) ein. Im Vorblick sehen wir Berkum mit der *Kugel,* die *Burg Odenhausen* und den *Wachtberg,* das Wahrzeichen der Gemeinde vor uns liegen. Im Rückblick belohnt uns eine Fernsicht auf das *Siebengebirge.*

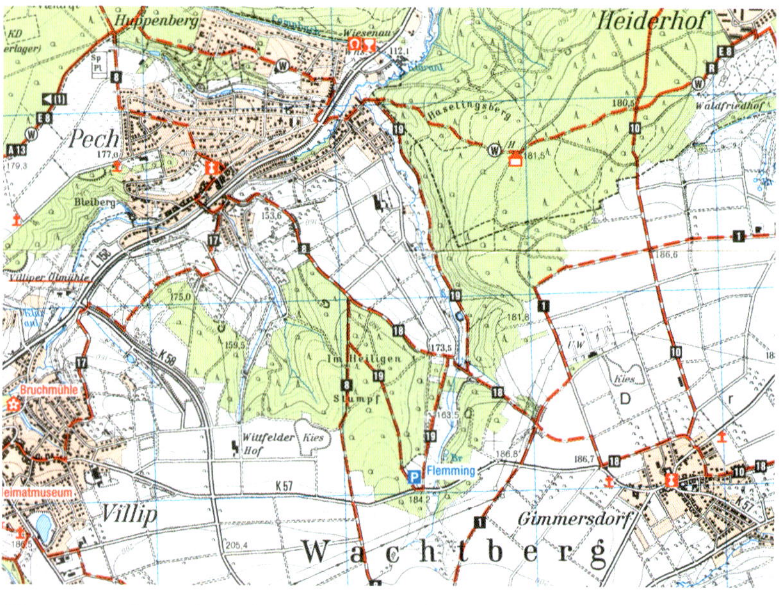

Kartenausschnitt 4: Pech – Gimmersdorf – Villip

Die Michaelkapelle in Pech

Nachdem wir einen Querweg passiert haben senkt sich der Weg am Waldrand langsam in das **Heltenbachtal*** hinab. Bei einem Trafo entspringt wenige Meter rechts in einem Acker die gefasste *Quelle des Heltenbachs* mit kräftiger Schüttung. Beim Häuschen des Wasserwerks nahe dem Schutz-

gebiet gehen wir rechts den Weg N. 19 weiter am Waldrand entlang und kommen am Teich des Anglersportvereins Wachtberg (ASW) vorbei. Wir folgen dem fast durchgängig mit einer *Schwarzerlengalerie* gesäumten Lauf des Heltenbachs und durchqueren stille Bachwiesen zwischen den bewaldeten ansteigenden Hängen des Kottenforstes, bis vor uns die ersten Häuser von **Pech*** auftauchen. Hier gehen wir links über eine Brücke in die *Heltenbachstraße* und dann rechts weiter zur L 158, die wir an der Ampel überqueren. Rechts oben liegen die *Evanglische Gnadenkirche* von 1962/63 mit freistehendem schindelverkleidetem Glockenturm und die *Katholische Erzengelkirche* von 1975 einträchtig beieinander. Wir gehen links auf der *Pecher Hauptstraße* durch den langgezogenen fachwerkgeschmückten Ortkern bis zur **Kapelle St. Michael***.
An der Brücke biegen wir links in die *Alte Hecke* ab und nehmen dahinter gleich den ersten Feldweg (Nr. 17) rechts bergauf, der bald in einen Hohlweg übergeht und uns auf die Höhe zu Streuobstwiesen und Viehweiden führt. Wir halten uns auf dem asphaltierten Weg, gehen bis zum Waldrand hoch und folgen oben an der Bank rechts dem Weg Nr. 17 am Wald entlang. Hier gelangen wir auf einen herrlichen *Panoramaweg,* der einen aussichtsreichen Blick auf den Ort Pech mit seiner bevorzugten Wohnlage am gegenüberliegenden Hang und das ganze *Marienforster Tal* eröffnet. Bald sehen wir im Vorblick den Kirchturm von Villip vor uns auftauchen. Der Weg führt uns bis zum Wachtbergring heran, wo wir uns dann ein kurzes Stück links auf dem Teerweg bergauf gehen müssen, bis kurz vor dem Aussiedlerhof links ein Weg abzweigt, der uns am Waldrand entlang mit schöner *Aussicht auf den Wachtberg* zu einer Kiesgrube führt. Dort biegen wir links in das Wäldchen ein (Nr. 8) und gehen nach wenigen Metern den ersten Weg nach rechts quer durch den Wald. Im Wald überqueren wir einen Hauptweg, wir halten uns aber immer geradeaus. Wenn wir aus dem Wald heraustreten, gehen wir den Weg rechts in das Heltenbachtal hinunter, wo wir beim *NABU-Schutzgebiet* wieder herauskommen. Bergauf geht es denselben Weg an der *Heltenbachquelle* vorbei nach Gimmersdorf zurück, den wir gekommen waren.

Kurz und bündig

Anfahrt: Mit dem Bus der Linie 856 von Bad Godesberg nach Gimmersdorf (Haltestelle Kapelle).

Parkmöglichkeiten: Bei Anfahrt mit dem Bus in Godesberg auf dem Parkplatz der Rigalschen Wiese bei der Stadthalle; bei Anfahrt mit dem PKW in Gimmersdorf im Ort.
Weglänge: 7 km.
Wanderzeit: Mit Pause 2,5 Stunden.
Höhenunterschiede: 50 m. Anfangs bergab, durch den Wald, danach Talwanderung bis Pech. Zwei kurze Anstiege hinter Pech.
Wanderkarte: „Bonn und das Siebengebirge" Nr. 22 des Landesvermessungsamtes Nordrhein-Westfalen (1:25 000). Siehe Kartenausschnitt, S. 168.
Sehenswürdigkeiten: Das unberührte naturbelassene Heltenbachtal und der Blick von der Höhe auf das Pecher Tal gehören zu den Höhepunkten dieser Wanderung. Im Text fettgedruckte Orte werden nachstehend ausführlich beschrieben.
Einkehrmöglichkeiten: In Gimmersdorf: *„Dorfstube im Ländchen"* (Fremdenzimmer, gut bürgerliche Küche, Spezialität polnische Küche auf Vorbestellung, Bundeskegelbahn, Dartspiel, Kommunalweg 7, Tel.: 02 28 - 5 50 68 76 (siehe Anhang).

Sehenswürdigkeiten:

Gimmersdorf: Siehe Wanderung Nr. 3, S. 79, 81.

NABU-Schutzgebiet „Heltenbachtal" des Naturschutzbundes Bonn
Seit 1988 hat der NABU eine 400 qm große Feuchtwiese gepachtet. Die eingezäunte Wiese ist ein kostbares Biotop, weil sie für viele gefährdete Pflanzen und Tierarten ein Habitat bietet. Die Wiese wird regelmäßig kontrolliert und falls erforderlich gepflegt. Wegen des feuchten Untergrundes gedeiht der Sumpfschachtelhalm (Equisetum palustris) hier besonders gut.

Pech
Geschichte: Der Name des im Tal des Godesberger Baches gelegenen Ortes wird von der römischen Flurbezeichnung „pascua" (= Weide, Wiesenau) hergeleitet. Andere führen den Namen auf die vielen Bäche zurück, die hier zusammenfließen (Godesberger Bach, Heltenbach, Seibach, Milchpützbach, Compach). Noch 1393 heißt der Ort „Bech". Es wird vermutet, dass französische Kartographen 1803 aus Bech das „Village de Pech" machten.
Der Ausgang des nahen Heltenbachtals bot in geschützter Lage zwischen Waldhängen und wegen des Frischwassers gute Siedlungsvoraussetzungen. Im Mittelalter besaßen die Ritter der Deutschen Ordens von

der Kommende in Muffendorf hier Land. Nach der Totalzerstörung im Dreißigjährigen Krieg siedelten sich die drei letzten überlebenden Bewohner auf der gegenüberliegenden Talseite an. 1659 wohnten bereits wieder 27 Familien in Pech, heute leben über 2500 Menschen hier. Von hier dehnte sich der Ort längs des Tales aus. Durch den Zuzug von Bundesbediensteten in unserer Zeit ist der Ort stark angewachsen und hat sein früheres Aussehen stark verändert.

Evangelische Gnadenkirche: Der Name der Kirche soll an die sechs Gnadenkirchen in Schlesien erinnern, die nach der Unterdrückung der Protestanten dort errichtet wurden. Die 1963 eingeweihte Kirche war das erste evangelische Gotteshaus im Drachenfelser Ländchen seit der Reformation.

Katholische Pfarrkirche zu den Heiligen Erzengeln: 1970–1973 vom Bad Godesberger Architekten Peter Rieck erbaut. Ihr hervorstechendes Merkmal ist ihr aus der Grundstruktur des Hauses entwickelter Bautyp, insbesondere das den ganzen Bau zusammenfassende Satteldach, das einen breiten hallenähnlichen Raum mit drei Schiffen umschließt. Der Architektur liegt die Idee vom „Zelt Gottes unter den Menschen" zugrunde.

Kapelle St. Michael: Neuromanisch von 1859/60 an Stelle einer älteren Fachwerkkapelle von 1715 errichtet. Zuvor stand hier ein Heiligenhäuschen. Im Innern ein prächtiger mit goldgeschmücktem Rankenwerk und schwarzen Säulen versehener Altar aus der Barockzeit mit

Bauerngarten und Fachwerk in Pech

Fachwerkhäuser in der Pecher Hauptstraße

Pieta im Zentrum, ähnlich der in der Oberdorfer Kapelle in Mehlem, vermutlich aus dem Kloster Marienforst hierher gelangt.
Ortsbild: Im alten Ort gibt es mehrere denkmalgeschützte Fachwerkhäuser.
Brauchtum: Der St. Martinszug beginnt an der katholischen Erzengelkirche und bewegt sich wie unser Weg durch die Pecher Hauptstraße über die Brücke um den Hof der Gebrüder Kolzem, wo auf einer Wiese das Martinsfeuer abgebrannt wird. Nach der Mantelteilung werden an die Kinder Martinswecken (früher auch Schmalzbrote) verteilt.

In Wachtberg klapperten die Mühlen nicht nur am rauschenden Bach

Viele Redewendungen, die wir noch heute benutzen, kommen aus der Welt der Mühlen; zum Beispiel wenn das oberschlächtige Rad einer Mühle von einem oberhalb liegenden Teich gespeist wurde, sprach man von „Oberwasser haben". Ebenso ist der Ausdruck „die Puppen tanzen lassen" von den als „Puppen" bezeichneten Strohgebinden in der Dachkonstruktion der Mühle abgeleitet, die beim Mahlbetrieb in Bewegung

gerieten. Das berühmte Klappern der Mühlen stammt aber nicht, wie viele glauben vom Mühlenrad, sondern vom sog. Schüttelschuh, der dafür sorgt, dass das Getreide in der richtigen Menge zwischen die Mahlsteine gelangt.
In Wachtberg und seiner Umgebung künden noch zahlreiche Flur- und Wegenamen von den früheren Mühlen. Zur Deckung ihres hohen Bedarfs an Rohstoffen bauten schon die Römer auf Wachtberger Gebiet im Pecher Tal Erze ab und verhütteten sie, wie man aus Funden weiß, an Ort und Stelle. Wie noch heute an dem Flurnamen „Im Bleiberg" ablesbar ist, kam es ihnen dabei vor allem auf die Gewinnung von Blei an. Vermutlich legten schon die Römer – wie andernorts auch – hier Mühlen an, um die Wasserkraft des Godesberger Baches zum Sägen, Schneiden und Hämmern zu nutzen. Aus alten Karten kann man ersehen, dass in Pech noch im 18. Jh. eine Wassermühle stand. Weil man zum Transport des Mehls und anderer Waren Esel verwendete gab es in Niederbachem wie auch in der Bonner Gronau und in Grau-Rheindorf einen *Eselsweg.* Das Material für die Mühlsteine lieferten seit der Römerzeit die Basaltsteinbrüche von Niedermendig und Mayen.

Bannmühlen

Die Bauern des Drachenfelser Ländchens unterlagen wie auch anderswo dem sog. *Mühlenbann* oder *Mahlzwang,* der sie dazu verpflichtete, ihr Mahlgut in die grundherrlichen Mühlen zu bringen. Nur dort durften sie ihr Getreide zu Mehl oder ihre Ölfrüchte zu Öl zermahlen lassen. Wenn sie sich nicht danach richteten, drohten ihnen hohe Strafen oder ihr Mahlgut wurde beschlagnahmt.
In früheren Zeiten gab es in Wachtberg sechs sog. *Bannmühlen,* die sich auf mehrere Orte aufteilten: In Niederbachem standen zwei mit Wasser angetriebene Mühlen, die aufgrund ihrer Lage als *Obere Mühle* und *Untere Mühle* bezeichnet wurden. Die am oberen Mehlemer Bachlauf am Fuße des Dächelsberges gelegene sog. *Obere Mühle* (Konrad-Adenauerstraße 122) war eine *Ölmühle („Ollichsmöhl")* und gehörte bis 1802 dem Kölner Stift St. Gereon. Der vorzüglich restaurierte Fachwerkhof wird als bedeutendes Denkmal für die früheren Produktions- und Arbeitsverhältnisse eingestuft. Im rechten Winkel zu dem zweigeschossigen Wohnhaus aus Fachwerk steht noch das ehemalige Mahlgebäude. Erhalten sind noch der Ober- und Untergraben, die Stelle des oberschlächtigen Mühlrades, das Mahlwerk und sonstige mühlentechnische Geräte. Die Mühle steht unter Denkmalschutz und ist nur von außen zu besichtigen (Privatbesitz). Die zweite Mühle in Niederbachem war die 1491

zum ersten Mal erwähnte *Untere Mühle.* Sie war eine Mahlmühle und gehörte den Grafen von Drachenfels. Da auch sie eine Bannmühle war, wurde sie auch im Volksmund Herrenmühle genannt. Die Mühle wurde durch das Hochwasser im Juni des Jahres 1693 zerstört. Daneben gab es für das Drachenfelser Land noch in Adendorf eine Mühle der Reichsherrschaft; Pech und Villip verfügten über insgesamt drei Mühlen der Reichsherrschaft.

Die ehemalige Windmühle in Fritzdorf

Die Wasser des Mühlbaches, der die Marienforster Promenade vom ehemaligen Kloster in Richtung Bad Godesberg begleitet, wurden zur Versorgung einer schon im frühen 17. Jh. erwähnten Rapsölmühle, der späteren *Brungsmühle,* genutzt.

Das Mühlrad der Bruch-Mühle in Villip

Mahlmühlen

Wassermühlen sind wesentlich älter als Windmühlen. Im römischen Rheinland gab es sie schon im 4. Jh. nach Christus. Sie bestanden aus zwei Mahlsteinen, einem Bodenstein und einem Läuferstein von je 250 kg Gewicht, in deren Mahlflächen gegenläufig gekrümmte Linien eingeschlagen waren. Der vom Wellbaum über Zahnräder durch die Kraft des Wassers angetriebene Läuferstein drehte sich, seine Höhe war verstellbar, je nachdem ob man fein oder grob vermahlen wollte. Die *Villiper Bruch-Mühle* (Wassermühle Bedorf) wurde schon vor 1100 Jahren urkundlich erwähnt. Früher gehörte sie zur Burg Gudenau, seit 1833 ist sie im Besitz der Familie Bedorf. Die Wassermühle ist eine der letzten funktionstüchtigen Wassermühlen ihrer Art im Rheinland. Ihr großes Mühlenrad hat einen Durchmesser von 5,50 Meter. Noch heute wird hier Korn gemahlen, um Vollkornmehl und Vollkornschrote herzustellen. Im urigen Mühlenladen kann man „frisch vom Mahlstein" Mühlenprodukte einheimischer Landwirte, darunter auch Bioprodukte kaufen. Am Pfingstmontag, dem *Deutschen Mühlentag,* wird hier demonstriert, wie Getreide zu Mehl gemahlen wird. Auch die Niederbachemer *Untere Getreidemühle,* von der noch das Fachwerkwohnhaus steht, war eine solche Mahlmühle.

Ölmühlen

Bei den Ölmühlen wurde aus ölhaltigen Früchten wie Raps, Buchecker, Nüsse und Rübsamen mit Hilfe von sog. *Pochhämmern* Öl gewonnen. Den Vorgangs des Zerkleinerns der Ölfrüchte durch eisenbeschlagene Stampfer im sog. *Tummelwerk* nannte man „kalt schlagen", das anschließend gepresste Öl war besonders hochwertig. Ölmüller hießen zu jener Zeit deshalb Ölschläger. Das in den gepressten Ölkuchen noch enthaltene restliche Öl wurde durch Erhitzen und Pressen entzogen. Die Niederbachemer Ölmühle mit Mühlrad und Mahlwerk ist heute noch funktionstüchtig.

Windmühlen

Die Antriebkraft des Windes für Mühlen wurde in Wachtberg relativ spät genutzt. Die Windmühle in *Villip* entstand vermutlich 1782, die in *Fritzdorf* wurde sogar erst 1842 erbaut.

Die soziale Funktion der Mühlen

Mühlen waren neben den Kirchen ein wichtiger Treffpunkt für die Dorfbevölkerung, weil dort Neuigkeiten und Informationen ausgetauscht wurden. Da Mühlen häufig etwas außerhalb von Ortschaften

lagen, konnte man sich hier ungestört unterhalten und mancher wird hier seinem Ärger freien Lauf gelassen haben. Müller wussten daher immer gut Bescheid, was im Ort vor sich ging. Weil in der Mühle nach altem Brauch nicht selten Durchreisende Quartier machten, konnte man von den Fremden erfahren, was draußen in der Welt los war. Der Müller saugte alle Informationen auf wie ein Schwamm und gab sie an die Dorfbevölkerung weiter. Er war, wie wir heute sagen würden, ein Kommunikator für das Leben im Dorf. Wegen des Mahlmonopols waren Müller freilich nicht immer in der Bevölkerung gelitten, denn dieses Privileg und das freie Leben außerhalb der Dorfgemeinschaft riefen nicht selten Neid und Missgunst in der Bevölkerung gegen die Müller hervor.
Mühlen galten seit alters her als seltsame Orte. Als technische Meisterleistungen ihrer Zeit wurden sie von dem einfachen Volk mit Staunen aufgenommen, anderseits blieben ihm die mächtigen und komplizierten Mahlwerke stets rätselhaft. Das geheimnisvolle Knarren der Räder mag auch dazu beigetragen haben, das man ein gewisses Unbehagen verspürte. Diese Atmosphäre mag den Nährboden dafür abgeben haben, dass sich viele magische Riten noch aus vorchristlicher Zeit in Mühlen hartnäckig hielten. In dem Märchen „Der Kobold in der Mühle" erzählen die Gebrüder Grimm eine Geschichte von zwei Studenten, die sich auf einer Fußreise befanden und wegen eines starken Regens in einer Mühle nahe bei einem Dorfe übernachten mussten. Weil sie aber trotz der Warnung des mürrischen Müllers vom Hunger übermannt von der Speise und dem Trank zu sich nahmen, die für den Hausgeist bestimmt waren, geschahen in dieser Nacht allerlei merkwürdige Dinge in der Mühle. Mit Grauen verließen sie anderntags wieder die Mühle. Katzen hingegen fühlten sich in Mühlen immer wohl und wurden von Müllern gern gesehen, da sie ihnen die Körner- und Mehldiebe wie Ratten und Mäuse vom Halse hielten.

12. Was Wasserburgen, Heiligenhäuschen, Windmühlen und geheimnisvolle Wegkreuze am Heerweg uns zuraunen

Durch das blühende Ländchen von Adendorf nach Fritzdorf

Von der Wasserburg Adendorf, die uns in das Mittelalter zurück versetzt, geht es zunächst ein Stück auf der Landstraße durch Felder und Obstplantagen, die im Frühling in voller Blütenpracht stehen, auf Fritzdorf zu. Im Sommer wäre es auf der schattenlosen Straße zu heiß, aber jetzt im Frühjahr weiß man die wärmenden Strahlen der Sonne zu schätzen. Das

Obstblüte im Ländchen

Gebiet, durch das wir jetzt gehen, ist potteben. Wie mit dem Lineal gezogenen gehen wir durch ein Blütenwunder an geordneten Obstbaumreihen entlang. Kurz vor Fritzdorf auf der rechten Seite steht eine alte Baumgruppe, in der sich ein Bildstock, das sog. Heiligenhäuschen, versteckt. Wenig später taucht links der Sommersberger Hof auf, der aus einer ehemaligen Wasserburg hervorgegangen ist. Eine kleine Baumallee führt dorthin. In Fritzdorf machen wir Bekanntschaft mit der frühesten Geschichte von Wachtberg, denn hier wurde in der Nähe der Windmühle der sog. Goldene Becher gefunden, der wohl auf ein keltisches Quellheiligtum zurückgeht. In späterer Zeit war dieser Platz eine alte Richtstätte. Unweit verlief die Alte Heerstraße, auf der gewählte Kaiser zur Krönung von Frankfurt nach Aachen zogen. Auch Pilger auf der Wallfahrt von Ungarn nach Aachen oder ins ferne Santiago de Compostela kamen hier entlang. In Eckendorf hat man einen von ihnen begraben, wie man an dem dortigen Grabstein mit Pilgerstab und Pilgermuscheln ablesen kann. Unser letztes Ziel ist die Burg von Münchhausen, die aus alten Quadern der römischen Wasserleitung bei Lüftelberg erbaut wurde. Wenn wir erst einmal hier angekommen sind, liegt Adendorf gleich nebenan.

Wegbeschreibung

Wir beginnen unsere Wanderung in der *Georg-von-Loe-Straße* (Parkmöglichkeit in der Sackstraße) beim **Schloss Adendorf***. Zuvor betreten wir die beschauliche alte *Kastanienallee,* die uns zur großen *Vorburg* und zum großen *Innenhof* des Schlosses führt, in das wir einen kurzen Blick werfen dürfen (Privatbesitz). Wir kehren zurück zur Landstraße und gehen rechts in Richtung Fritzdorf durch die Felder und Obstplantagen, die im Frühling in voller Blütenpracht stehen. Kurz vor Fritzdorf steht auf der rechten Seite unter einer alten Baumgruppe versteckt das sog. **Heiligenhäuschen Maria Himmelskönigin***, danach taucht wenig später links der **Sommersberger Hof***, eine ehemalige Motte auf.

Kirche St. Margaretha mit Wegekreuz in Adendorf

Wenn wir in **Fritzdorf*** durch die *Eckendorfer Straße* zur Wegkreuzung *Schmiedgasse / Oevericherstraße* gekommen sind, gehen wir beim **Wegekreuz*** geradeaus in die *Schmiedgasse* fast bis zum Ortsausgang, bis wir gegenüber der *Raiffeisenstraße* das **Georgskreuz*** stehen sehen; dann kehren wir zurück und biegen beim Wegekreuz links in die *Oevericherstraße* ein und gehen bis zur **St. Georgskirche***. Nach der Besichtigung der Kirche folgen wir der *Oevericherstraße* bis zum **Kreuz mit den Engeln***, dort biegen wir rechts in den *Windmühlenstraße* rein und gehen langsam den mit alten Birnbäumen gesäumten Weg bergauf zur **Fritzdorfer Windmühle*** (Wegzeichen W und Nr. 5). Schöne Ausblicke nach links auf Gerstenfelder nach *Birresdorf* und das *Rheinische Schiefergebirge.* An der Einmündung der Straße *Windmühlenhof* steht rechts wieder ein **Wegkreuz***. Hinter der Windmühle bleiben wir auf dem kleinen Teersträßchen und gehen etwa 50 m weiter bergab, hier geht es nach rechts ab in einen Feldweg (Wegzeichen W). Wir folgen jetzt bis Eckendorf dem sog. *Alten Heerweg* oder der sog. **Frankfurt-Aachener-Krönungsstraße*** vorbei, auf der die deutschen Könige auf dem Weg von Frankfurt, dem Ort ihrer Wahl zur Kaiserkrönung nach Aachen gezogen sind. Bei der ersten Weggabelung unterhalb der E-Leitung verlassen wir den nach links abknickenden Hauptweg und gehen immer

Mittelalterliches Wegekreuz am Heerweg

geradeaus weiter. Im Vorblick sehen wir die *Eifelhöhen* liegen und auf ihrem höchsten Punkt die *Tomburg*, die den Heerweg bewachte. Nach ca. 50 m Feldweg mündet rechts ein betonierter Feldweg ein, der hier endet; wir gehen immer geradeaus an Kirschplantagen und Rübenäckern parallel zur E-Leitung zu unserer Rechten. Ganz rechts sehen wir bis zum Rand des Kottenforstes, in der Ferne tauchen die weißen Hochhäuser von *Meckenheim* auf. Der Weg macht eine leichte Rechtsbiegung und geht dann geradeaus in einen Grasweg über. Bald verlassen wir die Obstplantagen und treten in das freie Land heraus, wo sich herrlich weite Ausblicke auf die Eifelhöhen und nach Norden in die Jülicher Börde bieten. Der Weg senkt sich langsam, links sehen wir große Erdbeerfelder. Vor uns taucht ein schöner Dreiklang auf: der Kirchturm von *Eckendorf*, dahinter der von *Gelsdorf* und darüber die *Tomburg*. Wir kommen an eine Wegkreuzung, bei der wir dem Teerweg geradeaus hinunter ins Tal folgen. Nach etwa 200 m direkt unter der E-Leitung ein altes **Wegekreuz***. Nach etwa 150 m stoßen wir auf einen Feldweg, dem wir nach rechts mit schönem *Panoramablick* bis zur K 53 folgen. Der Heerweg führt an dieser Stelle geradeaus weiter auf Eckendorf zu, sein Verlauf kann im Gelände anhand der Verbuschung und des Bewuchses noch rekonstruiert werden.

Leider müssen wir einen kleinen Umweg nach rechts über die K 53 machen, auf der wir links bergab **Eckendorf*** erreichen. Dort steht bei der *Kirche St. Cosmas und Damian** ein *Pilgergrabstein**; etwas unterhalb davon befand sich ein Brunnen (heute Rastplatz mit Pumpe und Bänken), dessen Wasser früher auch von Ungarnpilgern auf ihrem Weg nach Aachen genutzt wurde. Bei der Ortsstraße an der Kirche biegen wir rechts ab und gehen geradeaus bis zur Hauptverkehrsstraße, die wir überqueren. Am *Weißen Kreuz** vorbei gehen wir durch Apfelplantagen in Richtung auf die vor uns liegende **Burg Münchhausen*** zu (später Wegzeichen W). Im *Restaurant Burg Münchhausen* mit Blick auf Reiterhöfe kann man einkehren und die Wanderung beschließen (siehe Anhang). Das letzte Stück bis Adendorf ist nicht mehr weit. Von der Burg Münchhausen gehen wir bis zur L 123, überqueren diese und folgen dem Wegzeichen W durch den Wald. So gelangen wir sicher ins nahe Adendorf. Am Ortseingang angekommen halten wir uns rechts und gehen durch die *Schützenstraße* bergab zur L 123, wo wir die Pfarrkirche erreichen. Gleich rechts biegen wir in die *Georg-von-Loe-Straße* ein, auf der wir zu unserem Ausgangspunkt am Schloss zurückkehren.

<u>Alternative:</u>

Wer diese Wanderung als Rundwanderung in Fritzdorf beginnen möchte und dorthin wieder zurückkehren will, geht bei Erreichen der K 56 oberhalb von Eckendorf geradeaus auf dem Feldweg weiter; nach der Unterquerung der E-Leitung an der Wegkreuzung rechts den Feldweg immer geradeaus bis nach Fritzdorf, links sehen wir die kleine Baumgruppe mit dem Heiligenhäuschen liegen, rechts davon unter Bäumen versteckt der Sommersberger Hof. Am Ortsanfang von Fritzdorf steht das **Marienkreuz***.

Kurz und bündig

Anfahrt: Mit dem Bus der Linie 857 von Bad Godesberg oder Meckenheim bis Adendorf Ortsmitte (Haltestelle Kirche).
Parkmöglichkeiten: Bei Anfahrt mit dem Bus in Bad Godesberg auf dem Parkplatz der Rigalschen Wiese bei der Stadthalle; bei Anfahrt mit dem PKW in Adendorf beim Schloss (Georg-von-Loe-Straße).
Weglänge: 9 km.
Wanderzeit: Reine Gehzeit 2,5 Stunden. Die Wanderung kann man zu allen Tageszeiten beginnen.
Höhenunterschiede: Bis auf ein kurzes Stück bei der Windmühle kaum Anstiege.
Wanderkarte: „Bonn und das Siebengebirge" Nr. 22 des Landesvermessungsamtes Nordrhein-Westfalen (1:25 000).
Sehenswürdigkeiten: Rundwanderung durch die Ebene, dann ein Stück auf dem Alten Heerweg. Im Text fettgedruckte Orte werden nachstehend ausführlicher beschrieben. In Meckenheim-Altendorf lohnt ein Besuch der *Brennerei Brauweiler.*
Einkehrmöglichkeiten: Bei Adendorf: *Restaurant Burg Münchhausen* in reizvollem ländlichem Ambiente mit Grillspezialitäten, saisonaler Karte (z. B. Kulinarisches aus Wald und Flur), verschiedene Nudel- und Fischgerichte, Weinkarte; gutes Preis-Leistungsverhältnis. Tel.: 0 22 25 - 94 83 69 (siehe Anhang).

Sehenswürdigkeiten:

Adendorf

Geschichte: Ein Edelmann namens *„Adelgisil"*, der sich um 630 in Adenorf niedergelassen hat, soll den Ort gegründet und ihm seinen Namen gegeben haben. Erstmals urkundlich erwähnt wird *„Adelesdorph"* im Jahre 893. Der Aufstieg des Ortes ist mit der Herrscherfamilie *von der Leyen* auf das Engste verknüpft. Sie stammte von der Mosel und besaß in Adendorf keine Ländereien. Erst durch Heirat *Georg von der Leyens* mit einer *Eva von Mauchenheim* beginnt der Aufstieg dieses Geschlechts. Eine Tante dieser Frau war Alleinerbin großer Reichtümer und besaß einige Güter, die sie um das Jahr 1485 den neuen Verwand-

ten Georg von der Leyen verkaufte. 30 Jahre später gehörte unter Georgs Sohn *Bartholomäus von der Leyen* bereits ganz Adendorf der Herrscherfamilie. Bis 1833 blieb das Schloss im Besitz der Familie von der Leyen.
Das Geschlecht brachte bedeutende Staats- und Kirchenmänner hervor. So stieg *Kaspar von der Leyen* zum Kurfürst und Erzbischof von Trier auf (1652–1676). Für eine Zeitperiode stellte die Familie somit einen der sieben Kurfürsten. Durch geschicktes Taktieren und guten Verbindungen zu den Nachbarn auf Burg Gudenau in Villip erreichten die von der Leyens ebenfalls die Reichsunmittelbarkeit: Ab 1659 war Adendorf wie Villip dem Kaiser direkt unterstellt. Zum Herrschaftsbezirk zählten auch Arzdorf, Eckendorf, Klein-Villip, der Grimmersdorfer und der Villiper Hof, die Burg Münchhausen und die Kempermühle.
In der Zeit der Renaissance bewohnen gebildete und weltaufgeschlossene Herrscher das Schloss, das in dieser Zeit seine heutige Gestalt erhielt und vom Ritterschloss in ein Renaissanceschloss umgewandelt wurde. Die Herrschaft der von der Leyens blieb auch bis zur französischen Besetzung des Rheinlandes im Jahr 1794 bestehen. Die guten Beziehungen zwischen Philipp von der Leyen und den französischen Machthabern könnten nach Müller ausschlaggebend gewesen sein, dass 1800 Adendorf zur Mairie (Bürgermeisterei) ernannt wurde. Mit dem Einzug der Preußen, die Phillip die Freundschaft mit den Franzosen Übel nahmen, endete allerdings 1815 der Einfluss der einstigen Herrscherfamilie.
Kirche St. Margareta: Siehe unter Wanderung Nr. 10, S. 164.
Töpferhandwerk: 1742 kamen zwei Töpfer aus dem Westerwald nach Adendorf. Durch Heirat siedelten sie sich hier an. Bis 1897 hatten sich 25 Töpfereibetriebe im Ort angesiedelt (heute nur noch 4; siehe S. 165).

Wasserburg Adendorf

Der Grundriss der heutigen Burganlage geht auf einen Bau von 1337 zurück, von dem noch die Grundmauern und die vier Ecktürme stammen. Schon damals wird der Rittersitz „Auldendorp“ in einer Urkunde als eine mit Gräben und einer Vorburg versehene Anlage beschrieben. Der nordwestliche Rundturm zeigt noch den Charakter des mittelalterlichen Wehrturms (Schießscharten, kleine Fenster, geschiefertes Kegeldach). Das unterste seiner drei Geschosse diente als Burgverlies.
Die heutige Anlage besteht aus zwei Gebäudegruppen (Vor- und Hauptburg). Von der früheren Ritterburg von 1337 stammen noch die

Grundmauern und Ecktürme, von denen drei in Erker umgewandelt wurden, die auf gotischen Konsolen ruhen. Mit ihren großen Fenstern sind sie Teile der Wohnräume, die sich seit dem Ausbau der Burg in den Jahren 1655 bis 1670 auf zwei Geschosse verteilen. In der Zeit des Umbaus wurde auch der Wassergraben, der einst Vorburg und die quadratische Hauptburg trennte, zugeschüttet. (vgl. hierzu Burg Odenhausen, wo der zur Vorburg angrenzende Graben nicht zugeschüttet wurde).
Vorburg: Der Eingang zur Vorburg mit den Wirtschaftsgebäuden wird von zwei zweigeschossigen Giebelvorbauten mit einem prächtigen *Renaissance-Portal* gebildet. Die Schießscharten der Vorburg ließen eine Verteidigung der Burg mit Feuerwaffen zu. Wo früher eine Zugbrücke war, betritt man heute das Schloss seit 1717 über eine Steinbrücke. Die Vorburg ist ein hufeisenförmiges Wirtschaftsgebäude, das mit zwei viereckigen Türmen an den Flanken bewehrt ist. Nach Durchschreiten der *Torhalle* gelangt man in einen *quadratischen Binnenhof,* dessen Renaissancefassaden in ihrer steinernen Gliederung noch an die Fachwerkkonstruktion des Vorgängerbaues erinnern.
Hauptburg: Über den Binnenhof erreicht man eine *doppelarmige Freitreppe,* die zum *Hauptportal* des *Herrenhauses* führt. Das Portal mit starken Steinquadern gerahmt zeigt in seinem flachen Dreieckgiebel noch das Wappen der Grafen von der Leyen.
Landpartie: Burg und Park des Schlosses bilden alljährlich im Mai die Kulisse für die sog. Landpartien, bei denen Aussteller Produkte rund

Die Wasserburg Adendorf

um den Themenkreis „Ländliche Lebensart" präsentieren. Hier gibt es Dinge zu bestaunen, die das Leben ungemein bereichern und angenehm machen können. Jede Landpartie hat ein eigenes Schwerpunktthema. Die Palette der Angebote reicht von Antiqitäten, Porzellan, Schmuck oder Büchern bis zu englischen Teerosen, irischem Tweed oder italienischer Terracotta für Parkeinrichtungen. Stärken können sich Freunde der feinen Lebensart im Schatten alter Bäume mit Champagner, Austern, aber auch mit einfacheren Gerichten wie Olivenbrot und Flammkuchen.

Sommersberger Hof

Der Hof wurde an der Stelle einer ehemaligen Wasserburg, die im 15. Jh. Rittersitz war, errichtet. Über eine Steinbrücke aus Bruchstein gelangt man durch die Toreinfahrt aus dem Jahre 1612 in die rechteckige Hofanlage mit dem Wohnhaus von 1782 und Fachwerkscheune von 1759. Die östlichen Wirtschaftstrakte, Pferde- und Schweineställe von 1825 wurden, wie die Fritzdorfer Windmühle, aus dem Basaltmaterial der abgebrochenen ehemaligen grabenumwehrten Burg an dieser Stelle erbaut (seit 1868 im Besitz der Familie Cremerius). Einige Reste der Burganlage sind noch westlich des Hofes erkennbar.

Heiligenhäuschen

Am Rande der Straße nach Fritzdorf liegt das kleine Bauernheiligtum idyllisch in einer großen schattenspendenden Baumgruppe versteckt.

Fritzdorf

Am äußersten südlichen Zipfel der Gemeindegrenze zu Rheinland-Pfalz liegt der schon 770 erwähnte Ort mit seiner weithin sichtbaren Pfarrkirche St. Georg. 1192 heißt er *„Vrizdorf"*. Ein Schultheiß und seine Schöffen erledigten auf dem *Dingstuhl* die örtlichen Rechtsangelegenheiten. Bis zum Ende des 18. Jh. gehörte Fritzdorf zur Grafschaft Neuenahr, dann wurde es von den Franzosen bei der Neuordnung des Gebietes der Mairie Adendorf zugeordnet.

Pfarrkirche St. Georg: Das Patrozinium des mit dem Drachen kämpfenden Ritters symbolisiert den Kampf des Christentums gegen das in der Gegend sich hartnäckig haltende Heidentum (vgl. Adendorf St. Margareta). Das erste Datum der Erwähnung ist 1292, die heutige Kirche wurde vom Abt des Klosters Steinfeld 1719–1724 errichtet.

Ausstattung: Ein romanischer Taufstein (Jahreszahl 1100), eine *Pieta* aus Holz (16.–17. Jh.), eine schöne *spätgotische hl. Barbara* (16. Jh.). Von der engen Verbindung der Gemeinde mit dem Kloster Steinfeld zeugt

die Statue des frühchristlichen Martyrers Potentius, dessen Gebeine im dortigen Kloster aufbewahrt werden.
Grabsteine: Von den vielen alten Grabkreuzen ist das mit einer Rose geschmückte Grabkreuz des 16. Jh. besonders zu erwähnen.

Wegkreuze:
Georgkreuz: Am Ortseingang Richtung Arzdorf in der Schmiedgasse gegenüber der Raiffeisenstraße steht das reich verzierte spätbarocke Hochkreuz von 1780, das Darstellungen des drachentötenden hl. Georg zu Pferd und der hl. Barbara mit Turm und Kelch sowie der Inschrift S. BARBARA zeigt. Darunter befindet sich die Inschrift: MARIA SONNTAGS, JOHANNES SONNTAGS, MARIA WEBERS – J.S.C.S. M.S.
Barbarakreuz: Zwischen Fritzdorf und Arzdorf steht das nach Zerstörung wiederhergestellte Barabakreuz aus dem Jahr 1727. Es trägt die Inschrift: HEILIGE BARBARA, BETE FÜR UNS. Der Stifter war Jacob Schütz.
Engelkreuz: Ein barockes Kreuz mit Engeln, die das Blut aus den Wunden Christi mit Kelchen auffangen steht in der *Oevericherstraße/ Windmühlenstraße;* Inschrift, „ANO 1729" und INRI. Darüber sind Gottvater mit segnender Hand, darüber der hl. Geist als Taube dargestellt.
Wegekreuz an der Wegkreuzung Windmühlenstraße/Windmühlenhof mit Inschrift oben: IXS, unten Jahreszahl 1680. Inschrift: HAT JOHANN SCHALLER UND ELISABETH HAWEN DIESES GREIZ LASSEN MACHEN ZU EHREN DER HEILIGEN DREIFALTIGKEIT UND ZU EHREN DER ALERSELIGSDEN JUNGFRAW MARIA. Muschelnische und Altartisch (Korpus fehlt).
Weitere Basaltwegekreuze an der Kreuzung Schmiedgasse/Oevericherstraße und an der Einmündung *Am Zippenacker* .
Wegekreuz an der Vettelhover und Eckendorfer Straße: Das 300 Jahre alte Kreuz ist eine fromme Stiftung eines begüterten Bürgers, der für die Aufstellung drei Jahresernten aufbringen musste.
Marienkreuz am Ortsanfang am Plantagenweg Richtung Eckendorf: Maria mit dem Jesuskind; Gesichter leicht verwittert, Muschelnische mit Opfertisch; Jahreszahl 1730. Inschrift: A.D. (anno domini) HAT DER EHRSAMER UND JVNGESEL KONRADUS PESCH DIESES KRUZ AFRICHTEN LASSEN. Das Kreuz darüber wurde erneuert.
Pilgerbruderschafft St. Jodokus: Nach einem altem Brauch, der nach dem 2. Weltkrieg neu belebt wurde, bricht alljährlich die Bruderschaft zu

Fuß oder mit dem Rad nach Langenfeld in der Eifel auf, wo sich in St. Jost im Nitztal ein Jodokus-Heiligtum befindet, das im September Ziel der Wallfahrer ist. Auf dem Weg dorthin, kommt man an etlichen Wegekreuzen aus Basaltlava vorbei.

Brauchtum: Maikönig war derjenige, der nach dem Verlesen strenger Regularien am meisten für ein Mädchen gesteigert hatte. Er durfte die Maikönigin *(Maiblume)* auswählen und hatte das Vorrecht, die Erwählte bis zur Dickbohnenblüte zu besuchen. Weniger sanft ging man mit den Mädchen um, für die nicht geboten wurde: Für sie wurde ein neues Verfahren eröffnet, der sog. „Rummel", wo sie dann billiger ersteigert werden konnten.

Fachwerkhäuser: Im Ort sind mehrere alte Fachwerkhäuser erhalten, eines davon in der Eckendorfer Straße Nr. 44 mit schönem Torbau (Gesellschaft der Freunde, Förderer, Züchter des bosnischen Pferdes e.V.).

Holztreppenbauer: In Fritzdorf und Arzdorf sind Schreiner beheimatet, die hier ihr traditionelles Handwerk ausüben.

Vorgeschichtliche Kultstätte beim Windmühlenturm: Fritzdorf wird in einer Urkunde aus dem Jahre 770 „*Frigbodesdorph*" genannt. Der Name geht nach Müller auf eine germanische Göttin zurück. In der Nähe des Fundortes des berühmten *Fritzdorfer Goldbechers,* der aus Goldblech getrieben und in seiner Form einzigartig ist (Rheinisches Landesmuseum Bonn), befand sich einst eine vorgeschichtliche Kultstätte, die als *Quellheiligtum* der Fruchtbarkeitsgöttin Frigga (oder Freya) geweiht war. Im Gegensatz zu der heutigen Topographie des Ortes, die eine offene ansteigende Felderflur zeigt, auf deren höchstem Punkt heute als krönender Abschluss der Fritzdorfer Windmühlenturm steht, bot sich vor 3000 Jahren hier dem Betrachter ein ganz anderes Bild. Der Höhenzug war damals bis ins Tal des Arzdorfer Baches hinunter von einem dichten Laubwald bedeckt, der nur im Tal durch die Rodungsinsel des Dorfes unterbrochen war. Im Arzdorfer Bach sammelten sich viele kleine Wasserläufe, die diesem Hügel entsprangen, heute aber durch Drainagearbeiten versiegt sind.

Die Verehrung des Wassers als Quelle des Lebens war bei den vorgeschichtlichen Menschen weit verbreitet. Der Wasserreichtum ihres Siedlungsortes am Arzdorfer Bach wurde als ein Gottesgeschenk angesehen. Für eine mythische Verehrung der Quelle spricht auch, dass die Quellen dem Dorf zugewandt entsprangen und ihren Weg somit zum Rhein und nicht zur Ahr suchten. Vielleicht wollte man der Göttin für ein heute als Wasserscheide bezeichnetes Phänomen danken, das sich noch in der Flurbezeichnung *Auf dem Scheid* erhalten hat. Der hier gefundene Goldbecher könnte nach Auffassung des Heimatforschers Müller zur Becherweissagung mit Hilfe des aus der Quelle entnommenen Wassers gedient haben. Dessen Vergrabung an dieser bedeutsamen Stelle abseits der Siedlung könnte auch auf ein Weiheopfer für eine wichtige Person schließen lassen. Bis ins 18. Jh. war das *„Scheid" oder „Scheed"* die Versammlungs- und Richtstätte (Thingstätte) der Grafschaft Neuenahr. Hier fanden in alter Zeit die Huldigungen vor dem Landesherren, die Sitzungen des Obergerichtes und die Beratungen unter freiem Himmel statt.

Windmühle: Die vorwiegend aus Steinen der abgebrochenen Wasserburg des Sommersberger Hofes 1842 erbaute Windmühle wurde 1972 wieder instandgesetzt und kann für private Zwecke gemietet werden. Großartiges Rundpanorama, Sitzgelegenheiten, Picknickstation. Siehe auch die Erläuterungen zu den Mühlen in Wachtberg unter Wanderung 11.

Frankfurt-Aachener-Krönungsweg (Heerweg)

Vom Königsbezirk Sinzig wurde in merowingischer Zeit die Verbindung zwischen den Königsgütern Flerzheim und Flamersheim und weiter bis zur Römerstraßenkreuzung in Zülpich betrieben. Auf dieser Linie entstanden weitere Siedlungen u.a. auch Bodendorf, Fritzdorf und Arzdorf. Dieser Verkehrsweg wurde im Mittelalter zu einem wichtigen Abschnitt der *Frankfurt-Aachener-Heerstraße.* Diese Straße war ein alter Handels-, Königs- und Pilgerweg, der als frühmittelalterlicher Fernweg im 8. Jh. entstanden war. Seine Bedeutung lag nicht nur darin, dass er die kürzeste Verbindung zwischen den Kaiserpfalzen von Frankfurt und Aachen war, sondern auch dass er einen wichtigen Abschnitt in der Achse von Flandern über Frankfurt, Augsburg und Tirol nach Oberitalien bildete. Der Wegabschnitt ab Sinzig war von Wegkreuzen und Kapellen als Einrichtungen für die Pilger gesäumt und führte über *Fritzdorf.* Südlich des Ortes befand sich dort nahe der Frankfurt-Aachener-Krönungsstraße ein ehemaliges Leprösenspital, an das der Flurname „Am Siechenhaus" erinnert. In Fritzdorf hat sich der Straßenname „Heerweg" erhalten

Altes Wegekreuz am Heerweg vor Eckendorf (sog. Schutzengelkreuz): Basalt mit dem gekreuzigten Heiland vermutlich spätgotisch, Korpus, Körperhaltung und Lendentuch sehr streng, an romanische Kreuze erinnernd. Spuren starker Verwitterung.

Eckendorf

Wie viele Orte mit der Endung „dorf" ist die Siedlung Eckendorf am Swistbach in der Zeit der fränkischen Landnahme im 7. Jh. entstanden. Erstmals wird sie in einer Schenkungsurkunde des Wigbert an das Kloster Lorsch von 770 als „Eccandorph" erwähnt. Der Name könnte von dem Namen „Ecco" oder „Ecke" abgeleitet sein. Im Güterverzeichnis der Abtei Prüm von 893 heißt der Ort „Eckendorpt", 973 wird er bei der Umschreibung der Grenzen des Wildbannes zu „Eckendorp".

Das Georgskreuz in Fritzdorf

Der an der uralten Fernstraße Frankfurt am Main-Aachen gelegene Ort war Obergerichtsstätte und Zollstelle der Grafschaft Neuenahr. Später wurden Teile der Gemarkung Eckendorf durch Schenkung dem Kloster Prüm übereignet. Als 1230 der Besitz des Grafen Otto von Neuenahr zur selbständigen Grafschaft erhoben wurde gehörte der Ort zur Grafschaft Neuenahr. Ab 1382 lag die Mitherrschaft über die Grafschaft Neuenahr beim Kölner Kurfürst und Erzbischof. Eckendorf hatte von nun an zwei Herren zu dienen, dem Kurfürsten und dem Grafen von Neuenahr. Von 1546 bis 1659 waren die Herzöge von Jülich die Landesherren.

Vom 14. bis 18. Jh. hatte Eckendorf einen eigenen Dingstuhl, der mit einem Schultheiß und mehreren Schöffen besetzt war. Er war zuständig für die Schiedsgerichtsbarkeit und die Beurkundung von Erb- und Grundstücksangelegenheiten.

„Auf dem Scheid" an dem Frankfurt-Aachener-Krönungsweg tagte das nächsthöhere Gericht, das Landgericht. Nach 1794 wird Eckendorf mit seinem etwa 323 Einwohnern französisch.

Kirche St. Cosmas und Damian: Neuromanisch mit guter Ausmalung. Auf dem Kirchhof alter Grabstein mit zwei Muscheln und Pilgerstab, vermutlich von einem ehemaligen Pilgergrab; etwas unterhalb ehe-

malige Wasserleitung für Aachenpilger. Dass diese Kirche diesen beiden Heiligen geweiht worden ist, ist sicher kein Zufall, weil sie wegen ihrer Heilkunst berühmte Ärzte waren und von kranken Reisenden und Pilgern hier angerufen werden konnten.
Weißes Kreuz: Hochkreuz in der Nähe des Heerwegs mit der Jahreszahl 1717, einem barocken Engelskopf und folgender Inschrift: GODFRID UNKELBAC ET GERTRUDIS ORTHS CONV POSUERUNT 1717.

Die Burg Münchhausen bei Adendorf, Innenhof

Burg Münchhausen
1 km westlich vom Adendorf entfernt liegt die bereits im Jahr 893 als *„munichhusen"* erwähnte Burg, die dem Reichskloster Prüm in der Eifel gehörte. 1246 erbte sie der Kölner Erzbischofs *Konrad von Hochstaden.* Seit 1404 der wurde sie der Gerichtsbarkeit von Adendorf unterstellt. 1525 ging die Burg in den Besitz der *Grafen von der Leyen* zu Adendorf über.
Die unregelmäßige Anlage der Burg Münchhausen war einst durch Wassergräben geschützt. Beide Türme sind im Unterbau aus *römischen Steinen* (Gussmauerwerk) der unweit bei Lüftelberg verlaufenden ehemaligen römischen Wasserleitung erbaut. Der älteste Teil der Burg ist der 20 m hohe Tuffsteinbau in der Nordwestecke aus dem 12. Jh. Der wenig später erbaute westliche Rundturm hat starke Mauern von

zwei Metern Dicke. Zu Verteidigungszwecken waren Pechnasen angebracht, die von sichtbaren Kragsteinen getragen wurden. Das Wohnhaus der Burg stammt aus dem 18. Jh. Heute sind hier ein Gestüt, eine Reithalle und zahlreiche Reitställe untergebacht. Restaurant siehe Anhang.

Vom Wert der Streuobstwiesen, alten Apfelsorten und was man daraus machen kann

Schon die alten Römer haben vor 2000 Jahren auf dem Bonner und Wachtberger Gebiet ihre eigenen mitgebrachten Obstkulturen angelegt, offenbar waren ihnen die Obstarten der germanischen Ureinwohner viel zu herb und schienen ihnen allenfalls zur Essigherstellung geeignet. Unter den hochstämmigen Obstbäumen mit 1,60 m Stammhöhe befanden sich früher entweder die Weiden der Tiere oder Äcker mit Feldfrüchten. Auf dieser Wanderung lernen wir Apfelkulturen kennen, die eine wichtige wirtschaftliche Existenzgrundlage der Wachtberger Obstbauern darstellen. Neue Züchtungen mit niedrigen Stämmen, die das Landschaftsbild verändern und viel Schädlingsbekämpfungsmitteleinsatz sind allerdings der Preis, der gezahlt werden muss, damit sich der Anbau lohnt. Die Plantagen stehen voller kleiner niederstämmiger Bäume. Es sind Monokulturen, dicht bepflanzt mit optimaler Raum- und Bodennutzung. Früher waren die Bäume bis zu 4 m hoch und die Ernte mit Leitern und das Umladen waren mühsam. Die Pflege der Obstkulturen, das Aufhacken und das Freihalten von Unkraut erfolgte früher per Hand mit Hacke. Heute übernehmen dies Maschinen und Chemie.

Streuobstwiesen, ein schützenswertes Natur- und Kulturgut der Landschaft

In ganz Deutschland gibt es noch rund 400 000 ha Streuobstwiesen. Auch in Wachtberg gibt es sie noch dank privater Initiativen, die die alten Sorten mit hohen Stämmen an naturbelassenen Standorten bewahren. Wenn hochstämmige Obstbäume verstreut oder in Reihen auf Wiesen oder Weiden stehen, spricht man von Streuobstwiesen. Während auf 1 ha Streuobstwiese ca. 80–100 Obstbäume in loser Streuung wachsen, gibt auf 1 ha Obstplantage 2000 Bäume und mehr. Bei den Bäumen auf Streuobstwiesen handelt es sich meist um Pflaumen-, Apfel- oder Birnbäume, aber auch Kirsch- oder Walnussbäume sind darunter. Die alten Bäume mit den ausladenden Kronen werden immer

seltener, dabei sind sie für die Natur und das Bild der Wachtberger Kulturlandschaft unverzichtbar. Heute sind nur noch wenige Reste dieser ehemaligen Streuobstwiesen-Gürtel vorhanden. Das von dort stammende Obst wird inzwischen zur Apfelsaftherstellung genutzt. Auch geriet die ursprüngliche Vielfalt der alten Obstsorten in Vergessenheit. Wer kennt heute noch den Rheinischen Bohnapfel, den Winterambour, Gellerts Butterbirne oder die Gute Luise? Fast vergessen ist das köstliche Aroma der naturbelassenen Früchte und die besondere Lagerfähigkeit dieser alten bewährten Obstsorten.
Streuobstwiesen sind für das Landschaftsbild von unschätzbarem Wert. Früher waren alle Ortschaften in Wachtberg von Streuobstwiesen umgeben, die für Windschutz sorgten, die Dörfer harmonisch in die Landschaft einbanden und die Versorgung der Bevölkerung mit Obst sicherten. Die Obstbaumbestände bieten zu jeder Jahreszeit ein wechselndes Bild: die Blütenpracht im Frühjahr, die Früchte in Sommer und Herbst, und selbst im Winter pragen und bereichern die knorrigen Obstbäume die Landschaft, die wir als schön und erholsam empfinden. Auch die positiven Auswirkungen der Obstbaumbestände auf unser Klima, den Boden und das Grundwasser sind nicht zu unterschätzen.
Daneben sind Streuobstwiesen für den Naturhaushalt wichtig, weil sie der Lebensraum für zahlreiche wildlebende Pflanzen- und Tierarten sind. Insbesondere die höhlenbrütenden Vogelarten nutzen das Wohnungsangebot der alten Bäume. Aber auch nützliche Insekten oder Säugetiere, wie die selten gewordenen Gartenschläfer und bestimmte Fledermausarten, leben hier, während sie in den Intensiv-Obstplantagen keine geeigneten Lebensbedingungen finden. 50 zum Teil sehr selten gewordene Vogelarten wie Grünspecht und Steinkauz leben hier und ungefähr 3000 Kleinstlebewesen und Tierarten sind hier anzutreffen. Wie hoch die Artenvielfalt in einer Streuobstwiese im Vergleich zu einer herkömmlichen Obstplantage ist, zeigen folgende Untersuchungen:

Art	**Streuobstwiese**	**Obstplantage**
Pflanzenarten:	120	9
Tierarten:	250	45
davon u. a.		
Käfer:	62	7
Tagfalter:	23	3
Vögel:	35	5
Säugetiere:	18	4

In der Vergangenheit wurde jedoch die Nutzung zahlreicher Obstwiesen aufgegeben, fehlende Pflege führte dazu, dass immer mehr Bäume zusammenbrachen. Da die Obstproduktion heute fast nur noch in intensiv genutzten Niederstamm-Plantagen wirtschaftlich ist, bestand die Gefahr, dass Hochstammobstbäume kaum noch nachgepflanzt werden. Um zu verhindern, dass Streuobstwiesen mit der Zeit ganz aus der Wachtberger Kulturlandschaft verschwinden, wurde zu diesem Zweck im Mai 1994 der *„Verein zur Pflege und Förderung der Streuobstwiesen in Wachtberg e.V.“* gegründet. Der Verein hat damit begonnen, Streuobstwiesen zu pflegen, die Obsternte zu verwerten und neue Bäume zu pflanzen. Ferner gehören zum Vereinsprogramm die Durchführung fachkundiger Exkursionen, von Kursen zum Erlernen des Obstbaumschnitts, Beratung und Information rund um den Obstbaum, sowie Sammelbestellungen von Hochstämmen, alte Sorten (Preisvorteil). Hierzu wendet sich der Verein an alle Gartenbesitzer und Interessierte. Dank der Initiativen dieses Vereins sind die Streuobstwiesen inzwischen wieder ein blühendes Aushängeschild der Gemeinde: Über 400 Sorten Äpfel wachsen in Wachtberg, dank der vom Verein betreuten 250 Altbäume und der 500 nachgepflanzten Jungbäume. Die alljährlich im Oktober im Köllenhof in Ließem stattfindenden *Wachtberger Apfeltage* geben hiervon ein beredtes Zeugnis.

Aus Obst hergestellte Köstlichkeiten

Zum Obstanbau gehört heute aber nicht nur die Produktion, sondern auch die Verarbeitung. So steht in dem von zahlreichen Obstgärten umgebenen Niederbachem eine ehem. Konservenfabrik, die u. a. Marmelade herstellte. Früher stellte man dort das sog. Apfelkraut her. Der *Verein zur Pflege und Förderung der Streuobstwiesen* und viele Obstbauern des Umlandes bieten Obstsäfte zum Verkauf an (in Niederbachem samstags hier in der Bondorferstraße), manche Bauern haben auch Gelees im Angebot. Direkt vor der Haustüre von Wachtberg bietet die erste Edelobstbrennerei Brauweiler im südlichen Rheinland in Meckenheim-Altendorf neuerdings auch Edelobstbrände und Liköre an. Bei einem Rundgang durch die Edelobstbrennerei kann man allerlei Wissenswertes über die verschiedenen Schritte der Herstellung von Bränden und Geisten in Erfahrung bringen. Der lange Weg von den Früchten aus eigenem Anbau bis zum fertigen Edelbrand in der Flasche erklärt der Brenner persönlich, und auch, was bis zum perfekten Genuss eines Edelbrandes zu beachten ist. Nicht nur, dass edle Brände fein und sauber destilliert werden, sondern auch wie diese Früchte eingemaischt und vergoren werden. Durch das Vergären von besonders ausgesuchten Früchten mit einer langen Reifezeit entsteht eine aromatische Obstmaische mit geringem Alkoholgehalt. Dieser Vorgang wird temperaturgesteuert im Kühllager kontrolliert, um die wertvollen Aromen zu erhalten. Die Obstmaische wird dann in der Brennerei erhitzt und der Alkohol aus der Maische abdestilliert. Die speziell angefertigte Brennanlage wird klassisch von Hand gesteuert. Edelbrände müssen sehr exakt destilliert werden, weil am Anfang und Ende des Brennvorganges unerwünschte Inhaltsstoffe auftreten. Nach dem Brennen erfolgt die Lagerung. Ein Teil wird in geschmacksneutralen Edelstahltanks eingelagert, damit der Brand in Ruhe reifen kann.

Blühende Streuobstwiesen bei Oberbachem

Eine Spezialität ist der Pommes d'Or, ein holzfassgereifter *Apfelweinbrand.* Mit viel Liebe und Sachverstand werden auch Liköre kreiert. Zum Beispiel *Apfellikör* ist eine Rarität unter den Likören und erfreut sich steigender Beliebtheit. Aber auch Himbeer-, Weinbergpfirsich-, Schattenmorellen-, Quitten- und Williams Christ Birnen-Liköre sind ein Hochgenuss. In einem gemütlich eingerichteten Verkostungsraum direkt neben der Brennerei können Verkostungen von 15–50 Personen gebucht und durchgeführt werden (vorher Anmeldung; siehe Anhang).

Brennerei Brauweiler, 53340 Meckenheim-Altendorf, Krötenpfuhl 8
Mail: info@brennerei-brauweiler.de
Telefon: +49(0)22 25 - 73 85; Telefax: +49(0)22 25 - 1 71 52

13. Stille Winkel rund um Holzem

Von Holzem nach Klein-Villip, Grimmersdorfer Hof, Kottenforst und Burg Gudenau

Dies ist eine kleine Erkundungstour rund um Holzem, die uns durch stille Ackerfluren und Apfelplantagen führt und noch ein Stück des Kottenforstes mit einbezieht. Wir berühren keine Ortschaften und lernen das noch unentdeckte stille Hinterland Wachtbergs zu Fuß kennen. Unterwegs gibt es märchenhafte Ausblicke auf den Eifelrand zu bewundern, aber auch die Pferdekoppeln und Wiesenlandschaften mit ihren blühenden Blumen und der kleine, einsam in einer Kuhle am Waldrand gelegene Grimmersdorfer Hof mit seinen Fachwerk erfreuen uns. Bald grüßt im Tal von Ferne das Wasserschloss Gudenau aus ungewohnter Perspektive, und die Windmühle von Villip auf dem Hügel blickt weit über das Land, bevor wir auf den Hauptwanderweg Nr. 1 des Eifelvereins, den sog. Jakobsweg einschwenken, der uns durch ein frisches Bachtal wieder nach Holzem hinaufführt. Die Wanderung stellt keine besonderen körperlichen Ansprüche.

Wegbeschreibung

Von der *St. Nepomuk-Kapelle* in **Holzem***, die der Sänger *Anton Raaff* gestiftet hat, folgen wir dem schmalen asphaltierten Weg Nr. 6 in Richtung *Klein-Villip*, der sich am Kinderspielplatz und vorbei zu einem kleinen Bachlauf hin schlängelt. Unter Obstbäumen weiden dort Schafe und Kühe. Bald tritt man heraus auf das freie Ackerland, wo man Erdbeeren und Getreide anpflanzt. Rechts sieht man den Kirchturm von Villip aus einer Baumgruppe hervor ragen, im Vorblick liegt der Waldrand, auf den wir jetzt zugehen, links erhebt sich aus dem Dunst die Hügelkette der vorderen Eifelhöhen. An der Wegkreuzung endet der Asphaltweg, wir gehen geradeaus weiter, im Rückblick sehen wir noch einmal von Ferne die Holzemer Kapelle, eingerahmt vom Rand des Kottenforster Waldes.

Nun erreichen wir den Waldrand mit herrlichem altem Eichenbestand. Linkerhand taucht *Arzdorf* mit seiner St. Antonius-Kapelle auf, dahinter sehen wir *Fritzdorf* mit seiner weißen St. Georgskirche liegen. Wir gehen bis zur Landstraße, die wir überqueren und folgen dem geschotterten Weg am Waldrand unter Eichen bis zu einer Weide, wo der Weg in einer leichten Linksbiegung durch ein Wäldchen nach **Klein-Villip*** führt. In der inmitten von Obstplantagen idyllisch gelegenen alten Hofsiedlung treffen wir auf die Hauptstraße, der wir rechts bergab in ein Wäldchen folgen (Nr. 6), dort überqueren wir eine Brücke über den *Arzdorfer Bach,* der nach Villip fließt und den Godesberger Bach speist.

Wanderweg bei Holzem

Auf der anderen Seite des Tales schlängelt sich der Weg nach oben, in einer Linkskurve verlassen wir die Nr. 6., hier zweigt ein grasiger Feldweg nach rechts ab, dem wir geradeaus durch Wiesen und Felder folgen. Rechterhand ein schöner Blick auf das Bachtal und den Waldrand. Im Hintergrund der Waldrand des *Kottenforstes.* Wir durchstreifen ein Stück unberührtes Wachtberg.
Nach ca. 800 m stoßen wir bei einem Hochsitz auf einen Weg, wo wir uns nach links wenden. Zur Wegbefestigung hat man hier Abfälle (Henkel) der Adendorfer Töpferware benutzt. Im Rückblick sehen wir die *Wachtberger Kugel.* Wenn wir eine kleine Teerstraße erreichen, gehen wir nach rechts durch eine Obstplantage. Bei der nächsten Straße wieder rechts bergab am *Theresenhof* vorbei zum **Grimmersdorfer Hof**, dessen Fachwerkgebäude sich in einer Senke hinter Bäumen verstecken. Auf diesem Gehöft scheint die Zeit stillgestanden zu sein.
Wir lassen den Hof rechts liegen und folgen dem kleinen Hohlweg bergan bis zum Wald. Nach 50 m biegen wir im Wald bei der Wegekreuzung rechts ab und folgen dem Schotterweg (Wegezeichen W, A 21), der leicht bergab führt. Wir halten uns immer rechts, beim Hochsitz biegen wir wieder rechts ab und überqueren über eine Brücke den *Arzdorfer Bach.* Der Weg führt uns aus dem Wald wieder ins Freie hinaus, links taucht die barocke Burganlage des *Wasserschlosses Gudenau*

mit seiner ausgedehnten Gartenanlage hinter alten Bäumen auf. Auf dem Hügel im Vorblick sehen wir den Kirchturm und die alte *Windmühle von Villip* mit einem Fachwerkgehöft auf der Höhe vor uns liegen. Wir gehen jetzt links auf die Burg zu bis wir am *Wegkreuz* die L 267 erreichen, der wir nach links ein kurzes Stück bis zur Brücke folgen. Dort biegen wir rechts in den *Hauptwanderweg Nr. 1 des Eifelvereins (Jakobsweg, Nr. 17)* ein (Vorsicht beim Überqueren der Straße, gefährliche Kurve).

Der schattige Weg führt am Bach unter Bäumen langsam bergauf, an der Weggabelung folgen wir dem Weg rechts bergauf durch ein Wäldchen, bald darauf führt uns der Weg wieder auf die freie Feldflur heraus. Schnurgerade geht es nach oben, rechts Getreidefelder, links Rübenäcker. Der durch Wachtberg führende Jakobsweg ist hier dem in Nordspanien in der Meseta in vielem ähnlich, außer den Wäldern die ringsum den Horizont begrenzen. An der ersten Wegekreuzung gehen wir links auf schmaler Teerstraße zum Bach. Hier treffen wir auf das **NABU-Schutzgebiet „Pappwiese bei Holzem"***. Bald sehen wir die ersten Häuser von Holzem, die von der kleinen Kapelle, dem Ausgangspunkt unserer Wanderung überragt werden. Unser Weg geht in die Straße *Auf dem Stein* über, kurz vor Ereichen der Ortsstraße gehen wir rechts hinter den Häusern an den kleinen Gärtchen vorbei zur St. Nepomuk-Kapelle, die auch als *Anton-Raaff-Kapelle* bezeichnet wird (siehe Spezialthema S. 219).

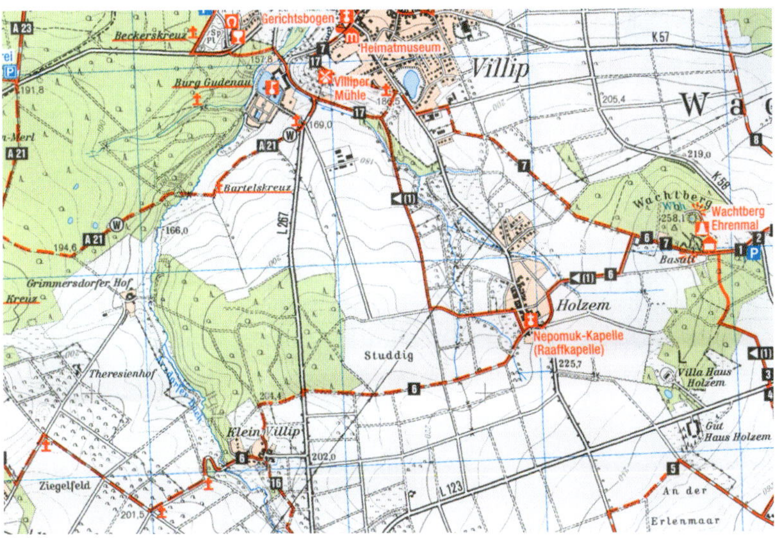

Kartenausschnitt 5: Villip – Holzem – Klein Villip

Die Windmühle von Villip vom Tal aus gesehen

Kurz und bündig

Anfahrt: Mit dem Bus der Linie 857 von Bad Godesberg bis Haltestelle Holzem.
Parkmöglichkeiten: In Holzem bei der Kapelle.
Weglänge: 8 km.
Wanderzeit: Reine Gehzeit 2 Stunden. Die Wanderung kann man morgens oder am frühen Nachmittag beginnen.
Höhenunterschiede: Anstieg am Ende der Wanderung zwischen der Wasserburg Gudenau und Holzem.
Wanderkarte: „Bonn und das Siebengebirge" Nr. 22 des Landesvermessungsamtes Nordrhein-Westfalen (1:25 000). Siehe Kartenausschnitt 5, S. 197.
Sehenswürdigkeiten: Rundwanderung durch unberührte Tal- und Waldlandschaften Wachtbergs. Im Text fettgedruckte Orte werden nachstehend ausführlicher beschrieben.
Einkehrmöglichkeit: Bei Adendorf: *Restaurant Burg Münchhausen* in reizvollem ländlichem Ambiente mit Grillspezialitäten, saisonaler Karte (z. B. Kulinarisches aus Wald und Flur), versch. Nudel- und Fischgerichte, Weinkarte; gutes Preis-Leistungsverhältnis. Tel.: 0 22 25 - 94 83 69 (siehe Anhang).

Sehenswürdigkeiten

Holzem: Der kleine Ort mit ca. 217 Einwohnern liegt in der Nähe des Wachtbergs, der um 1803/13 noch als „Holtzheimer Busch" bezeichnet

wird. Diesem Buschwald verdankt Holzem (Holzheim) seinen Namen aus der fränkischen Zeit.
St. Nepomuk-Kapelle (Anton-Raaff-Kapelle) siehe Wanderung Nr. 16, S. 219.

Klein-Villip
Der Legende nach hat die *hl. Lüfthildis* hier in einer Trutzburg (befestigter Hof) gelebt. Nach deren Belagerung durch Karl den Großen soll sie nach Lüftelberg geflohen sein.

Wasserburg Gudenau:
In einer Talaue am Zusammenfluss des Godesberger und Arzdorfer Baches liegt zu Füßen Villips die Wasserburg Gudenau, die im frühen 13. Jh. entstanden ist. Zwischen Hügeln versteckt liegt die vierflügelige Hauptburg mit rückwärtigem großem Park, die 1560 umfangreich ausgebaut und nochmals 1659 auf dem Höhepunkt der Macht der *Grafen Waldbott von Bassenheim* nach Erlangung der Reichsunmittelbarkeit von 1708 bis 1710 erweitert wurde.
An den Gebäuden wurden auflockernde Erker oder geschweifte Hauben angebracht. Die *Hauptburg* besitzt noch einen gotischen Erker. Die großzügige italienisch beeinflusste Gartenanlage mit *Muschelgrotte* und *bronzenen Springbrunnen* wurde im 17. Jh. mit Drei-Terrassen-Niveaus angelegt. Die Elemente der vielen verschiedenen Stilepochen fügen sich zu einem malerischen Gesamtbild zusammen.
Herrenhaus: Die dreiflügelig gestaltete Rückseite des Herrenhauses wirkt vom Garten durch die seeartige Wasserfläche wie eine Insel. Vom Garten führt der schmale Weg über eine Brücke durch ein Tor zum Herrenhaus mit ehemaliger *Zugbrücke Sandsteinfiguren* als Wappenhalter und der *ersten* inneren *Vorburg*, die von besonderem Reiz ist. Die äußere Schauseite der Burg wird durch die *zweite Vorburg* bestimmt, die einen mächtigen fünfgeschossigen gotischen Torturm, ein geschiefertes Walmdach und ein achteckiges Uhrentürmchen aufweist. Hier tritt der einstige Wehrcharakter der Anlage deutlich hervor. An der steinernen Brüstung das Wappen der von Waldbott von 1708.
Die Burg Gudenau liegt an der Wasserburgenroute.

NABU-Schutzgebiet „Pappwiese bei Holzem“
Nahe Holzem hat der Naturschutzbund Bonn ein 77 qm großes Grundstück gekauft, um ein kleines Refugium für die Tier- und Pflanzenwelt zu schaffen. Das mit dem kleinen Bach in Verbindung stehende Biotop ist besonders für Schmetterlinge und Vögel wertvoll. Die alten Kopfwei-

den am Holzemer Bach sind wegen ihrer Höhlen wertvolle Schlaf- und Brutplätze für Steinkäuze und Fledermäuse. Sie werden regelmäßig beschnitten, damit sie nicht kopflastig werden und auseinanderbrechen. Aus den nachwachsenden dünnen Ruten wurden früher Zäune und Weidenkörbe geflochten. Die Kopfweiden waren regelmäßiger Bestandteil früherer Kulturlandschaften.
Ein sog. *„Agenda Arbeitskreis Naturnahe Gärten“* hat sich in Holzem dafür eingesetzt, dass durch die Anpflanzung von einheimischen Feldgehölzen der Natur wenigsten ein kleines Stück von dem wiedergegeben wird, was ihr intensive Bebauung und Landwirtschaft genommen haben. Der Rat der Gemeinde hatte im Juni 1998 einen Beschluss im Zusammenhang mit der lokalen Agenda 21 angenommenen, in dem sich die Gemeinde für eine nachhaltige Entwicklung entsprechend der Beschlüsse der Konferenz für Umwelt und Entwicklung 1992 in Rio de Janeiro in Wachtberg einsetzen will.

Barockes Juwel im Verborgenen: Die Burg Gudenau

Die Geschichte der Burg Gudenau reicht bis in das 13. Jahrhundert zurück. Die Burg war ursprünglich ein Lehen der Grafen von Are-Hochstaden, das 1246 an das Erzstift Köln gelangt ist. Zuerst übten hier die Ritter von Gudenau die Herrschaft aus. Dann aber treten die *Grafen von Drachenfels* auf den Plan, als der mächtige Burggraf Gottfried von Drachenfels am 14. Mai 1402 die Burg und die dazu gehörenden Ländereien von seiner verwitweten Schwiegertochter Elisabeth Scherffgin erwirbt und damit seinen Einfluss auf die linksrheinischen Territorien entscheidend ausbauen kann. Die Grafen von Drachenfels besiegeln 1453 in einer Abmachung über die Erbteilung, dass die Linie des *Heinrich von Drachenfels* die Verwaltung der Burg Drachenfels und die Linie des *Klaus von Drachenfels* die linksrheinische Burg Gudenau übernehmen soll. Die Einnahmen aus dem Drachenfelser Ländchen sollten aber unter beiden Linien aufgeteilt werden. Diese Regelung bildete die Keimzelle für eine über zweihundert Jahre währende Auseinandersetzung über die Macht im Ländchen, die schließlich zugunsten der Gudenauer Linie ausging.
Wesentlichen Anteil hieran hatte der machthungrige *Otto Waldbott von Bassenheim,* der aus moselländischem Adel stammend die Schwester des Klaus von Drachenfels geheiratet hatte, und nach dessen Ermordung durch seinen Bruder Heinrich nunmehr auf die Vormachtstellung der Gudenauer im Ländchen pochte. Zielstrebig versuchte er den Besitz und Einfluss des Hauses Gudenau im Wachtberger Raum auszubauen.

Er tat dies allerdings nicht mit Waffengewalt, sondern mit Geld und kühlem Verstand. Als er den Druck auf die Bevölkerung verstärkte und diese dazu zwang, unentgeltliche Frondienste abzuleisten und ihm obendrein noch als Herr des Ländchens Drachenfels zu huldigen, erteilten ihm die Einwohner am 19. 1. 1562 eine Abfuhr, indem sie die alte Regelung von 1453 bestätigten, dass die Herren von der Gudenau und von Drachenfels sich die Einnahmen teilen und daher gleichberechtigt sind. Aber die Streitfrage, wer die Macht im Ländchen inne

Park des Wasserschlosses von Schloss Gudenau

hatte, blieb weiter offen. Erst im Jahre 1634 wird der Streit durch Erbfolge zu Gunsten der Gudenauer Ritter endgültig beigelegt.
In einer geschickten Tauschaktion sicherten sich die Burgherren und Villip 1659 die Reichsunmittelbarkeit. Damit waren auch die Villiper nur dem Kaiser unterstellt. Zu dieser Zeit gehörten zu der Gemeinde Villip noch Villiprott, Holzem und Pech. Nachdem schon *Otto Waldbott von Bassenheim* mit dem Kölner Erzstift wegen der Nutzungsrechte des Kottenforstes in Konflikt geriet, kauften die Gudenauer kurzerhand 1663 die Burg Odenhausen und waren damit berechtigt, den Wald zu nutzen. Während der Zeit der Hexenverfolgungen im Ländchen tat sich der *Freiherr Ferdinand Waldbott von Bassenheim,* Herr zu Gudenau besonders hervor. Als er alleiniger Territorialherr des Drachenfelser Ländchens wird, geht er als einer der schlimmsten Hexenverbrenner hierzulande in die Geschichte des Ländchens ein.

Das prächtige Wasserschloss ist aus verschiedenen Bauteilen des 13.–18. Jahrhunderts zusammengewachsen und zeugt vom Wohlstand und Kunstsinn seiner Bewohner, die auch den Park im herrschaftlichen Geist gestalteten. Seine Entstehung verdankt das Schloss freilich den Frondiensten, welche die Bevölkerung zu leisten hatten. Weil die Bedingungen sehr hart und Verpflegung schlecht waren, richteten die Bauern einen Beschwerdebrief an den Kurfürsten, aus dem der Satz überliefert ist: „Er (der Burggraf von Gudenau) lässt uns so schlecht und trocken das Essen kochen, dass wir in die Brühe hinzuweinen möchten."
Burg Gudenau wurde das Verwaltungszentrum des Drachenfelser Ländchens. Mit dem Einzug der Franzosen ins Rheinland endete die Herrschaft derer von Gudenau.
Auf der Burg Gudenau ging das gesellschaftliche Leben derweil weiter. *Kaiser Wilhelm II.* hat in seinen Memoiren von den Empfängen auf der Burg, die er während seiner Studentenzeit in Bonn erlebt hatte, begeistert berichtet. Er hatte ein Herz für eine berühmte Villiperin, das Blumenmädchen *Veronika Schüffelgen,* die Wilhelm stets mit frischen Blumen versorgt hatte. Und der Kaiser vergaß sie nicht! Zu ihrer goldenen Hochzeit am 2. Juli 1918 schickte er ihr ein Geschenk.
Die Gemeinde hat der 1854 geborenen legendären Villiper Blumenfrau vor dem Rathaus in Berkum 1997 ein Denkmal aus Bronze errichtet. Fast täglich legte sie 30 km zu Fuß nach Bonn zurück, um dort auf dem Markt Primeln, Maiglöckchen und Veilchen vor allem an Studenten für deren Anbändelungsversuche bei jungen Damen zu verkaufen.

14. Einst Bergwerk, jetzt Pferdeparadies

Von der Grube Laura nach Oedingen

Es ist seltsam, wie oft die Landschaft Wachtbergs ihr Aussehen verändert. Ganz allmählich hebt sich unser Weg, wenn wir aus dem Tal des Mehlemer Baches bei der Grube Laura durch Wald und Wiesen nach Züllighoven empor steigen. Wo heute aus dem Tal das Klappern der Hufe der Pferde des Reithofes hallt, gingen einst über 200 Grubenarbeiter ihrem Tagewerk nach. Das aussichtsreiche Oedingen präsentiert sich uns wie ein einziger Sonnenbalkon, und nachdem die fruchtbare Höhe hinter dem Ort erreicht ist, bietet sich nach Nord-Westen ein großartiger Landblick: Weiträumig ist hier oben der Horizont, Wolken ziehen am Himmel, wie wattige Segelschiffe oder leuchtende kühne Türme. Weltabgelegene Orte wie Züllighoven und der Weiler Schießgraben liegen auf unserem Weg, die alte Kirche St. Gertrud von Oedingen wacht über dem Land. Am Rückweg geht es durch den Wald oder am Waldrand entlang. Alte Hohlwege, mit Ostbaumalleen gesäumt spenden uns kühlen Schatten.

Wegbeschreibung
Die Wanderung beginnt in Oberbachem bei der Kirche (Bushaltestelle Oberbachem). Wir laufen bis zur Kreuzung an der L 123 (Nr. 2), überqueren *diese vorsichtig, und gehen geradeaus auf dem Werthhovener Weg* in Richtung des **Reitplatzes Grube Laura***. An der Wandertafel mit Bank zweigt ein geteerter Weg nach links ab (Nr. 13). Wir überqueren den kleinen Bach und steigen etwas an. Hinter Bäumen und Büschen versteckt liegt die aufgelassene Grube des *ehem. Bergwerks,* in dem früher blei- und zinkhaltige Erze gefördert wurden. Heute befindet sich dort ein Reitanlage.
Wir gehen den Weg langsam aufwärts und bei der nächsten Verzweigung nach rechts (Nr. 13) durch einen schattigen Weg an Pferdewiesen vorbei. Rechts schöner Blick in das unberührte **Züllighovener Tal***. Bleihaltige Abraumhalden mit spärlichem Bewuchs künden von der ehemaligen Grubentätigkeit der *Grube „Phillipine“*. Dann am Rande eines Wäldchens bei der nächsten Verzweigung geht es wieder ein kurzes Stück links bergauf, dann dreht der Weg wieder rechts und führt durch Pferdekoppeln bis nach **Züllighoven***. Uns begleiten herrliche Talblicke auf den Wiesengrund des naturbelassenen *Züllighovener Baches,* der von Bäumen gesäumt ungestört seinen Lauf nimmt. Links prächtige Blicke auf den Waldrand. Keine Bebauung stört den Naturgenuss über die Artenvielfalt des Züllighovener Tälchens (siehe S. 39 und S. 41 ff).
In Züllighoven macht der Weg eine kurze Biegung nach rechts und führt bergauf zu einem schmucken Fachwerkhof, neben dem ein kleiner Pfad am Kreuz und Ruhebank vorbei nach oben zur *Oedinger Straße* führt, der wir nach links folgen (Nr. 13). Am Ortsende sehen wir Oedingen, unser nächstes Ziel vor uns liegen. Wir überschreiten bald die Grenze zu Rheinland-Pfalz. Auf diesem asphaltiertem Landwirtschaftsweg können wir den Unterschied zwischen baumloser Ackerflur (Monokulturen, ausgeräumte Landschaft) und dem *Landschaftsschutzgebiet* mit seiner abwechslungsreichen Bach-, Wiesen- und Waldlandschaft studieren. Nach Überquerung des Baches steigen wir ein kurzes Stück durch Obstbaumwiesen hinauf bis nach **Oedingen***, dessen stattliche **St. Gertrudis-Kirche*** am Hang vor uns aufragt. Kurz vor Erreichen der Hauptstraße nehmen wir den Weg rechts durch den Kinderspielplatz.
Im Ort gehen wir auf der Hauptstraße *(Wachtberg Straße)* zur Kirche; nach 50 m links in den *Wotan Anger* einbiegen (Wegzeichen W und

Die Kirche St. Gertrudis in Oedingen

Nr. 3). Bald sehen wir rechts ein *Wegkreuz* stehen. An der nächsten Kreuzung gehen wir geradeaus auf einem Weg, der uns aus dem Ort heraus bringt zu einem aussichtsreichen Wiesengelände. Hier bietet sich ein prächtiger Rundblick auf Wachtberg und angrenzende Gebiete (Berkumer Kugel, Berkumer Wald, Züllighoven, Ließem und Heiderhof). Nahebei am Wald steht eine Bank zum Ausruhen.

Geradeaus (Nr. 3) durch ein Wäldchen geht es dann hinab zum Weiler *Schießgraben,* dort nach dem Holzkreuz rechts weiter auf dem Feldweg mit wunderbaren Fernblicken, der uns schließlich auf einen mit alten Eichen und Obstbäumen bestandenen schattigen *Hohlweg* wieder ins Tal bringt. Wir kommen bei dem Wanderweg durch das *Züllighovener Tal,* das wir schon kennen, wieder heraus und gehen auf dem Weg nach rechts zurück, auf dem wir zuvor gekommen waren (Nr. 13). Erneut genießen wir, diesmal aus einer anderen Perspektive, einen selten schönen Vorblick in das unberührte Bachtal. Am Waldesrand verlassen wir diesen Weg und gehen geradeaus ein kurzes Stück durch den Wald aufwärts, und wenn wir aus dem Wald heraustreten dann noch einmal ein Stück rechts aufwärts in Richtung *Golfplatz* (siehe Wanderung Nr. 15). Den ersten nach links abbiegenden Weg gehen wir durch Getreidefelder bergab auf die *Wanderhütte* unter Bäumen zu. In der Ferne sehen wir *Oberbachem* unter uns liegen.

Bei der *Wanderhütte* stoßen wir auf eine Verzweigung (Nr. 12),

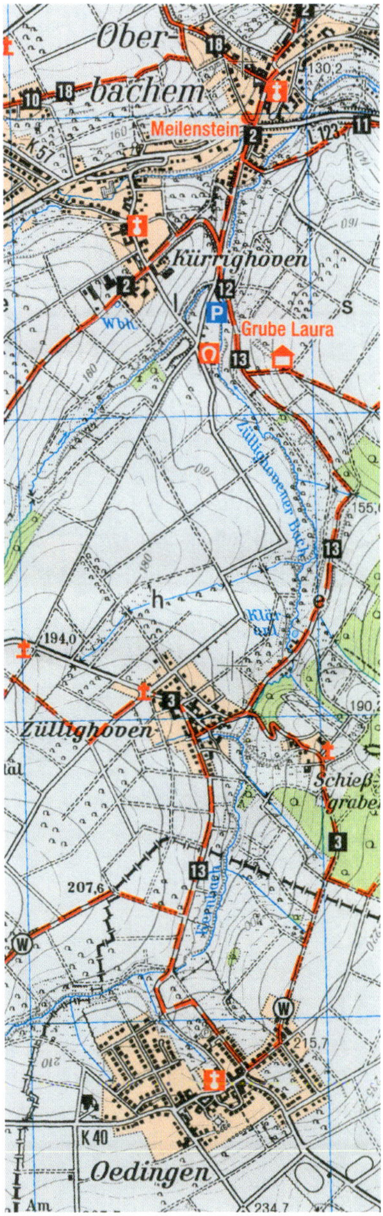

Kartenausschnitt 6: Züllighoven

bei der wir nach links ins Tal gehen und wieder auf den Weg gelangen, der uns rechts zurück an *Grube Laura* vorbei nach Oberbachem bringt.

Kurz und bündig

Anfahrt: Mit dem Bus der Linie 857 von Bad Godesberg, Mehlem oder Meckenheim bis (Haltestelle Oberbachem, Blankenheimer Weg).
Parkmöglichkeiten: In Oberbachem.
Weglänge: 6 km.
Wanderzeit: Reine Gehzeit 2 Stunden. Die Wanderung sollte man am frühen Nachmittag beginnen, da dann das Tal durch Westsonne beleuchtet ist.
Höhenunterschiede: Leichte Steigung zwischen Züllighoven und Oedingen, dazwischen lange ebene Wegstrecken. Hinter Oedingen nur ebene Wege, hinter Schießgraben Abstieg durch schattige Obstbaumallee ins Tal. Kleiner Anstieg aus dem Züllighovener Tal durch den Wald.
Wanderkarte: „Bonn und das Siebengebirge“ Nr. 22 des Landesvermessungsamtes Nordrhein-Westfalen (1:25 000). Siehe Kartenausschnitt 6.
Hinweis: In Kürrighoven lohnt ein Besuch bei „Antiquitäten im Ländchen“ (siehe Anhang).
Sehenswürdigkeiten: Rundwanderung durch das Tal des Zülliphovener Baches, die zwei benachbarte Talabschnitte miteinander verbindet. Prächtige Fernblicke auf Berkum und Wachtberg. Im Text fettgedruckte Orte werden nachstehend ausführlicher beschrieben.
Einkehrmöglichkeiten: In Gimmersdorf: *„Dorfstube im Ländchen“* Kommunalweg 7, (Fremdenzimmer, gut bürgerliche Küche, Spezialität polnische Küche auf Vorbestellung, Bundeskegelbahn, Dartspiel, Tel.: 02 28 - 5 50 68 76.
In Oedingen: *„Schleitzerhof“*: Innenhofrestauration in liebevoll renovierter historischer Hofanlage mit Fachwerkambiente. Tel.: 0 26 42 - 90 64 58.
E-Mail: beate.schleitzer@web.de

Sehenswürdigkeiten

Kürrighoven: Siehe unter Wanderung Nr. 15.

Grube Laura
In der Zeit der napoleonischen Besetzung des Rheinlandes waren französische Ingenieure unermüdlich auf der Suche nach neuen Erzadern, weil Frankreich als Folge der Kontinentalsperre vom Handel mit England abgeschnitten war und nach Bodenschätzen suchte. Dadurch erlebte das Bergbaugewerbe in unserer Region einen großen Aufschwung. Wie Müller berichtet, wurden 1804 die ersten Stollen

im Tal bei Kürrighoven von Abraham Bleibtreu angelegt, um eine 8 m mächtige Erzader auszubeuten, für die er – wie er annahm – die Schürfrechte erworben hatte. 1809 musste der Betrieb allerdings wegen Meinungsverschiedenheiten mit der französischen Regierung vorübergehend eingestellt werden. 1815 begann aber nach Abzug der Franzosen ein zweiter Anfang. Die Erzvorkommen waren so ergiebig, dass hier riesige Förderanlagen errichtet wurden und 1825 ein zweiter Stollen in den Berg getrieben werden konnte. 1843 zogen sich aber die Investoren Bleibtreu/Rhodius zurück und schütteten die Schächte wieder zu. Die Gebrüder Mannesmann entfalteten 1895 neue Aktivitäten in der Hoffnung auf den Bau einer neuen Bahnlinie von Mehlem nach Meckenheim. Zu einer Aufnahme des Bergbaubetriebes kam es aber nicht mehr. In beschränktem Umfang wurde die Grube bis zum 1. Weltkrieg betrieben. 1935 schlug der Blitz in den Schornstein ein, die Gebäude wurden abgebrochen. Heute erinnert nichts mehr daran, dass hier einst eine Industrielandschaft lag, die auch erhebliche Umweltprobleme nach sich zog. So beschwerte sich ein Bauer, dessen Kühe aus dem Bach getränkt wurden, dass der Betrieb bleihaltige Abwässer einleite, wodurch die Gesundheit von Mensch und Vieh geschädigt werden konnte. Noch heute ist der Bewuchs auf den ehemaligen Abraumhalden wegen der bleihaltigen Sande sehr spärlich.

Züllighoven

Obwohl es das kleinste Dorf in Wachtberg ist, wurde es schon 1166 erwähnt, weil in „Zullenhoven“ das Kölner St. Gereonsstift und später das Bonner St. Cassiusstift Höfe und Landbesitz hatten. Vermutlich gab es schon in fränkischer Zeit hier einen Saalhof, der zur Keimzelle des Ortes wurde. Im Mittelalter wurde bei den Hexenverfolgungen im Ländchen die aus dem Ort stammende Christina Meys denunziert, gefoltert und gehängt. Ihr Leichnam wurde auf einem Scheiterhaufen neben dem Gimmersdorfer Galgen verbrannt.
Züllighoven wurde bis 1965 durch einen aus der Römerzeit stammenden *Brunnen* mit Wasser versorgt. Im 19. Jh. nutzte man das Wasser des Brunnens für industrielle Zwecke bei der Grube Laura.

Oedingen

Der Name Oedingens rührt daher, dass der Boden in der Umgebung aus Kaolin besteht und deshalb unfruchtbar (öde) ist.
Ehem. Pfarrkirche St. Gertrudis: Die im Kern aus dem frühen 14. Jh. stammende Kirche liegt in malerischer Lage über dem Ort. Im Westen

ein geschiefertes Glockenhaus mit spitz zulaufendem, weithin sichtbarem Turmhelm. Der Chor im 5/8 Schluss hat ein schönes Sterngewölbe (Anfang des 16. Jh.), das bemerkenswerte Schlusssteine aufweist; an den Konsolen sind schöne figürliche Darstellungen. Aus der gleichen Zeit sind Fresken und Sakramentsschrein (Kreuz mit Stiftern).

Reiter- und Pferdeparadies Wachtberg

„Auf dem Rücken der Pferde, liegt das Glück dieser Erde". In Wachtberg kann man's ausprobieren, ob's stimmt, denn nirgendwo in Deutschland gibt es in einer Gemeinde mehr Gestüte, Reiterhöfe und Reitanlagen als hier. Reiterhöfe unterschiedlicher Größe finden sich in fast allen Ortsteilen der Gemeinde. Einige von ihnen verdienen besondere Beachtung und haben internationalen Rang. Auf vielen Reiterwegen lässt sich Wachtberg zu Pferd entdecken nach dem Motto „Reiten und Relaxen". Pferdeliebhaber kommen hier jedenfalls voll auf ihre Kosten.
Sicherlich hat die nahe Lage zur Bundeshauptstadt dazu beigetragen, dass diese Entwicklung eingetreten ist, aber auch nach dem Umzug nach Berlin hat es hier keine Einbrüche gegeben. So mancher Bauer hatte hier die Zeichen der Zeit erkannt und anstelle von Schweinen und Rindern Pferde in seine Ställe einquartiert. In ganz Wachtberg

Reit- und Springturnier in der Grube Laura

kamen laut Statistik auf 19 000 Einwohner 1100 Pferde. Ihre tatsächliche Zahl dürfte aber noch höher liegen, da es auch nicht angemeldete Pferde gibt. Damit weist die Gemeinde die höchste Pferdedichte in ganz Deutschland auf. In Villiprott gibt es sogar eine *Chirurgische Klinik für Pferde* mit zwei Operationssälen, fünf Behandlungsräumen und Innenboxen zur Behandlung von kranken und verletzten Tieren.

Die vorhandenen Kapazitäten sind gut ausgelastet, aber ein weiterer Ausbau stößt an Grenzen, weil Konflikte mit dem Natur- und Landschaftsschutz die Folge wären. Oftmals ist es nicht einfach, die richtige Balance zwischen der Nutzung der Landschaft für den Reitsport und dem Naturschutz zu finden. Nirgends wird dies so deutlich wie auf dem Rodderberg, wo sich schutzwürdige Biotope in einem Naturschutzgebiet, landwirtschaftliche Nutzung und intensive Freizeitaktivitäten in unmittelbarer Nachbarschaft befinden.

Beim Wandern durch die herrliche Landschaft Wachtbergs begegnet man immer wieder Reitern oder trifft auf Pferdekoppeln, wo die unterschiedlichsten warm- und kaltblütigen Pferderassen grasen, darunter sind auch seltener zu sehende Pferde wie Isländer und Bosnier. Eine Fördergesellschaft in Fritzdorf setzt sich dafür ein, dass die zähe und robuste Rasse des bosnischen Pferdes nicht ausstirbt.

Gut Broichhof auf dem Rodderberg und das *Gestüt Kreuzbusch* oberhalb von Niederbachem sind im Springreiten herausragend. Rund 100 Pferde von Freizeit- und Turnierreitern sind in den Ställen untergebracht. Der Reiterhof im Krater des Rodderbergs ist Landesstützpunkt der Vielseitigkeitsreiter. In dem Gelände oberhalb von Niederbachem finden international bekannte Reitturniere wie das Rodderberg Spring-Meeting (Speed Derby), bei dem es auf die Schnelligkeit ankommt, oder das Internationale Vielseitigkeitsturnier (Military) statt. Im Herbst findet alljährlich das *Rodderberger Jagdwochenende* statt, zu dem der Reit- und Jagdclub Rodderberg e.V. Freunde und Pferdeliebhaber einlädt. Den Besuchern werden u. a. Schleppjagden mit Meute gezeigt und Informationen über Hundarbeit gegeben, Jagdbläser blasen dazu ein Halali. Der *Reit- und Fahrverein Oberbachem* organisiert jährlich in der *„Grube Laura“* Reit- und Springturniere, die große überregionale Beachtung finden. Rund 70 Pferde stehen auf dem nahen *Welsch-Hof* in Kürrighoven, die meisten davon sind Pensionspferde, die hier ihr Gnadenbrot bekommen. Auf *Gut Holzem,* dem Standort eines internationalen Reitclubs, hat man sich der Isländer Pferderasse verschrieben, die rauhe Witterung liebt und deshalb im Freien gehalten wird. Außerdem hat man auch hier die Teilnahme an Springreit- und Vielseitigkeitsturnieren im Visier. Die 1999 errichtete Anlage bietet in zwei Reithallen und einem Außenplatz vielfältige Trainingsmöglichkeiten. Der *Reitclub Beckerskreuz* in Villiprott hat 50 Pferde in seinen Ställen stehen, davon 30 Schulpferde, die für den Reitschulbetrieb bis zur Turnierausbildung für Kinder zum Einsatz kommen. Der nahe Kottenforst bietet zu Ausritten reichlich Gelegenheit. Pferdezucht wird auf der *Burg Münchhausen* bei Adendorf ganz groß geschrieben, und das mit Erfolg, wie man an den gut verkauften und international erfolgreichen Zuchtexemplaren sehen kann. Auf der Burg pflegt man außerdem den Trabrennsport, eine Traberrennbahn bietet die notwendigen Trainingsmöglichkeiten. Im Herbst finden große Springturniere, ferner Springprüfungen und kombinierte Prüfungen in Springen und Dressur sowie eine Reitpferdeauktion statt. Adressen und Telefonnummern siehe unter Einführung.

Reiternachwuchs in Wachtberg

15. Pferdekoppeln, Erdbeerfelder und großartige Landblicke

Im stillen Hinterland zwischen Kürrighoven, Berkum und Züllighoven

In Kürrighoven waren zwar große Klöster begütert, ein eigener Ort war Kürrighoven aber nie. Obwohl etwas seitab gelegen liegt Kürrighoven längst nicht am Ende der Welt. Hinter dem Horizont geht es weiter, so könnte man den Weg beschreiben, der hinter Kürrighoven beginnt und auf dem alten Bauernweg nach Berkum hinauf führt. Der schöne, sanft ansteigende Weg bringt uns durch Erdbeerfelder oberhalb des Goldbachtals langsam immer weiter nach oben. Eine unerwartet unberührte Landschaft erwartet uns hier, wo wir in stille Bachtäler hinabblicken und sich das gesamte Siebengebirge vor unseren Augen auffaltet. Am höchsten Punkt liegt Züllighoven, dessen altes Wegkreuz unter Bäumen am Ortseingang weit über das Land blickt. Beim Abstieg sehen wir unseren durch die Wiesen und Felder sich hinabschlängelnden Weg immer vor uns. In dieser Landschaft ist alles übersichtlich geordnet, hier kann keiner verloren gehen. Auf der anderen Talseite liegt auf der Höhe hinter den Bäumen versteckt der Golfplatz. Bei der Grube Laura hören wir schon von weitem das Wiehern der Pferde und bald sehen wir sie auch auf den Wiesen grasen beim kurzen Aufstieg hinauf nach Kürrighoven.

Wegbeschreibung

Von der *Scholastikakapelle* in **Kürrighoven***gehen wir ein Stück bergauf zum *Wegekreuz,* dort wenden wir uns nach rechts und folgen der kleinen Asphaltstraße *(Bauernweg),* die gemütlich bergauf führt und uns bis an den Ortsrand von Berkum bringt (Nr. 2).

Wir halten uns links und gehen auf der Straße nach **Züllighoven*** am *Domsteinbruch* vorbei weiter. Unterwegs haben wir einen herrlichen *Blick auf das Siebengebirge,* wobei wir nicht vergessen sollten, auf den Verkehr zu achten. Nach der großen Kurve biegen wir rechts in den Weg Nr. 3 ein, der uns bis an den Ortsangfang von Züllighoven bringt. Dort beim *Wegkreuz unter Bäumen* biegen wir nach links in den *Bachemer Weg* ein und gehen im Zick-Zack abwärts durch die Felder ins Tal mit herrlichen Landblicken. Rechts taucht das wunderschöne *Züllighovener Tal* mit dem Mehlemer Bach auf, das von schweigenden Wäldern eingerahmt wird. Beim Parkplatz der **Grube Laura*** führt uns eine schmale Straße links bergauf nach Kürrighoven zurück (Kartenausschnitt siehe S. 55 und S. 205).

Kurz und bündig

Anfahrt: Mit dem Bus von Bad Godesberg, Mehlem oder Meckenheim mit der Linie 857 (Haltestelle Oberbachem, Raiffeisenbank). Nach 50 m links zur Scholastikakapelle.
Parkmöglichkeiten: Am Anfang von Kürrighoven.
Weglänge: 5 km.
Wanderzeit: Reine Gehzeit 1,5 Stunden.
Höhenunterschiede: Leichte Steigung zwischen Kürrighoven und Berkum, dann ebene Wegstrecken. In Züllighoven Abstieg ins Tal.
Wanderkarte: „Bonn und das Siebengebirge" Nr. 22 des Landesvermessungsamtes Nordrhein-Westfalen (1:25 000). Siehe Kartenausschnitte unter Wanderung Nr. 1 und Nr. 14 (S. 55 und 205).
Hinweis: In Kürrighoven lohnt ein Besuch bei „Antiquitäten im Ländchen" (siehe Anhang).
Sehenswürdigkeiten: Höhenwanderung mit prächtigen Ausblicken auf das Siegengebirge, das Tal des Goldbaches. Im Text fettgedruckte Orte werden nachstehend ausführlicher beschrieben.
Einkehrmöglichkeiten: In Berkum: *Hotel Gasthof „Zu den Linden"*, Rathausstraße 24–26, familiengeführtes Haus mit Fremdenzimmern (25 Betten), verkehrsgünstig gelegen, guter Ausgangspunkt für Wanderungen. Gute regionale Küche, Gesellschaftsraum für bis zu 50 Personen, Tel.: 02 28 - 34 30 63 (siehe Anhang).

Sehenswürdigkeiten

Kürrighoven

Geschichte: Der zu Oberbachem gehörende Ort wird schon 856 im Goldenen Buch der Abtei Prüm als *„Coruuingoua"* und 1131 als *„Curinchhoven"* erwähnt. Hier besaßen das Bonner Cassius Stift und das Kloster Nonnenwerth mehrere Höfe.
Scholastikakapelle: Die Äbtissin des Benediktinerinnenklosters von Nonnenwerth war als Eigentümerin freiadeliger Güter im Besitz des Hofrechts und führte den Vorsitz im Hofgeding. Der Name der Kapelle Scholastika, eine Schwester des hl. Benedikt, weist auf die engen Beziehungen zum Kloster hin. Unter der Amtszeit der Äbtissin Christina Entzenberg (1602–1618) wird das Hofhaus des *Werther Hofes* und wahrscheinlich auch die dazugehörige Kapelle nach den Zerstörungen im Truchsessischen Krieg (1577–1586) neu errichtet. Jahreszahl am Altar weist auf das Stiftungsjahr 1586 hin. Der einfache Altar im Innern ohne Säulen, nur mit Voluten geschmückt ist der älteste im Drachenfelser Ländchen. Das Altar-

bild ist ein einfaches Kreuz. Die heutige Kapelle ist ein Bau um 1708.
Wegekreuz: Das Steinkreuz aus Trachyt von 1748 mit Muschelnische zwischen den Kastanien an der Ecke „Alte Höhle“ und „Bauernweg“ und „Im Zippenberg“ war Beginn eines Weges der „Sieben Fußfälle“ (s. S. 102), wie er auch andernorts im Ländchen, z.B. in Niederbachem üblich war. Es trägt die Inschrift: ANO d 748 HABEN DJESE H.V.K.R. RJGEL ED JOANES RJGEL MAJA SONDAGS . EHELEVT D. CRVX ZV EHRE GOTTES AVFGERICHT. (d steht für 1).
Ehem. Gudenauer Hof: Im oberen Dorf steht der stattliche Fachwerkhof, der schon 1408 erwähnt wird. Der Besitzer stellt den Innenhof oder die Scheune für Konzertveranstaltungen im Rahmen des Wachtberger Sommers zur Verfügung (Straße 24).

Züllighoven und **Grube Laura** siehe unter Wanderung Nr. 14, **Domsteinbruch,** S. 62.

Kürrighoven, Scholastikakapelle

Golf in Wachtberg

Der Golfsport nimmt für sich in Anspruch, eine Sportart zu sein, die im Einklang mit Natur, Landschaft- und Umweltschutz ausgeübt wird. Wenn man nur die gepflegten Rasenstücke, die sog. Fairways und Greens betrachtet, übersieht man allzu leicht, dass Golfplätze so in die

Landschaft regelrecht „hineinkomponiert“ werden, ja dass sie sogar landschaftsgestaltend sind. Der *Golf-Club Bonn-Bad Godesberg in Wachtberg*, der schon seit 1960 besteht, ist ein solches Beispiel. Er liegt auf einem waldreichen Hochplateau oberhalb von Niederbachem und besitzt eine besonders schöne Lage mit herrlichen Ausblicken auf das Siebengebirge. Biotope wie Wassertümpel gehören ebenso dazu wie der Bestand an alten Bäumen, dichtem Unterholz und das Wild aus der Umgebung. Der Platz ist eingebettet in eine abwechslungsreiche Landschaft, in der sich Waldstücke, Bäche und Teiche und Sandbunker einander abwechseln. Es gibt Höhenunterschiede und natürlich auch die Rasenstücke, die allerdings ständiger Pflege (Schnitt und Unkrautbekämpfung) bedürfen. An manchen Stellen ist die Anlage vom spielerischen Können her anspruchsvoll, da sie auch Schräglagen aufweist.
Ein schönes Clubhaus fehlt ebenso wenig wie Wirtschaftsräume und ein Maschinenpark. Seine 18-Loch-Anlage von 25 Hektar ist fast gänzlich von Wald umgeben und bezaubert jeden Besucher durch ihre idyllische, ruhige Lage. Gäste sind willkommen, am Wochenende jedoch ist der Platz vorwiegend für Mitglieder reserviert. Rund 700 Anhänger des sportlich erholsamen Spiels zählt der Golfclub oberhalb von Niederbachem. An Wochenenden wurden hier schon bis zu 100 Einzelwettbewerbe gezählt, mehr verkraftet der Platz allerdings nicht.
Golfspieler sind Wanderern gegenüber freundlich gestimmt. Wenn man auf den Wegen bleibt und die Hinweisschilder vor allem bei querenden Wegen beachtet, die vor fliegenden Golfbällen in den Schneisen warnen, kann eigentlich nichts passieren. Man erreicht den Golfplatz von der B 9 herkommend im Ortsteil Mehlem in Richtung Niederbachem, dort durch den Ort, am Ortsausgang links in den Landgrabenweg einbiegen und bergauf fahren. Der Golfplatz liegt oben auf der Höhe. Dort kann man sein Glück versuchen und ein As (Hole in one) schlagen. Manch einer schafft dass freilich sein Leben lang nicht.
Gäste sind willkommen an Wochenenden und Feiertagen (vorher Anmeldung, Saison von Februar bis Dezember (s. S. 46).

16. Vom Wachtberg der Eifel entgegen

Kapellenwanderung vom Berkum über Holzem und Arzdorf nach Fritzdorf

Diese Streckenwanderung führt uns von dem höchsten Punkt auf dem Wachtberg hinüber nach Fritzdorf. Die von drei Kapellen gesäumte Wegstrecke ist auch für ungeübte Wanderer leicht zu bewältigen und zumeist eben. Vom Wachtberg, wo sich in römischer Zeit vermutlich eine Signalstation befunden hat und heute ein Ehrenmal mit einer Kapelle steht, geht es am Waldrand entlang nach Westen. In Holzem erreichen wir unserer erstes Etappeziel: die St. Nepomuk-Kapelle, die uns etwas von der interessanten Lebensgeschichte des zur Zeit des Kurfürsten Clemens August lebenden Sängers Anton Raaff zu erzählen weiß. Dahinter durchwandern wir ebenes freiliegendes fruchtbares Ackerland, bis schließlich der alte Bauernort Arzdorf vor uns auftaucht, der in schöner Lage am Fuße eines Hügels in die Landschaft eingebettet liegt. Seine St. Antonius-Kapelle war

Wanderkreuz der Matthiaspilger bei Fritzdorf

Jahrhunderte lang Ziel einer Wallfahrt, an der alle Dörfer der Umgebung teilnahmen. Das letzte Stück bis Fritzdorf, bringt uns auf halber Höhe die Schönheit dieser Landschaft noch einmal besonders nahe. In Fritzdorf, jenem uraltem Siedlungsort, wo man den berühmten Goldbecher gefunden hat, können wir mit dem Bus bis zum unserem Ausgangspunkt am Busbahnhof in Berkum zurückfahren.

Wegbeschreibung

Vom Busparkplatz (ZOB) in **Berkum*** gehen wir ein kurzes Stück auf der K 58 am linken Straßenrand in Richtung Villip, bis wir links einen Waldweg entdecken, der ein Stück aufwärts führt. Ein kurzer lohnender Abstecher nach rechts führt uns zum **Ehrenmal***. Wir kehren zu unserem Wanderweg zurück und setzen diesen nach rechts Richtung *Holzem* fort. Wir gehen am sonnigen Waldrand unter alten Eichen entlang bis zum *Haus Graffemberg.* Kurz dahinter nehmen wir den nach links führenden Weg, halten uns aber bald wieder rechts, bis wir auf der *Holzemer Allee* an der nächsten Kreuzung links gehen und auf dem *Hautpwanderweg Nr. 1 des Eifelvereins (Jakobsweg)* die **St. Nepomuk-Kapelle** oder **Anton-Raaff-Kapelle*** erreichen. Von dort gehen wir am Spielplatz vorbei auf dem zum Bach führenden Weg bis zur ersten Wegekreuzung, hier halten wir uns links und gehen durch die Ackerflur leicht bergan bis zur L 123. Wir überqueren diese vorsichtig und gehen rechts etwa 50 m. Hier folgen wir wieder ein Stück dem Wegezeichen *Jakobsweg* nach links auf dem Feldweg immer geradeaus. Oben am Waldrand angekommen genießen wir an klaren Tagen eine herrliche Fernsicht über den Kottenforst in die *Rheinische Bucht.* Jetzt gehen wir rechts immer geradeaus, das FKK-Gelände und das Baggerloch lassen wir rechts hinten liegen. Bei der nächsten Kreuzung gehen wir geradeaus auf dem *Remagener Weg* nach **Arzdorf** hinunter bis zur Ortsstraße *(Fritzdorfer Straße),* die wir nach rechts gehen bis wir vor der **St. Antonius-Kapelle*** stehen.

Die St. Nepomuk-Kapelle in Holzem

Von der Kapelle kehren wir wieder auf der Ortsstraße *(Fritzdorfer Straße)* 50 Meter in Richtung Fritzdorf zurück und biegen dann links ab in den *Remagener Weg.* An der Wegekreuzung auf der kleinen Anhöhe nehmen wir den Teerweg nach rechts und gehen im Schlängelgang auf *Fritzdorf* zu. Wir bleiben immer auf dem Teersträßchen (Nr. 15), das einen S-förmigen Verlauf nimmt. Hier befindet sich rechts das **Barbara-Kreuz*** mit einer Bank für eine Rast. Wir gehen jetzt direkt auf die *St. Georgskirche* von **Fritzdorf*** zu und lassen den *Sportplatz* rechts liegen. Vor uns öffnet sich ein schöner Blick auf Fritzdorf, die *Windmühle* und den *Heerweg,* der oben auf der sanften Hügelkette verlief. Bald befinden wir uns in der *Assenmachergasse,* die uns zur *Oevericherstraße* bringt. Dort biegen wir rechts ein und stehen bald in der Ortsmitte von Fritzdorf (Bushaltestelle).

Kurz und bündig

Anfahrt: Mit dem Bus von Bad Godesberg, Mehlem oder Meckenheim mit der Linie 857 bis Haltestelle ZOB Berkum.
Parkmöglichkeiten: Bei Anfahrt mit dem Bus in Bad Godesberg am Parkplatz Rigalsche Wiese oder in Berkum beim ZOB.
Weglänge: 9 km.
Wanderzeit: Reine Gehzeit 2,5 Stunden. Die Wanderung sollte man wegen des günstigeren Sonnenstandes am Vormittag beginnen.
Höhenunterschiede: Meist ebene Wegstrecken ohne Steigungen.
Wanderkarte: „Bonn und das Siebengebirge" Nr. 22 des Landesvermessungsamtes Nordrhein-Westfalen (1:25 000). Siehe Kartenausschnitt unter Wanderung Nr. 13 (teilweise, S. 197).
Sehenswürdigkeiten: Streckenwanderung mit prächtigen Ausblicken auf die Eifel und das Meckenheimer Becken. Im Text fettgedruckte Orte werden nachstehend ausführlicher beschrieben.
Hinweis: In der *Wachtberg-Apotheke* in Berkum kann man sich fachkundig beraten lassen (siehe Anhang). In Meckenheim-Altendorf lohnt ein Besuch der *Brennerei Brauweiler.*
Einkehrmöglichkeiten: Bei Adendorf: *Restaurant Burg Münchhausen* in reizvollem ländlichem Ambiente mit Grillspezialitäten, saisonaler Karte (z. B. Kulinarisches aus Wald und Flur), verschiedene Nudel- und Fischgerichte, Weinkarte; gutes Preis-Leistungsverhältnis. Tel.: 0 22 25 - 94 83 69 (siehe Anhang).
In Berkum: *Hotel Gasthof „Zu den Linden"*, familiengeführtes Haus mit Fremdenzimmern (25 Betten), verkehrsgünstig gelegen, guter Ausgangspunkt für Wanderungen. Gute regionale Küche, Gesellschaftsraum für bis zu 50 Personen, Rathausstraße 24–26, Tel.: 02 28- 34 30 63 (siehe jeweils Anhang).

Sehenswürdigkeiten

Berkum: Siehe Erläuterungen unter Wanderung Nr. 1.

Der Wachtberg
In römischer Zeit befand sich hier eine Wacht- und Signalstation an einer *Römerstraße,* die vom Militärlager in Remagen über Bandorf, den Irrberg und Berkum nach Villip führte. Von hier oben hatten die Römer den besten Ausblick auf das Höhenplateau des Wachtberger Ländchens und konnten Verbindung mit andern Signalstationen aufnehmen.
Wachtberger Ehrenmal: Siehe Erläuterungen unter Wanderung Nr. 2, S. 65 und S. 68.

Holzem: Siehe Erläuterungen unter Wanderung Nr. 13, S. 198.

Arzdorf
Die am Schnittpunkt der Straßen Berkum-Meckenheim (L 123) und Villip-Bad Neuenahr (L 267) gelegene Ortschaft zählt nur 326 Einwohner. Im Jahre 1166 wurde sie zum erstenmal als *„Artstorp"* erwähnt. Lange Zeit gehörte Arzdorf zu Adendorf, das unter den Freiherren von der Leyen im Jahre 1659 reichsunmittelbar wurde. In Arzdorf wurde Recht gesprochen; der Ort besaß einen eigenen Dingstuhl mit einem Schultheiß und Schöffen.
St. Antonius-Kapelle: Eine erste Kapelle wurde 1398 von dem Adendorfer Burgherr Ritter Heinrich von Hückelhoven gestiftet. Der heutige schlichte rechteckige Barockbau mit dreiseitig geschlossenem Chor stammt von 1732 und besitzt einen nur noch teilweise erhaltenen *Barockaltar* mit einem Ölgemälde des 18. Jh., das die *Hubertuslegende* zeigt (soll von der Familie von der Leyen in Adendorf gestiftet sein). Ein Fresko von 1822 hinter dem Altar zeigt den hl. Antonius. Seine den Altar bekrönende Figur ist leider gestohlen worden. Die Kapelle besitzt eine *Barockmonstranz mit einer Reliquie des hl. Einsiedlers Antonius.* Aus diesem Grunde war die Kapelle Ziel einer regen Wallfahrt.
Fachwerkhäuser: Ehemaliges Gasthaus zur Linde.
Barbara-Kreuz: Siehe Erläuterungen unter Wanderung Nr. 12.
Fränkischer Viereckshof: Am nördlichen Ortsausgang Richtung Villip steht ein Fachwerkhof als geschlossene Anlage mit Wohnhaus, Ställen und Schuppen. Über der Tür die Inschrift „Deus noster refugium. Christian Krämer. Christina Sondags. 1828". Hier wurde am 29. Mai 1848 der in Köln Kalk legendär gewordene *Lehrer Heinrich Welsch*

Fachwerkhaus in Holzem

geboren, dem man mit dem berühmten Karnevalslied „En d'r Kaygass Numero Null steiht en steinall Schull" ein Denkmal gesetzt hat.

Fritzdorf: Siehe Erläuterungen unter Wanderung Nr. 12, S. 185.

Ein Gelöbnis, das zu Stein wurde: Die Anton-Raaff-Kapelle in Holzem

Die *St. Nepomuk-Kapelle,* die nach ihrem Stifter auch *Anton-Raaff-Kapelle* genannt wird, wurde 1744 errichtet. Die mit Dachreiter versehene Kapelle wurde von dem in Gelsdorf geborenen großen Tenor Anton Raaff gestiftet, der eine großzügige Förderung durch Kurfürst Clemens August genoss. Der Heimatverein Villip hat im Anton Raaff-Gedenkjahr 1997 anlässlich der 200. Wiederkehr des Todestages des Sängers eine Bronzeplakette an der Außenwand der Kapelle angebracht.

Anton Raaff lebte von 1714–1797 und wuchs in Holzem als Sohn eines Gutsverwalters auf Burg Gudenau auf. Raaff erhielt eine für seine Herkunft hervorragende Ausbildung am Bonner Jesuitengymnasium, das vom Kurfürsten Clemens August, der ebenfalls eine jesuitische Ausbildung genossen hatte, finanziell unterstützt wurde. Der Kurfürst besuchte regelmäßig Aufführungen von Jesuitendramen der Schüler dieses Gymnasiums. Vielleicht hat er dabei den jungen Sänger Anton Raaff gehört und entdeckt. Möglicherweise war es auch der Herr von Gudenau, der sein Talent entdeckt hat, jedenfalls erhielt Anton Raaff nach Beendigung seiner Schulzeit bei ihm von 1733–1736 eine Anstellung als Sekretär und Hofmeister, die ihm Verbindungen zum Bonner Hof und damit zu Clemens August verschaffte. Der Kölner Kurfürst Clemens August machte ihn zu seinem Hofsänger und schickte ihn zur Ausbildung nach Bologna.

Für Anton Raaff begann nach seiner Bonner Zeit eine Weltkarriere. Er erlangte auf den großen Bühnen und den Höfen Europas großen Ruhm. Mozart war so begeistert von dem Können des Tenors, dass er ihn für die Titelrolle seiner Oper „Idomeneo" auswählte. Nach seiner Ausbildung reiste Anton Raaff nach Paris und es gelang ihm dort, dank seiner Gesangeskunst, Zugang zum Hofe zu erlangen. Eine Prinzessin, die sehr scheu und zurückgezogen in Schwermut lebte, soll, als sie seinen Gesang hörte, davon so angetan gewesen sein, dass sie wieder gesund wurde und Freude am Leben fand. Daraufhin schenkte sie ihm zum Dank ein Bäumchen aus getriebenem Silber, auf dessen Krone in Anspielung auf seinen Namen ein goldener Raabe saß.

Obgleich Raaff in der ganzen Welt große Erfolge feierte, kehrte er immer wieder zu seinen unverheirateten Schwestern nach Holzem zurück. Vor rund 250 Jahren schenkte Anton Raaff „seinem" Holzem aufgrund eines Gelöbnisses eine Kapelle, denn auf einer Seereise, die er von Lissabon antrat, geriet das Schiff in Seenot und sank. In höchster Not gelob-

Erinnerungstafel für Anton Raaff an der St. Nepomuk-Kapelle in Holzem

te er, wenn er dem Unglück lebend entkommen würde, dem hl. Nepomuk, der als Helfer bei Wassernot gilt, eine Kapelle zu stiften. Anton Raaff verlor zwar alle seine Habe, wurde aber als Einziger gerettet. Von seinen Reisen nach Italien und Palästina brachte er viele Reliquien mit,

die zum Teil in der Kapelle aufbewahrt wurden. Anton Raaff verstarb 1797 in München.
Im Inneren ein Barockaltar mit einer Muttergottes und Kind von 1892. Das Antependium des Altars zeigt eine Darstellung von Amor und Psyche, die vermutlich aus dem ehem. Schloss Herzogsfreude stammt. Über den Eingängen zur Sakristei stehen die Figuren des hl. Antonius und des hl. Johannes Nepomuk. Der einschiffige, verputzte Bruchsteinbau mit polygonaler Apsis, Krüppelwalmdach und barockem Dachreiter trägt eine Wetterfahne mit der Figur des hl. Johannes Nepomuk; über dem Portal steht in einer Nische die Figur des Heiligen, mit dem sich der Sänger durch dieses schicksalhafte Ereignis verbunden wusste.

III. LITERATUR

Akalin, Ann-Kathrin, Das Klappern kommt vom Schüttelschuh, General-Anzeiger vom 2. Juni 2004

Arbeitskreis Dorfportrait, Der Kottenforst-Waldgebiet-Erholugslandschaft-Naturpark, Mitteilungen des Heimatvereins Pech e.V. (HVP) Nr. 8, Mai 1992

Berchem, A. und Velten, J., Die Wassermühlen der Gemeinde Wachtberg. In: Jahrbuch des Rhein-Sieg-Kreises 1988

Dehio, Georg, Handbuch der Deutschen Kunstdenkmäler, Rheinland, Deutscher Kunstverlag 1966

Dehio, Georg, Handbuch der Deutschen Kunstdenkmäler, Rheinland-Pfalz Saarland, Deutscher Kunstverlag 1972

Denz, Ola, Vergessene Wege – Hohlwege im Rhein-Sieg-Kreis, in: Jahrbuch des Rhein-Sieg-Kreises 2005, S. 22

Manfred Becker-Huberti, Martinsfeuer, Internet, Köln 2003

Dietel, Heinz, Wo der Hund begraben liegt, General-Anzeiger vom 19./20. Juni 2004

Dietz, Josef, Anton Raaf, ein weltberühmter Sänger unserer Heimat. In: Alt Bonn, Heimatlätter für Bonn und Umgebung, Köln 1949

Bundesamt für Naturschutz Hrsg., Faltblatt „Lange Beine, weite Sprünge"– der Springfroisch (Rana dalmatina) im Drachenfelser Ländchen bei Bonn

Flaspöhler, Josef, Obstbau in Niederbachem. In: Niederbachem – ein Dorf im Wandel, 1977

Fuß, Karl, Bruchsteinarchitektur in Niederbachem, Heimatbrief Nr. 99, Heimat- und Verschönerungsverein Niederbachem e.V.

Fuß, Martin, Bachemer Platt, Siegburg 2001

Gareis, Karl, Die Landgüterordnung Kaiser Karls des Großen, Berlin 1895

Gemeinde Wachtberg und das Drachenfelser Ländchen, Rheinische Kunststätten Heft 216, Neuss 1978

Gemeinde Wachtberg (Hrsg.): Wachtberg – Alte Bilder einer jungen Gemeinde, Meinerzhagen 1982

Gläser, Stephanie, Oberschlächtiges Rad liefert Energie, General-Anzeiger vom 03. Juni 2004

Groeteken, Albert, Godesberg am Rhein und Umgebung von der Steinzeit bis Karl dem Großen, 1954

Greiff, Susanne, Vielfältige Nischen für Tiere, General-Anzeiger vom 24. Juli 1995

Günther, Roland, Kunsthistorischer Wanderführer, Rheinland, Stuttgart-Zürich 1979

Hansemann, W., Kunsthistorischer Wanderführer-Westfalen, Stuttgart-Zürich 1966

Haentjes, Walter, Gemeinde Wachtberg im Drachenfelser Ländchen, Rheinische Kunststätten Heft 216

Hausmanns, Barbara, Der Kölner Kurfürst Clemens August (1700–1761) und das Drachenfelser Ländchen, Heimatbrief Nr. 96 des Heimat- und Verschönerungsvereins Niederbachem e.V. (Hrsg.) 2000

Heimatverein Pech (Hrsg.), Der Kottenforst, Waldgebiet, Erholungslandschaft, Naturpark, Mitteilungen des Heimatvereins Pech e.V. Nr. 8 /Mai 1992

Hellberg, Helmut, Der Godesberger Burgfriedhof, Bad Godesberg 1964

Heuer, Werner, Wege und Straßen in Niederbachem, Heimatgeschichtliche Dokumentation, Heimat- und Verschönerungsvereien Niederbachem e.V. (Hrsg.) 1974

Heuer, Werner, Niederbachemer Wegekreuze, Heimatgeschichtliche Dokumentation, Heimat- und Verschönerungsvereien Niederbachem e.V. (Hrsg.) 1975

Heuer, Werner, St. Gereon in Niederbachem, Heft 9, Heimat- und Verschönerungsverein Niederbachem e.V.

Heuer, Werner, Einsegnung der Marienkapelle auf dem Rodderberg, Heimatbrief Nr. 76 des Heimat- und Verschönerungsvereins Niederbachem e.V. (Hrsg.) 1991

Holtermann, Dirk, Die Wasserburgen-Routen – Radeln in der Rheinischen Bucht, Wienand Verlag

Hüllen, Frank, Vom Waldhornspieler zum kurkölnischen Musikus, General-Anzeiger 19./20. Juli 2003, S. 10

Hüllen, Frank, Barockaltäre in der Gemeinde Wachtberg, in: Jahrbuch des Rhein-Sieg-Kreises 2005, S. 92

Hüllen, Frank, Aus der Geschichte des Drachenfelser Ländchens, 2005 /Selbstverag)

Immerz, Sabine, Schmuckstück mit Geschichte (Lindenwirtin), General-Anzeiger-Boulevard, 13./14. Januar 2001

Kremer, Bruno. P., Die Ahr erleben und genießen, Köln 1996

Kremer, Bruno. P., Denkmal-Landschaft Kottenforst in: Der Riss im Himmel. Der Kottenforst und das Drachenfelser Ländchen im Spiegel der Zeit des Kurfürsten Clemens August. Begleitprogrammheft zur Ausstellung auf Schloss Augustusburg/Brühl 2000

Kühn, Norbert, Forsthaus Schönwaldhaus in Villiprott in: Der Riss im Himmel. Der Kottenforst und das Drachenfelser Ländchen im Spiegel der Zeit des Kurfürsten Clemens August. Begleitprogrammheft zur Ausstellung auf Schloss Augustusburg/Brühl 2000

Kühn, Norbert, St. Nepomuk-Kapelle (Raaf-Kapelle) in Holzem in: Der Riss im Himmel. Der Kottenforst und das Drachenfelser Ländchen im Spiegel der Zeit des Kurfürsten Clemens August. Begleitprogrammheft zur Ausstellung auf Schloss Augustusburg/Brühl 2000

Leven, Anja, Jede Familie kochte ihr eigenes Süppchen (Niederbachem), General-Anzeiger April 1994

Leven, Anja, Dunkle Kerker und schaurige Verbrechen (Gimmersdorf), General-Anzeiger Mai 1994

Leven, Anja, Startenor blieb seiner Heimat treu, General-Anzeiger Mai 1994

Leven, Anja, Die Namensgebung beruht auf einem Fehler eines Kartographen, General-Anzeiger 23. /24. April 1994, S. 11

Lexikon für Theologie und Kirchengeschichte, Herder, Freiburg i. Br. 1931

Lohmann, Gunhild, Der Dächelsberg; Asyl für seltene Tiere und Pflanzen, General-Anzeiger vom 23. Juli 1998

Mai, Paul, Sankt Michael in Bayern, Zürich 1979

Maydell, von, Arne, Braunes Gold versüßte Suppen und Soßen, General-Anzeiger 17./18.12.1994

Müller, Franz, Leben rund um Wachtberg, Eine Zeitreise durch 30.000 Jahre Geschichte einer rheinischen Landschaft, Siegburg 1993

Müller, Franz, Machtkampf, Hexenwahn und Schöffenmord. Festschrift „275 Jahre Kapelle in Gimmersdorf"

Müller-Hengstenberg, Alte Windmühlen in und um Bonn, General-Anzeiger, vom 15./16. Mai 1982

Museum König, Vulkanismus am Mittelrhein und in der Eifel. Sonderausstellung des Mineralisch-Petrologischen Institutes und Museums der Rheinischen Friedrich-Wilhelm Universität Bonn im Museum Alexander König.

Neu, Heinrich, Bonn als Residenz der Erzbischöfe und Kurfürsten von Köln. In: Alt Bonn, Heimatblätter für Bonn und Umgebung, Köln 1949

Nofze, Mathias, Am Anfang steht ein Weinberg in „Mielenheim", General-Anzeiger 06.04.2004, S. 9

Ohl-Schmidt, Irene, Naturschutzgebiet Dächelsberg, Heimatbrief Nr. 79 des Heimat- und Verschönerungsvereins Niederbachem e.V. (Hrsg.) 1991

Paßmann, Franz Anton, Der Fronhof in Niederbachem, „Drachenfelser Ländchen“-Heimatbrief Nr. 64 des Heimat- und Verschönerungsvereins Niederbachem e.V. (Hrsg.) 1986

Paßmann, Franz Anton, Das hochadelige Stift St. Gereon und seine Beziehungen zur Niederbachmer Pfarrkirche St. Gereon, Heimatbrief Nr. 76–80 des Heimat- und Verschönerungsvereins Niederbachem e.V. (Hrsg.) 1991

Pfaff, Doris, Die Leitern zur Apfelernte haben ausgedient, General-Anzeiger vom 29./30. Dezember 2003

Paulick, Holger, Ewen, Christian, Der Rodderberg – Ein Vulkan im Vorgarten von Bonn, Heimatbrief Nr. 105 des Heimat- und Verschönerungsvereins Niederbachem e.V. (Hrsg.) 2005, S. 17

Petzold, Joachim, Kreuze aus einem Block, General-Anzeiger 24., 25., 26. Dezemerb 1999 VIII

Poensgen, Klaus, St.-Matthiasbruderschaft-Mehlem, Südkurier 1/2005, S. 23

Pohlmann, Jürgen, Alle Wege führen zum Wachtberg, General-Anzeiger vom 05. Mai 2004

Pohlmann, Jürgen, Eisvogel und Unke fühlen sich hier wohl, General-Anzeiger vom 30. November 2000

Pohlmann, Jürgen, Rheinisches Zentrum für Keramik in Adendorf geplant, General-Anzeiger vom 11. Mai 2001, S. 16

Pohlmann, Jürgen, Wir waren Frilinge auf freiem Stamme, General-Anzeiger vom 31. Juli 2000

Raths, U., Riecken, U., Laufkäfer im Drachenfelser Ländchen. Raumeinbindung und Biotopnutzung sowie Aspekte zur Methodenoptimierung und Landschaftsentwicklung. Tierwelt in der Zivilisationslandschaft, Teil III. – Sch.R. f. Landschaftspfl. u. Natursch. 59, 1999

Rhein-Sieg-Kreis (Hrsg), Der Rodderberg, Unsere Naturschutzgebiete im Rhein-Sieg-Kreis, Faltblatt Nr. 1

Rieveler, Hans, D., Unterschlupf für Steinkauz und Fledermaus, General-Anzeiger vom 24./25. Februar 2001

Rieveler, Hans, D., Corruuigoua – ein königliches Geschenk, General-Anzeiger vom 26. Juni 2006, S. 9.

Rieveler, Hans, D., Musterbeispiel für religiöse Regionalkultur, General-Anzeiger vom 06. Oktober 2003

Rieveler, Hans, D., Eisengallus-Tinten für die Ewigkeit. Bei der Landpartie auf Burg Adendorf dreht sich vieles um die Schreibkultur. General-Anzeiger vom 22./23. Mai 2004. S. 8

Schaefer, Manfred, Burg und Gut Broichhof, Heimatgeschichtliche

Dokumentation Heft Nr. 13 Heimat- und Verschönerungsverein Niederbachem e.V. (Hrsg.) 1991

Schaefer, Manfred, Niederbachemer Flurnamen, Heimatgeschichtliche Dokumentation Heft Nr. 14 Heimat- und Verschönerungsvereien Niederbachem e.V. (Hrsg.) 1992

Schaefer, Manfred, Niederbachemer Höfe und Mühlen, Heimatgeschichtliche Dokumentation Heft Nr. 15 , Heimat- und Verschönerungsvereien Niederbachem e.V. (Hrsg.) 1993

Schlesinger, Heinz, Weinbau in Niederbachem – heute. Heimatbrief Nr. 94, Heimat- und Verschönerungsverein Niederbachem e.V.

Söderblom, Nathan, Einführung in die Religionsgeschichte, Leipzig 1920

Steiner, Johann, Auf dem Rodderberg brüten wieder Wachteln, General-Anzeiger vom 22. Juni 2001

Steiner, Johann, und Friese, Ronald, Bosnier neben Warmblütern und Isländern, General-Anzeiger vom 17./18. Februar 2001, S. 9

Steiner, Johann, Die Godesburg und drei Kirchen im Hintergrund, General-Anzeiger 23.08.200

Sturm, Christiane und Vilma, … und um Bonn herum. Versuch einer Heimatbeschreibung , Bonn 1981

Ssymank. Axel, Naturnahe Bachtäler im Drachenfelser Ländchen, Heimatbrief Nr. 102, Heimat- und Verschönerungsverein Niederbachem e.V.

Töpner, Walter, In Wachtberg liegt der Jakosbweg direkt vor der Tür, Heimatbrief Nr. 100, Heimat- und Verschönerungsverein Niederbachem e.V.

Töpner, Walter, Durch das idyllische Heltenbachtal. Ein wenig bekanntes Naturparadies zwischen Gimmersdorf und Pech. Heimatbrief Nr. 99, Heimat- und Verschönerungsverein Niederbachem e.V.

Töpner, Walter, Heilpflanzen unserer Heimat am Wegesrand, Heimatbrief Nr. 95, Heimat- und Verschönerungsverein Niederbachem e.V.

Trotha-Leinz, Martha-Elisabeth, Uhl, Harald, Die Alte Kirche St. Gereon in Berkum. Ein kleiner Kirchenführer.

Uhl, Harald, Traditionelle Bauerngärten in Wachtberg – wertvolle Biotope, Heimatbrief Nr. 105, Heimat- und Verschönerungsverein Niederbachem e.V, S. 21

Uhl, Harald, Zur Geschichte des Rath'schen Turmes, Heimatbrief Nr. 104, Heimat- und Verschönerungsverein Niederbachem e.V.

Verein zur Pflege und Förderung der Streuobstwiesen in Wachtberg e.V. (Hrsg.), Unsere Streuobstwiesen in Wachtberg, Aktion Pflege und Erhaltung, Faltblatt

Verein für Brauchtumspflege und Ortsverschönerung Oberbachem e.V. (Hrsg.), Wanderwege um Wachtberg-Oberbachem, Dezember 1987

Wagner, Jochen, Wachtberger Denkmäler, Denkmal 95: Gerichtsgebäude in der Ließemer Straße, Wachtberger Reporter Nr. 16/2004, S. 23

Wiedemann, Alfred, Geschichte Godesbergs und seine Umgebung, Godesberg 1930

Willeke, Heinz Dieter, Bachemer Gold, 125 Jahre Krautkochen in Niederbachem, Heimatbrief Nr. 16 des Heimat- und Verschönerungsvereins Niederbachem e.V.

Wolf, Irmgard, Augustinerinnen legten einst den Grundstein. General-Anzeiger vom 23. November 1995

Wolf, Irmgard, Facetten einer Stadt, Bonn 1999

Wolf, Irmgard, Zeitgenossen des Neandertalers siedelten im Marienforster Tal. General-Anzeiger vom 11. Juni 1993

Wolf, Irmgard, Schloss Adendorf war Stammsitz der Familie von der Leyen, General-Anzeiger vom 17.10.1998

Wolf, Irmgard, Die Heiligen Birgitta und Benedikt halten wieder Wache, General-Anzeiger vom 23.07.2003, S. 9

Zweckverband Naturpark Kottenforst-Ville (Hrsg.), Faltblatt „Fernblicke", Bergheim 2003

Abbildungsverzeichnis

Soweit nicht anders angegeben, stammen die Abbildungen vom Autor.